El Parlamento alemán

Índice

Idea parlamentaria y parlamentarismo en Alemania 1800–1945

Manfred Görtemaker

La parlamentarización de la vida política se cuenta entre los grandes logros de la modernidad. La Ilustración europea del siglo XVIII y la cristalización de la sociedad burguesa asociada a la industrialización fueron elementos esenciales dentro de este proceso, que finalmente impulsarían el establecimiento de la idea parlamentaria. Los órdenes políticos surgidos a partir de la misma abandonaron el gobierno por la gracia de Dios e implantaron el principio de la soberanía popular. Los monarcas absolutos fueron sustituidos por Parlamentos formados por diputados libremente elegidos, que se organizaron en partidos y grupos parlamentarios conforme a su orientación política fundamental y asumieron las tareas legislativas en el marco de la división de poderes entre el legislativo, el ejecutivo y el judicial.

A principios del siglo XIX este proceso ya estaba muy avanzado en Gran Bretaña y Francia, en tanto que en los Estados Unidos de América incluso ya había concluido con la Revolución de 1776 y la elaboración de una constitución republicana. En cambio, en Alemania al comienzo costó asimilarlo. El arraigo de las ideas democráticas y parlamentarias se vio dificultado por la fragmentación territorial del país así como la inexistencia de un poder estatal central y de un lugar central en el cual se aglutinaran las corrientes políticas. Además repercutieron negativamente el escaso grado de industrialización y el consiguiente retraso en la aparición de una burguesía pujante que hubiera podido erigirse en pilar social y motor de las ideas liberales. Por eso apenas fue escuchada la llamada a la libertad y la participación que lanzaron sobre todo poetas y filósofos como Immanuel Kant, Gotthold Ephraim Lessing, Friedrich Schiller, Johann Gottlieb Fichte o Friedrich Hölderlin.

Tras las severas derrotas infligidas al ejército prusiano, Napoleón entró en Berlín el 27 de octubre de 1806. Charles Meynier (1768–1832) dedicó al acontecimiento este cuadro, que hoy forma parte de la colección del Musée de l'Histoire de France en el Palacio de Versalles.

El barón von Stein (1757–1831), funcionario, estadista y reformador prusiano, fue junto a Karl August von Hardenberg uno de los principales impulsores de las denominadas Reformas Prusianas. Tuvo que marchar al exilio en 1808 por su actitud antinapoleónica.

El príncipe Karl August von Hardenberg (1750–1822) descendía de una familia noble de Kurhannover. Estuvo al frente del ministerio de relaciones exteriores de Prusia de 1804 a 1806 y en 1810 fue nombrado Canciller del Estado, cargo que ejerció hasta su muerte, y en su calidad de tal representó a Prusia en el Congreso de Viena y las conferencias ministeriales de Karlsbad.

Tuvo que llegar la "catástrofe" del año 1806 –el desmoronamiento del "Sacro Imperio Romano Germánico" en la lucha contra Napoleón– para que creciera la conciencia de que la decadencia de Alemania quedaría sellada si se mantenía la cerrazón ante la necesidad de una unificación política nacional y una liberalización de la política interna. La demanda de libertad, órdenes constitucionales y unidad nacional se convirtió por tanto en un factor determinante de la época. Las reformas estatales debían dar lugar a la emancipación política del ciudadano, despertar su interés por el Estado y la Nación y contribuir así a la liberación de Alemania del yugo francés.

Reformas en Prusia y Baviera

El vuelco fue especialmente visible en Prusia y Baviera. En Prusia existió la "Ilustración Berlinesa", que se desarrolló a partir de mediados del siglo XVIII, fundamentalmente en torno al autor y editor Friedrich Nicolai y numerosos escritores con los que tenía amistad, pero acabó estancándose en enfrentamientos con otros intelectuales, entre ellos Immanuel Kant. Al igual que en otros lugares de Alemania, tampoco aquí se consiguió ir decisivamente más allá de la formulación de ideas reformistas. No fue sino a partir de la derrota contra Napoleón y la Paz de Tilsit en 1807 cuando un reducido grupo de funcionarios en torno al barón de Nassau Karl vom und zum Stein (1757–1831), quien estaba al servicio de Prusia, logró llevar a la práctica una reforma sustancial del Estado prusiano. La reordenación tuvo por meta instituir un "sistema representativo" que asegurara a la Nación una participación eficaz en la legislación, a fin de asentar así de manera duradera el sentido común y el amor a la patria.

El Edicto de octubre de 1807 inauguró en Prusia la disolución del orden estamental y la liberación de los campesinos de la servidumbre y el señorío. Junto con el denominado Edicto de Regulación de 1811 posibilitó, una vez clarificadas las complejas cuestiones de redención e indemnización, la afluencia a las metrópolis industriales emergentes de personas dispuestas a trabajar y en busca de trabajo. La administración del Estado se sometió a una reorganización y con la Ley de régimen local de 1808 se introdujo por primera vez en la política prusiana la idea de una autonomía municipal con participación ciudadana en la vida pública. Otras leyes reformistas fueron el Edicto del impuesto industrial elaborado en el verano de 1810 bajo la dirección del Canciller de Estado Karl August von Hardenberg y la reforma del ejército realizada entre 1807 y 1813 bajo Gerhard von Scharnhorst, Hermann von Boyen y August Neidhardt von Gneisenau.

Indirectamente Napoleón también contribuyó a la promulgación, el 1 de mayo de 1808, de una "Constitución para el Reino de Baviera". El ministro del Interior Maximilian Joseph von Montgelas quiso contrarrestar de este modo la aspiración de Napoleón de dictar una Constitución común para los 16 Estados integrantes de la Confederación del Rin. En 1806 esta se había separado formalmente del Imperio en París y constituido una alianza militar con Francia, en la cual Napoleón fungía como "protector" (Tratado de la Confederación del Rin, en alemán Rheinbundakte). La nueva Constitución, dentro de la cual Montgelas reunió numerosas reformas que ya se habían llevado a cabo en Baviera a partir de 1799, abolió todas las constituciones, privilegios, oficios de corte y corporaciones territoriales de las distintas provincias. Con ello allanó el camino a la unión de los territorios incorporados al nuevo orden bávaro en un Estado gobernable con arreglo a principios sociales y administrativos uniformes. Al mismo tiempo el rey, en cuanto "órgano" del nuevo Estado, garantizaba derechos fundamentales esenciales: la igualdad de todos los ciudadanos ante la ley, la igualdad fiscal, la

Tras la derrota de Napoleón en las Guerras de Coalición, el Congreso de Viena reunió del 18 de septiembre de 1814 al 9 de junio de 1815 a los representantes de unos 200 Estados, dominios, corporaciones y ciudades con el fin de tratar la reordenación de Europa. Este cuadro de Jean-Baptiste Isabey (1767–1855) muestra a 23 delegados: sentados de izqda. a dcha. Karl August von Hardenberg, Pedro de Sousa Holstein, Robert Stewart, 2.º Marquess of Londonderry, Johann von Wessenberg, Pedro Gómez Labrador, Charles-Maurice de Talleyrand-Périgord, Gustav Ernst von Stackelberg; de pie de izqda. a dcha.: Arthur Wellesley, 1.er Duke of Wellington, Joaquim Lobo da Silveira, António de Saldanha da Gama, Carl Axel Löwenhielm, Paul-François de Noailles, Klemens Wenzel Lothar von Metternich, Frédéric-Séraphin de La Tour du Pin Gouvernet, Karl Robert von Nesselrode, Emmerich Joseph von Dalberg, Andréi Kirílovich Razumovski, Charles Vane, 3.er Marquess of Londonderry, Richard Trench, 2.º Earl of Clancarty, Nikolaus von Wacken, Friedrich von Gentz, Wilhelm von Humboldt, William Cathcart, 1.er Earl Cathcart.

igualdad de acceso a todos los cargos públicos, la abolición de la servidumbre, la seguridad de la persona y de la propiedad, la libertad de conciencia y de religión y la libertad de prensa en el marco de determinadas leyes de censura. De este modo Baviera transitó en una etapa relativamente temprana del principado al Estado constitucional.

Sin embargo, las personas a las que iban dirigidas las reformas en gran medida quedaron al margen de las nuevas leyes, sobre todo en Prusia. Como se comenta en una fuente contemporánea, "los más las recibieron sin interés, muchos con desconfianza, algunos incluso con aversión". Así ocurrió sobre todo con los campesinos y artesanos, que en muchos casos se convirtieron en víctimas de la liberalización económica, en tanto que la educación y la propiedad siguieron siendo privilegio de una reducida capa. Tras el Edicto de Regulación de 1811 los campesinos de Prusia, por ejemplo, se vieron obligados a indemnizar a sus señores solariegos por las antiguas rentas y servicios en especie. Muchos pequeños campesinos perdieron así la base de su sustento y tuvieron que vender sus tierras sobreendeudadas. Por eso una de las "trágicas ironías de la historia original del constitucionalismo alemán" (Ernst Rudolf Huber) fue que un edicto concebido para extender la libertad únicamente resultara en el crecimiento de una clase baja rural desposeída, cuyos integrantes no tuvieron más remedio que ganarse la vida como jornaleros. Problemas similares se derivaron de la implantación de la libertad de industria en 1810, porque el número de artesanos aumentó más que el resto de la población, de forma que los miembros de las profesiones sobrerrepresentadas, sobre todo los zapateros, carpinteros y sastres, fueron a parar a la clase baja.

Además, nada de ello contribuyó de manera significativa a promover el movimiento constitucional liberal. Antes bien, tras la victoria sobre Napoleón Prusia y también Baviera retornaron en el Congreso de Viena de 1815 al viejo orden que salvaguardaba el principio del Estado monárquico. La Restauración, la legitimidad monárquica y la solidaridad de los príncipes volvieron a determinar la evolución política, que se orientó más por el absolutismo del pasado que por las ideas liberales del presente.

La Confederación Germánica

También la Confederación Germánica, creada en el Congreso de Viena de 1815, supuso en ese sentido una decepción. No fue el por tantos anhelado Estado federal que uniera a Alemania, sino solo una confederación laxa de Estados bajo liderazgo austriaco con 35 príncipes soberanos y cuatro Ciudades Libres, constituida con el único propósito de "mantener la paz exterior e interior de Alemania, la independencia e inviolabilidad de los distintos Estados alemanes". El órgano central de la Confederación, con sede en Fráncfort del Meno, la Asamblea Federal (Bundesversammlung, también denominada Bundestag o Dieta Federal), que existió hasta 1866, tampoco fue una corporación parlamentaria, sino únicamente un congreso de legados en el que los 39 Estados de la Confederación estaban representados por plenipotenciarios sujetos a sus instrucciones, los cuales solo podían adoptar acuerdos en cualesquiera asuntos de relieve si existía unanimidad.

Dentro de la Confederación Germánica Austria y Prusia siguieron siendo los principales centros de la Restauración hasta 1848. En ello influyó de manera determinante el Canciller de Estado austriaco Klemens Wenzel Lothar von Metternich, quien tuvo una participación esencial en la redacción de los "Acuerdos de

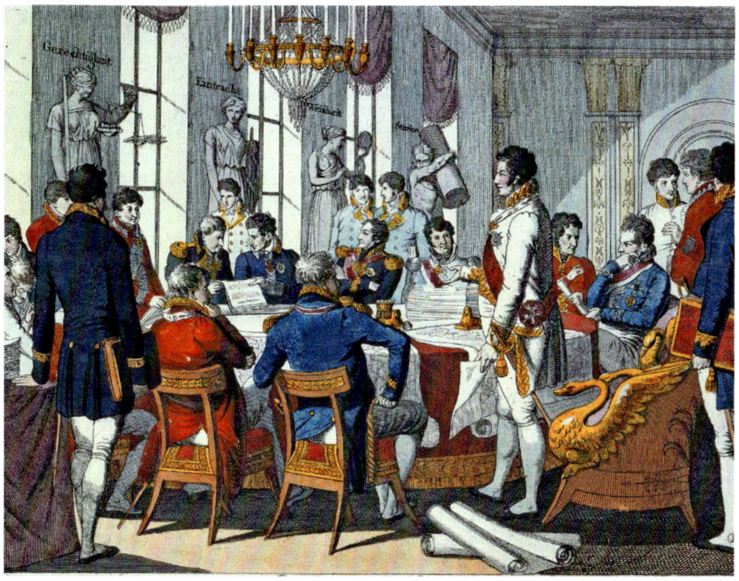

En el aguafuerte titulado "La esperanza de Alemania o el Bundestag de Frankfurt" se representa la primera sesión de la Asamblea Federal (el término "Bundestag" no tardó en popularizarse) en el Palais Thurn und Taxis de Fráncfort del Meno el 5 de noviembre de 1816. El congreso de legados permanentes de todos los Estados miembros de la Confederación Germánica, concebido a imagen del Reichstag del Sacro Imperio Romano Germánico, se reunía una vez por semana. Su última sesión tuvo lugar el 24 de agosto de 1866 en Augsburgo.

Verfassungs Rath
Aufruf zur Freyheit
od: Rebellion Anarchie. Zügel losigkeit. Diebstahl. Unord nung Sittenlosigkeit Schlechtigk Meuterey. u.s.w
Toler oder Gleichgültigkeit Unglaube Schwach heit
Souverainituet des Volkes oder Tyranie einiger wenigen Demagogen
Press Freyheit oder Publikation alles Unraths durch den Druck
Philantropie das heisst die Kunst für sich selbst zu Sor gen und zwar auf Kosten seines Nächsten
Glük des Volkes oder Kumer u. Sorgen für jeden ins besondere und Jamer und Elend für alle
Zeitung und anderer Unrath
Libelle
Unflathereyen
Dies ist der Klüster
Von einem Quidam
Geist unserer Zeit

Karlsbad" del otoño de 1819, con ayuda de los cuales se pretendía controlar y contener las tendencias liberales y nacionales en la Alemania postnapoleónica. Estos acuerdos también sirvieron de base para aplicar medidas represivas y utilizar la Asamblea Federal y la autoridad censora para combatir las aspiraciones democráticas. Se trataba con ello de apaciguar el miedo de los príncipes a la revolución, muy extendido también por el asesinato del cónsul general ruso August von Kotzebue en marzo de 1819 a manos del estudiante de teología Karl Ludwig Sand, que formaba parte de una hermandad juvenil universitaria. En Prusia la esperanza de una paulatina transformación del Estado autoritario en un Estado cívico se vio además truncada porque el rey Federico Guillermo III no cumplió su reiterada promesa de instaurar un sistema constitucional, sino que se aferró al poder absoluto del monarca.

Así fue como la mayoría de la población alemana se apartó resignada de la política. Durante la época del "Biedermeier" el repliegue hacia el ámbito privado se manifestó ante todo en un gusto decorativo y un estilo de vida burgués y apolítico, reflejo de un espíritu afable y apacible, amante de las comodidades, la convivialidad y comensalidad, la placidez y el sosiego, rebosante de inquietudes artísticas y literarias, todo ello muy influido por el romanticismo. En el plano político fue, en palabras de Theodor Fontane, un "período de estancamiento y policía", que abarcó prácticamente toda la segunda y tercera décadas del siglo XIX. Incluso la Revolución de Julio de 1830 en París, que obligó a abdicar al rey Carlos X de Francia, apenas tuvo resonancia en Alemania.

A raíz de la guerra de liberación contra Napoleón las corrientes liberales y nacionalistas también tuvieron auge en los Estados de la Confederación Germánica, pero se toparon con la resistencia de los gobernantes. La caricatura aquí reproducida apareció como reacción a las conferencias ministeriales de Karlsbad del 6 al 31 de agosto de 1819, donde los Estados más influyentes de la Confederación Germánica deliberaron sobre la manera de actuar contra el movimiento constitucional. El encuentro secreto se celebró en Karlsbad para poder presentarlo ante la opinión pública como reunión casual de diplomáticos en un balneario.

Alemania durante el Premarzo

Los impulsos nacionales y liberales que habían partido de las guerras de liberación contra Napoleón, no obstante, no pudieron ser totalmente aplastados. La oposición política, formada entre 1815 y 1848, durante el conocido como Premarzo (la etapa que precedió a la Revolución de Marzo de 1848), fue ganando adeptos preferentemente en la burguesía, en las universidades y entre comerciantes, industriales y artesanos. A la par, su aspiración de implantar una constitución liberal y reformas económicas y sociales estuvo indisociablemente unida al objetivo de crear un Estado nacional alemán unitario. Muestras de este movimiento fueron, entre otras, el Festival del Castillo de Wartburg de 1817 y el Festival de Hambach de 1832, concentraciones que reunieron predominantemente a círculos burgueses ilustrados y hermandades juveniles universitarias.

Los liberales cosecharon sus mayores éxitos en los antiguos Estados de la Confederación del Rin en el sur y suroeste de Alemania, donde durante la etapa bajo Napoleón ya se habían abolido las divisiones estamentales, modernizado la economía y reconocido la igualdad de los ciudadanos ante la ley (entre otras cosas, mediante la puesta en vigor del *Code civil*). En un paso más allá y al amparo de las nuevas Constituciones implantadas en Baden en 1818, en Wurtemberg en 1819 y en Hesse-Darmstadt en 1820 se establecieron asambleas electas siguiendo el modelo de la monarquía constitucional francesa. En el centro de Alemania seguiría un camino similar el Gran Ducado de Sajonia-Weimar-Eisenach, donde el Gran Duque Carlos Augusto ya había promulgado una constitución propia de inspiración liberal en 1816; de hecho, Sajonia-Weimar-Eisenach fue el primer territorio de Alemania en disponer de una constitución de esa naturaleza tras las guerras de liberación contra Napoleón. El Parlamento (Landtag), con sede en Weimar, existió de 1816 a 1918.

Del 27 de mayo al 1 de junio de 1832 tuvo lugar en el Castillo de Hambach y en los alrededores de Hambach y en Neustadt del Haardt el conocido como Festival de Hambach, considerado hoy el punto culminante de la oposición burguesa durante la Restauración y en los prolegómenos del Premarzo. Sus participantes se opusieron a los esfuerzos restauradores de la Confederación Germánica y en lugar de ello demandaron unidad nacional, libertad y soberanía popular.

Aunque aquellos "Parlamentos" –denominados cámaras, dietas o cortes– siguieran teniendo competencias restringidas por depender de la convocatoria del gobernante respectivo y carecer de la potestad de someter sus propias proposiciones de ley, lo cierto es que participaban en las tareas legislativas y tenían la atribución de aprobar los presupuestos del Estado, por lo que no parece exagerado afirmar que, efectivamente, en ellos se encuentra el germen del parlamentarismo alemán. Lo mismo es extensivo a Baviera, donde el rey Maximiliano I (Maximiliano José), con el propósito de contrarrestar la pretensión de Metternich de implantar una constitución federal, introdujo el 26 de mayo de 1818 una nueva constitución en la cual se reafirmaron nuevamente los derechos fundamentales y las libertades públicas de los ciudadanos que ya consagraba la carta magna de 1808 y a la par se reconocieron nuevos derechos de participación parlamentaria. El poder político siguió concentrándose en el rey, quien con arreglo al principio monárquico reunía en sí "todos los derechos del poder estatal", pero en adelante la posición jurídica del Landtag en cuanto representación del pueblo quedó constitucionalmente garantizada, a pesar de que únicamente podía aceptar o rechazar los proyectos de ley y las exigencias fiscales del monarca, carecía del derecho de iniciativa legislativa y no disponía de la facultad de condicionar la autorización de impuestos.

Esta forma de "parlamentarización" se daría también en otros Estados, sobre todo del norte y el centro de Alemania, a partir de la Revolución de Julio de 1830. En vísperas de la Revolución de 1848 más de la mitad de los 39 Estados que integraban la Confederación Germánica ya contaba con representaciones parlamentarias en el marco de una monarquía constitucional, destacando su expansión en el sur de Alemania. La mayoría de las constituciones de la etapa del Premarzo tenía como elemento característico un sistema bicameral en el que la cámara alta estaba compuesta por representantes de la nobleza y la Iglesia, así como de las universidades y otras instituciones, en tanto que la cámara baja constituía la representación popular propiamente dicha. Sin embargo, el derecho de sufragio por regla general quedaba reservado a los contribuyentes y propietarios. Únicamente en el Gran Ducado de Baden podían votar todas las personas con derecho de ciudadanía. La única excepción era el sufragio pasivo, que al igual que en los demás Estados dependía de un censo.

Así la cámara baja electa del Parlamento (Landtag) de Baden en cierto modo fue un modelo para el movimiento liberal y nacional alemán hasta el año 1848. Dos de sus miembros, Karl von Rotteck y Carl Theodor Welcker, catedráticos de la Universidad de Friburgo que a partir de marzo de 1832 editaron el diario liberal *Der Freisinnige (El Liberal)*, prohibido en varias ocasiones, y una enciclopedia del Estado en doce tomos, el *Staatslexikon*, se contaron entre los principales precursores de las ideas estatales y constitucionales liberales y fueron abanderados del movimiento liberal en el suroeste de Alemania. Tras la Revolución de Julio de 1830 en Francia, la cámara baja de Baden fue la primera representación popular alemana en pedir la abolición de la censura y reclamar la libertad de prensa. Y también fue el primer Parlamento en el cual se presentó una moción que exigía la creación de una representación parlamentaria para toda Alemania.

El 18 de octubre de 1817, con ocasión del tricentenario del inicio de la Reforma y el cuarto aniversario de la Batalla de Leipzig (Batalla de las Naciones), se reunieron en el castillo de Wartburg, en el Gran Ducado de Sajonia-Weimar-Eisenach en Turingia, unos 500 alumnos y algunos profesores de prácticamente todas las universidades evangélicas alemanas. El Festival del Castillo de Wartburg fue una manifestación contra la política reaccionaria de la Confederación Germánica y a favor de un Estado nacional con una constitución propia.

La Revolución de 1848

La situación de Alemania durante el Premarzo por tanto estuvo caracterizada por tendencias opuestas: a las esperanzas frustradas en el terreno del desarrollo constitucional y la demanda de libertad política y unidad nacional se contraponían los ejemplos positivos de una renovación política que, partiendo de los territorios sudoccidentales, no tardaría en apuntar expectativas para el conjunto de Alemania. A raíz de la industrialización creciente, las uniones aduaneras, que arrancaron en 1818 y culminaron en la fundación de la Unión Aduanera Alemana de 1834, así como la movilidad y modernización del país impulsadas por la construcción de ferrocarriles, también fue en aumento la importancia de la burguesía como fuerza política. Las demandas de libertad de prensa, tribunales de jurados y milicias burguesas, así como para implantar órdenes constitucionales e incluso un Parlamento alemán, se hicieron oír con cada vez mayor fuerza, las tensiones políticas fueron en aumento. Las malas cosechas y las crisis económicas que acompañaron la transformación económica (depauperación) agravaron la situación. En muchos territorios alemanes estallaron motines y revueltas, sobre todo entre los campesinos.

Así pues, cuando en la primavera de 1848 se extendió por Europa una nueva revolución desde París, en la Confederación Germánica ya estaba preparado el caldo de cultivo para los cambios. En los Estados pequeños y medianos los príncipes ni siquiera opusieron resistencia, sino que aprobaron de inmediato la formación de gobiernos reformistas (conocidos como "ministros de marzo") para neutralizar la revolución. Empero, la Revolución de Marzo también triunfó con facilidad en Viena y Berlín. Metternich se vio obligado a huir de la capital austriaca y el rey prusiano Federico Guillermo IV no vio otra salida que dictar cédulas mediante las cuales cedió, el 18 de marzo de 1848, a aquellas exigencias por las cuales los liberales habían luchado en Prusia durante largos años, la libertad de prensa y la transición de la monarquía hacia un sistema constitucional, anunciando además que Prusia pasaría a formar parte de Alemania.

A pesar de esas súbitas concesiones, no pudieron evitarse del todo los disturbios revolucionarios ni sangrientas batallas callejeras. No obstante, el hecho de que, bajo la presión del movimiento revolucionario, todos los príncipes se hubieran mostrado dispuestos a instaurar órdenes constitucionales y aprobar la convocatoria de una asamblea constituyente para toda Alemania supuso un gran avance. Ello explica la reunión del 5 de marzo de 1848 en Heidelberg, a la cual acudieron 51 políticos de la oposición liberal y democrática del sur y el oeste de Alemania con el propósito de preparar la elección de la Asamblea Nacional. El denominado "Comité de los Siete" por ellos instituido invitó a todos los "anteriores o actuales miembros de los estamentos y participantes en las Asambleas Legislativas de todos los territorios alemanes" y a otras personalidades de la vida pública –en total más de 500 varones– a asistir a un "Preparlamento", que inició sus deliberaciones el 30 de marzo de 1848 en la Iglesia de San Pablo de Fráncfort del Meno.

Los debates fueron controvertidos y en ocasiones acalorados, resultando especialmente polémicos los principios que debían inspirar la futura Constitución alemana y la elección de la Asamblea Nacional. Finalmente no se impusieron los representantes de la izquierda democrática liderados por Gustav von Struve, que reclamaban una república federal según el modelo de los Estados Unidos de América, sino los liberales burgueses,

Oficialmente para la Confederación Germánica la era del ferrocarril comenzó el 7 de diciembre de 1835 con la inauguración de la línea ferroviaria privada Ludwigs-Eisenbahn entre Núremberg y Fürth, aunque al principio se siguieron utilizando caballos de tiro porque el carbón era aún muy caro. Esta litografía muestra la inauguración de la línea Múnich–Augsburgo el 1 de septiembre de 1839.

Adolph von Menzel (1815–1905) se inspiró en los trabajadores de un taller de laminación de Königshütte (Silesia) para pintar su cuadro “Das Eisenwalzwerk” (1872–1875). Sus coetáneos entendieron la obra como un homenaje a la técnica moderna, pero posteriormente sería reinterpretada como un alegato contra las penosas condiciones de trabajo en la industria.

que pretendían implantar un nuevo orden político pactado con los príncipes. En colaboración con la vieja Dieta Federal (Bundestag) y los gobiernos de los distintos Estados, a continuación se legitimaron las elecciones proyectadas y se dictaron las leyes electorales necesarias. A finales de abril fueron elegidos en toda Alemania los diputados a la Asamblea Nacional, que celebró su sesión constituyente el 18 de mayo de 1848 en la misma Iglesia de San Pablo.

La Asamblea Nacional reunida en la Iglesia de San Pablo

Incluidos los suplentes, la Asamblea estaba integrada por un total de 831 diputados (sin los suplentes, 587), de los cuales al comienzo solo participaron en las sesiones 330, más adelante una media de 400 a 500. Fue elegido presidente de la Asamblea Heinrich von Gagern, quien en la alocución que siguió a su elección el 19 de mayo se refirió a la "soberanía de la Nación" y a su derecho a darse una nueva Constitución, pero subrayando simultáneamente la participación de los gobiernos de los distintos Estados. Los diputados procedían principalmente de la burguesía ilustrada y propietaria. En su mayoría eran altos funcionarios y profesionales académicos, sobre todo juristas. También había literatos, comerciantes y terratenientes, pero solo unos pocos artesanos, ningún trabajador y un solo campesino. También contaban con una reducida representación la nobleza y la pequeña burguesía.

La dignidad y majestuosidad del momento eran palpables. En el ambiente flotaba un sentimiento de orgullo, esperanza y confianza. Largo tiempo se había aguardado esa ocasión, desde hacía casi medio siglo se había trabajado con afán y ahínco en pos de esa meta. En la Iglesia de San Pablo había llegado el momento de dar un giro decisivo a la historia de Alemania. Siguiendo el modelo europeo occidental y en parte también estadounidense, aunque sin los eruptivos, violentos fenómenos concomitantes de la Revolución Francesa, se quiso convertir a Alemania en un Estado constitucional moderno y resolver a la par la cuestión nacional de la unidad alemana.

En las deliberaciones sobre los fundamentos y la Constitución del nuevo Estado chocaron entre sí las más diversas fuerzas y opiniones de todas las partes del país y los distintos estratos de la población. El origen, la educación, la propiedad y las convicciones políticas jugaron un papel, por cuanto los diputados que acudieron a Fráncfort lo hicieron, en la mayoría de los casos, como personas particulares, no como delegados de grupos de interés políticos o económicos. Con todo, partiendo de las experiencias de los Parlamentos regionales (Landtage) de los territorios del sur de Alemania, en la Asamblea Nacional de Fráncfort no tardaron en formarse grupos políticos más compactos con la finalidad de dotar de la mayor eficacia posible al trabajo parlamentario. A tal propósito los diputados se reunieron en ambigús y hoteles y se organizaron en "clubes", los cuales no se denominaron según el color político de sus integrantes sino por los lugares donde celebraban sus encuentros (Deutscher Hof, Württemberger Hof, Casino, Café Milani, entre otros). Se eligieron juntas directivas, se confeccionaron listas de miembros, se aprobaron programas. Incluso ya hubo quienes llamaron a los clubes "partidos", si bien este término aún resulta algo exagerado para describir la situación de entonces.

Entrada de los miembros del Preparlamento en la Iglesia de San Pablo de Fráncfort el 30 de marzo de 1848. La asamblea, integrada por 574 personas, se reunió en esa sede del 31 de marzo al 3 de abril con el fin de preparar la Asamblea Nacional de Fráncfort. Los participantes fueron designados por los miembros del denominado Comité de los Siete de entre los miembros de los Parlamentos de los distintos Estados.

De mayo de 1848 a mayo de 1849 se reunió en la Iglesia de San Pablo de Fráncfort la Asamblea Nacional, previamente elegida por el pueblo. La Asamblea Nacional instauró un gobierno provisional y aprobó una constitución, pero los Estados de mayor extensión, liderados por Austria y Prusia, impidieron su materialización.

Litografía del artista August Friedrich Pecht de 1849 titulada "Miembros de la Asamblea nacional de Fráncfort: Club del 'Casino'". De izqda. a dcha.: von Auerswald, von Schleusing, Ed. Simson, von Keudell, Heym, Bock, Lette, Hergenhan, von Massow, Deiters, Roeder, conde von der Goltz, Beseler (de pie), Langerfeld (de pie detrás de la silla), Platner, Welcker (a la mesa), Schuster (con periódico), Dahlmann (a la mesa), Michelsen, Mathy, Bernhardi (apoyado en la silla de Mathy), Gysae, conde Keller, Wippermann, Brons (de pie en el extremo derecho), von Saucken (sentado en el primer plano), Veit.

Derechos fundamentales y el asunto de Schleswig-Holstein

Eso sí, las orientaciones políticas de los distintos grupos –republicanos de izquierdas, liberales izquierdistas, conservadores liberales y conservadores de derechas– bien pueden designarse con las denominaciones actuales. Además, hubo escisiones, nuevas formaciones, refundaciones, agrupaciones de listas y uniones. A los clubes políticos de la Iglesia de San Pablo tampoco les eran desconocidos la disciplina de partido, el transfuguismo ni incluso las expulsiones. En sus memorias Robert von Mohl, integrante del centro izquierda en la Asamblea Nacional, comenta al respecto que más de una conciencia se vio atormentada por la disciplina de partido, más de una buena propuesta se desdeñó en las consultas previas de los clubes, y la fragmentación en numerosas secciones y subsecciones no hizo sino entorpecer la formación de grandes partidos unitarios, máxime en Alemania, donde la tendencia a la separación y el empecinamiento en posiciones totalmente subjetivas de por sí se llevaba en la sangre. Von Mohl señala en su valoración final que la existencia de partidos grandes con capacidad de asumir tareas de gobierno es "fundamento y condición necesaria de una vida parlamentaria regular y ordenada".

Un primer punto culminante de los trabajos en la Iglesia de San Pablo fue la elección del Archiduque Juan de Habsburgo-Lorena como regente imperial. No respondía ante la Asamblea Nacional, pero tras su elección fue reconocido por los príncipes de los distintos Estados, de forma que pudo ser considerado sucesor "legítimo" de la Asamblea Federal de la Confederación Germánica, que transfirió sus competencias al regente imperial. El hecho de que la Confederación Germánica pasara a estar encabezada por el archiduque Juan, miembro de la Casa de Habsburgo, no facilitó precisamente la decisión sobre las fronteras del futuro Imperio Alemán, pero en su manifiesto "Al pueblo alemán", del 15 de julio de 1848, el nuevo regente imperial prometió consumar "tras años de opresión [...] la libertad de modo pleno y sin restricciones". La meta suprema, subrayó, no era otra que ultimar la Constitución para Alemania.

Las subsiguientes deliberaciones constitucionales se concentraron en un primer momento en la elaboración de un catálogo vinculante de derechos humanos y fundamentales según el modelo de los Estados Unidos y la Revolución Francesa. Se trataba ante todo de salvaguardar los derechos individuales frente al Estado. Los diputados de la Iglesia de San Pablo sacaron así las lecciones de sus experiencias con el sistema policial durante el Premarzo. Alemania debía convertirse en un Estado de Derecho, incluyendo una legislación uniforme para la ciudadanía (Reichsbürgerrecht), la supresión del estamento nobiliario y la igualdad de todos los alemanes ante la ley. Otros artículos se referían a la libertad de opinión y creencia, la libertad de asociación y reunión, la libertad de la ciencia y la libertad de cátedra y la independencia de la Iglesia del Estado, así como, por último, la libre disposición del ciudadano sobre sus bienes.

El 28 de junio de 1848 la Asamblea Nacional de Fráncfort instauró un gobierno central provisional como gobierno alemán interino. Un día después eligió como jefe de Estado a Juan de Habsburgo-Lorena. Una diputación de la Asamblea Nacional informó al archiduque de su elección como regente, honor que aceptó. La litografía muestra su entrada en Fráncfort el 11 de julio de 1848.

En el mes de agosto de 1848, en medio de las deliberaciones sobre los derechos fundamentales, se desató la crisis de los Ducados de Schleswig y Holstein, que se habían unido a la revolución alemana y alzado contra su soberano, el rey de Dinamarca. Cuando a raíz de estos hechos el monarca danés intentó incorporar Schleswig, que a diferencia de Holstein no formaba parte de la Confederación Germánica, al Estado unitario danés, el gobierno provisional de ambos ducados solicitó ayuda militar al gobierno central alemán de Fráncfort como sucesor legal de la Asamblea Federal. Las tropas federales que marcharon contra Dinamarca bajo mando prusiano resultaron victoriosas, pero el 26 de agosto Prusia, bajo presión extranjera, sobre todo de Inglaterra y Rusia, se plegó a la firma del armisticio de Malmö, que no contenía una solución para los habitantes alemanes de Schleswig y Holstein. En la Asamblea Nacional se abominó de esta renuncia. Sin embargo, dado que no se disponía de los instrumentos necesarios para propiciar la evolución deseada, no se tuvo más remedio que respetar la decisión prusiana. Quienes, con la vista en Fráncfort, pensaban que la Revolución había triunfado salieron escarmentados de los acontecimientos de Schleswig-Holstein: el poder real seguía estando donde ya estaba antes de 1848, en manos de los Estados soberanos, en manos de los príncipes.

El fracaso de la Revolución

El resultado del conflicto de Schleswig-Holstein dañó duraderamente el prestigio de la Revolución, e incluso la dividió cuando, el 18 de septiembre de 1848, la izquierda radical, en su indignación (ciertamente no solo por la "traición" a Schleswig-Holstein), se alzó contra la Asamblea Nacional en Fráncfort, lo cual provocó el asalto a la Iglesia de San Pablo y se saldó con el asesinato de dos diputados de la derecha, el príncipe Felix Lichnowsky y el general Hans von Auerswald. La autoridad de la Asamblea se vio gravemente deteriorada, toda vez que los sucesos de Fráncfort estuvieron acompañados de una ola de levantamientos radicales en Renania, Hesse y Turingia, así como en el Palatinado y Baden.

La crisis de política exterior y los enfrentamientos de la mayoría de la Asamblea de la Iglesia de San Pablo con la izquierda radical no solo movieron a muchos círculos burgueses a renegar de la Revolución sino que también impidieron reiteradamente al Parlamento proseguir con su tarea propiamente dicha: la elaboración del texto constitucional. Desde el 26 de abril de 1848 ya se disponía de un borrador. Pero las deliberaciones del proyecto en cuestión, iniciadas en octubre, se prolongaron hasta la primavera del año siguiente. La Constitución Imperial finalmente fue aprobada por la Asamblea Nacional el 27 de marzo de 1849 y sancionada y promulgada en el boletín legislativo imperial por su presidente un día después. Basándose en lo que se conoce como la "solución de la pequeña Alemania" (conforme a la cual quedaba excluida Austria, que se había decantado por mantener el Estado plurinacional unido de los Habsburgo), la nueva Constitución instituía un imperio hereditario con un poder unitario fuerte, que principalmente abarcaba la política exterior, el ejército, la legislación general y la economía. El Parlamento Imperial (Reichstag) se componía de dos cámaras, una cámara estatal (Staatenhaus) integrada por los representantes de los Estados alemanes y una cámara popular (Volkshaus) elegida por sufragio universal y secreto. Los acuerdos del Reichstag requerían la aprobación del Gobierno Imperial (Reichsregierung), es decir, el Emperador, pero si el Parlamento presentaba en tres periodos de sesiones ordinarios sucesivos un mismo acuerdo sin modificaciones, este se convertía en ley aunque el Gobierno Imperial no diera su aprobación (§ 101). Así pues, al Emperador (en alemán Kaiser) únicamente se le reconocía un derecho de veto suspensivo.

La litografía de Adolph Schroedter (1805–1875) "Los derechos fundamentales del pueblo alemán" muestra el catálogo de derechos fundamentales que entró en vigor el 27 de noviembre de 1848 en virtud de la legislación imperial y que se incorporó prácticamente sin variaciones a la Constitución Imperial de 1849. Sin embargo, los Estados alemanes de mayor extensión rechazaron la ley y en 1851 el Bundestag declaró expresamente su nulidad.

Die Grundrechte des deutschen Volkes.

Gesetz,
betreffend die Grundrechte des deutschen Volks.

Der Reichsverweser, in Ausführung des Beschlusses der Reichsversammlung vom 21. December 1848, verkündet als Gesetz:

Grundrechte des deutschen Volks.

Artikel I.

Artikel II.

Artikel III.

Artikel IV.

Artikel V.

Artikel VI.

Artikel VII.

Artikel VIII.

Artikel IX.

Frankfurt a. M., den 27. December 1848.

Der Reichsverweser:
Erzherzog Johann.
Die Reichsminister:
H. v. Gagern. v. Peucker. v. Beckerath. Duckwitz. R. Mohl.

№ 1453.
Neu Ruppin, bei Oehmigke & Riemschneider.
Empfang der Kaiser-Deputation der deutschen National-Versammlung im Rittersaale zu Berlin am 3. April 1849.
„Der Präsident Simson sprach: „Die verfassunggebende deutsche National-Versammlung im Frühling des v. J. durch den übereinstimmenden Willen der Fürsten u. Volksstämme Deutschlands berufen, das Werk der deutschen Verfassung zu Stande zu bringen, hat am Mittwoch, den 28. März des Jahres 1849, nach Verkündigung der in zweimaliger Lesung beschlossenen deutschen Reichs-Verfassung, die in derselben begründete erhebliche Kaiserwürde auf Se. Königliche Majestät v. Preussen übertragen. Sie hat dabei das feste Vertrauen ausgesprochen, daß die Fürsten u. Volksstämme Deutschlands großherzig u. patriotisch in Uebereinstimmung mit der National-Versammlung die Verwirklichung dieser von ihr gefaßten Beschlüsse mit aller Kraft fördern werden.
„Sie hat endlich den Entschluß gefaßt, den erwählten Kaiser durch eine Deputation aus ihrer Mitte ehrfurchtsvoll einzuladen, die auf Ihn gefallene Wahl auf Grundlage der Verfassung annehmen zu wollen. In Vollziehung dieses Auftrags stehen vor Ew: Majestät der Reichs-Versammlung u. 32 ihrer Mitglieder, in der ehrfurchtsvollen Zuversicht, daß Ew: Majestät geruhen werden, die begeisterten Erwartungen des Vaterlandes, welches Ew. Majestät als den Schirm u. Schutz seiner Einheit, Freiheit u. Macht zum Oberhaupte des Reichs erkoren hat, durch einen gesegneten Entschluß zu glücklicher Erfüllung zu führen."

El 28 de marzo de 1849 fue elegido Emperador Alemán (Deutscher Kaiser) el rey de Prusia Federico Guillermo IV, quien obtuvo 240 de los 290 votos de la Asamblea Nacional. Pero cuando a continuación viajó a Berlín una delegación encabezada por el presidente de la Asamblea Nacional, Eduard von Simson, para entregarle con ocasión de una recepción en el Salón de Caballeros del Palacio Real el 3 de abril de 1849 el acuerdo por el que se establecía "invitar al Emperador electo [...] con todos sus respetos a que tuviere a bien aceptar la elección recaída en su persona en virtud de la Constitución", Federico Guillermo IV declinó. Hacía tiempo que el rey prusiano había reforzado su poder, transitoriamente debilitado a raíz de los hechos acontecidos en marzo de 1848. También las tropas que se habían visto obligadas a retirarse de Berlín el 18 de marzo de 1848 estaban de vuelta en la capital prusiana desde noviembre de ese mismo año. Por eso, cuando le llegó la propuesta de ceñirse la corona imperial, Federico Guillermo IV comentó en privado al general Joseph von Radowitz, quien pertenecía a la Asamblea Nacional de Fráncfort como diputado por la circunscripción westfaliana de Rüthen y defendía, en contra de la voluntad del rey prusiano, la solución de la pequeña Alemania, que la Iglesia de San Pablo no tenía "ninguna corona que ofrecer" y él, "por tanto, ninguna que rechazar o aceptar".

Si bien la Constitución Imperial fue reconocida por 28 Estados alemanes, casi todos los territorios de mayor extensión –entre ellos Prusia, Sajonia y Baviera– rechazaron el borrador, lo cual hizo fracasar el intento de crear un Estado constitucional alemán en el marco de una monarquía constitucional. La Asamblea de la Iglesia de San Pablo no pudo aprovechar la breve ventana temporal que se le abrió tras la Revolución de Marzo para forzar a los príncipes debilitados a favorecer un nuevo orden, malográndose así una oportunidad decisiva de promover reformas en profundidad. El 14 de mayo de 1849 Prusia retiró sus diputados de la Asamblea Nacional y también otros muchos diputados regresaron decepcionados a casa o fueron apartados por sus gobiernos. El 31 de mayo el Parlamento mutilado se refugió en Stuttgart para eludir la persecución policial en Fráncfort y finalmente se autodisolvió. Las revueltas promovidas por los seguidores de la Revolución en Sajonia, el Palatinado y Baden para protestar contra la marcha de los acontecimientos fueron sofocadas a sangre y fuego con ayuda de tropas prusianas. Rastatt, el último bastión de los revolucionarios en Baden, cayó el 23 de julio de 1849. Los liberales y demócratas alemanes no se repondrían de esta derrota durante todo el siglo XIX. A ello contribuyó en buena medida la escisión del Partido Progresista Alemán en un ala liberal de izquierdas y un ala liberal nacional entre 1866 y 1867 bajo la influencia de la política de Bismarck, que debilitó sustancialmente el movimiento liberal en Alemania. Además, al hilo de todo ello la misma unificación imperial se materializaría bajo condiciones distintas de las imaginadas por sus abanderados durante el Premarzo.

Una diputación del Parlamento de la Iglesia de San Pablo encabezada por Eduard von Simson ofreció al rey prusiano Federico Guillermo IV la corona imperial el 3 de abril de 1849, pero este la rechazó porque se aferraba a la monarquía por la gracia de Dios y por tanto era contrario a la soberanía popular.

El conflicto constitucional en Prusia

Tras el fracaso de la Revolución se inició en Alemania una fase de reacción política que prácticamente duró toda la década de los cincuenta del siglo XIX. En todos los territorios alemanes los ministerios (consejos de ministros) liberales fueron sustituidos por gabinetes conservadores. Numerosos Parlamentos fueron disueltos, las constituciones revisadas. Así ocurrió de forma muy visible en Prusia, donde el rey Federico Guillermo IV ya modificó en la temprana fecha de mayo de 1849 la Constitución que había sido aprobada apenas el 5 de diciembre de 1848, sustituyendo el sufragio universal en ella consagrado por un sistema de voto de tres clases. En virtud del mismo los electores fueron distribuidos en tres clases con arreglo a la cuantía de sus

Neue Bilder-Zeitung. — 77stes Bild.

Entwaffnung der Insurgentenbesatzung von Rastatt.

Tollen Muthes hatte die aufständische Besatzung von Rastatt mehrmals die Aufforderung zur Uebergabe der Festung verweigert; da hatten sich zwei von ihrem Kommandeur abgesendete Offiziere durch eine Reise überzeugt, daß das Insurgentenheer vernichtet und ihre Sache verloren sei. Deshalb beschlossen sie sich endlich am 23. Juli auf Gnade und Ungnade zu ergeben und rückten Nachmittags gegen 3 Uhr heraus. Die Belagerungstruppen bildeten ein Quarré und nun erschien der Prinz von Preußen, dankte den Truppen in lauter und fester Sprache für die Anhänglichkeit, die sie dem Könige, ihm und dem Vaterlande bewiesen, für die Tapferkeit, die sie überall gezeigt, für die Bereitwilligkeit, mit der sie sich Allem unterzogen und wies sie mit eindrucksvollen Worten auf die entehrende Demüthigung der fremden, ihren Fahnen eidbrüchig gewordenen Krieger. Die Soldaten nahmen die wichtige und würdevoll gehaltene Rede mit Begeisterung auf, der Prinz entfernte sich dann, das Quarré schloß sich auf und es bildete sich eine Linie, in der zwei Batterien abgeprotzter und geladener Zwölfpfünder aufgestellt waren. Dieser Linie gegenüber stellten sich die aus den verschiedenen Thoren kommenden Soldaten und Freischärler der rothen Republik auf; die Offiziere trugen die Epauletten nicht mehr und den Degen in der Scheide. Als sie so einander gegenüberstanden, kommandirten die preußischen Heerführer das Gewehr zum Strecken und die badischen Soldaten und Freischärler legten dieselben bei sich nieder oder stellten sie in Pyramiden auf. Die Pyramiden wurden mit Helm und Lederzeug behängt, so daß dem Soldaten nichts als die Uniform, die Mütze und der Tornister blieb. Die Offiziere legten ebenfalls ihre Degen ab, Tiedemann überreichte seinen Degen dem würdigen General von Holleben. Im sogenannten Generalstabe waren Tiedemann, Corvin, Sander, Sigel der Jüngere u. a. Bei der Entwaffnung zeigten sich die preußischen Soldaten in der ganzen Größe eines edlen Characters. Kein Wort des Hohns, nicht einmal ein Lächeln gab sich den Feinden gegenüber in ihren Reihen kund, ernst, würdevoll und lautlos war ihre Haltung. In dem Augenblick der verdienten Erniedrigung ihrer Gegner mochten sie ihren eigenen Werth und die innere Belohnung für die Treue gegen den angestammten Fürsten doppelt empfinden und mit Bedauern auf die zerknirschten badischen Truppen blicken. Nach Abgabe der Bewaffnung marschirten die 5700 Mann wieder in die Festung zurück.

Der König ruft dem Volke sein:
Steh' auf, du Volk der Treue,
Steh't auf, ihr wackern Mannen mein,
Bewährt mir heut' auf's Neue,
Daß Preußenstamm und Preußenblut
Und Preußentreu' und Preußenmuth
Frisch in euch grünen bleiben,
Und frische Zweige treiben.

Der König ruft; das Volk steht da,
Läßt keiner zur Eil' sich mahnen;
Sie kommen fern, sie kommen nah,
Hin zu den alten Fahnen.
Wohlauf, du lieber Bruder mein,
Sollst meiner Söhne Führer sein,
Zieh' aus zum heil'gen Streite,
Gott geb' euch das Geleite.

Nun, Gott mit uns! das gute Wort
Half uns in schweren Zeiten.
Gott sei mit uns! der alte Hort
Soll uns auch jetzt begleiten.
Mit Gott umschlingt ein heil'ges Band
Den König und das Vaterland.
Wir zieh'n zum heil'gen Streite,
Gott giebt uns sein Geleite.

Sie haben schmerzlich ihn geschmäht,
Verleumdet seinem Volke;
Nun ist die Schmach hinweggeweht,
Verweht die böse Wolke.
Durch Kampf verkläret steht er da,
Und alles Volk ruft fern und nah:
Er ist vom alten guten Stamme,
In uns die alte heil'ge Flamme!

Und ich, des alten Königs Sproß,
Weis' euch des Sieges Bahnen;
Will mit euch steh'n als Kampfgenoß;
Hoch flattern die alten Fahnen.
Sie rufen uns zum heil'gen Krieg,
Zu bitterm Tod, zu schönem Sieg,
Komm du mein Herr von Preußen,
Ich bin der Prinz von Preußen.

Original u. Eigenthum No. 2235.

Neu-Ruppin, zu haben bei Gustav Kühn.

En marzo de 1848 estalló en el Gran Ducado de Baden la conocida como Revolución de Marzo. Los sediciosos pertenecían al bando burgués-democrático y defendían un Estado alemán unitario, pero no logaron contrarrestar la fuerza militar de los Estados confederados. La litografía en caliza muestra la capitulación de la fortaleza de Rastatt el 23 de julio de 1849, que supuso el fin de la revolución.

impuestos, de tal modo que el reducido número de personas de ingresos altos (aproximadamente el 4 % de la población) podía designar tantos compromisarios y diputados como la clase cuantitativamente más fuerte de las personas con ingresos bajos, que representaban el 80 % de los electores. Además, en enero de 1850 la Cámara Alta (denominada Herrenhaus o cámara de los señores de Prusia) adquirió el carácter de una cámara de pares, integrada por miembros hereditarios –príncipes de la casa real y jefes de determinadas familias de la nobleza– así como un reducido número de personalidades nombradas de por vida por el rey. Ambas modificaciones estuvieron en vigor hasta 1918 y determinaron sustancialmente el sistema político del Estado prusiano. Habida cuenta del papel clave que jugó Prusia en esa época, tampoco dejaron de influir en el clima político imperante en Alemania.

La orientación básicamente conservadora del Estado prusiano bajo Federico Guillermo IV se mantuvo durante el reinado de su sucesor, Guillermo I. Tras un año de sustitución interina, el 9 de octubre de 1858 el príncipe Guillermo asumió la dirección de la monarquía prusiana como príncipe regente, si bien en un primer momento pareció inaugurar una "nueva era" al ser reemplazado el ministerio (gabinete) conservador de Otto von Manteuffel por un gobierno liberal-conservador y anunciar Guillermo en una alocución programática al Ministerio de Estado (consejo de ministros prusiano, órgano ejecutivo sometido al rey) una amplia serie de reformas. Ello impulsó el liberalismo político en toda Alemania. Se tenía la esperanza de que una Prusia abierta a las reformas se convirtiera en motor de la unificación alemana. A tal propósito los liberales y demócratas fundaron en 1859 en Fráncfort la Asociación Nacional Alemana (Deutscher Nationalverein), que retomó la solución de la pequeña Alemania, fracasada en 1849, según la cual la unificación nacional habría de llevarse a término con base parlamentaria y bajo el liderazgo de Prusia.

Pero en realidad los cambios fueron insignificantes. A más tardar con el nombramiento de Otto von Bismarck como presidente del gobierno prusiano el 23 de septiembre de 1862 saltó a la palestra de la política prusiana y alemana un adversario tan enérgico como decidido del movimiento liberal. La designación de Bismarck había sido promovida por los círculos conservadores en torno a Guillermo porque la Cámara de Representantes (cámara baja) prusiana, dominada por los liberales, se negaba a autorizar fondos para una reforma del ejército y Bismarck parecía ser el único capaz de romper la resistencia del Parlamento. Y Bismarck efectivamente respondería a su fama: "Alemania no mira al liberalismo de Prusia sino a su poder", declaró pocos días después de su nombramiento, el 30 de septiembre de 1862, ante la comisión de presupuestos de la Cámara de Representantes, "no es mediante discursos ni acuerdos por mayoría como se resuelven los grandes asuntos de la época –ese fue el gran error de 1848 y 1849–, sino con hierro y sangre." Bismarck agravió con ello al Parlamento y en adelante gobernó además sin presupuesto, remitiéndose a una "laguna constitucional" que a su entender no solo permitía sino que incluso exigía imperativamente al Gobierno recaudar impuestos y efectuar gastos para asegurar la capacidad de actuación del Estado en caso de que el Parlamento no autorizara un presupuesto.

De esta forma Bismarck prácticamente se situaba por encima de la Constitución, pero las cuentas le salieron bien. Aunque el conflicto se mantuvo larvado y siguió siendo hasta 1866 un punto litigioso fundamental entre la Corona y el Parlamento, la ruptura constitucional se disipó cuando pasaron al primer plano otros acontecimientos –el levantamiento polaco de 1863, la Guerra de los Ducados (Segunda Guerra de Schleswig) de 1864 y el conflicto con Austria– y Prusia decidió a su favor la lucha por la hegemonía en Alemania tras la decisiva victoria en la batalla de Sadowa (batalla de Königgrätz) en julio de 1866. El 3 de septiembre de 1866 la Cámara de Representantes de Prusia

La xilografía muestra a Otto von Bismarck en la Cámara de Representantes en 1863. Bismarck fue un decidido adversario del liberalismo y también por eso se le nombró presidente del gobierno en 1862; las fuerzas conservadoras esperaban que en su política no se plegara al Parlamento, dominado por los liberales. Y de hecho gobernó contra la mayoría de los diputados.

En 1866, tras la victoria de Prusia y sus aliados sobre la Confederación Germánica liderada por Austria en la Guerra de las Siete Semanas (Guerra Austro-Prusiana), todos los Estados alemanes situados al norte de la línea del Meno se agruparon en la Confederación Alemana del Norte. De esa alianza originariamente militar surgiría el primer Estado federal alemán sobre la base de la Constitución del 1 de julio de 1867. La litografía muestra la sesión constituyente del Reichstag en Berlín el 24 de febrero de 1867 en el primer "Herrenhaus" de la Leipziger Straße.

aprobó los presupuestos de los años 1862 a 1865 con carácter retroactivo y otorgó generosamente a Bismarck la denominada "indemnidad", es decir, inmunidad penal. Por el contrario, de resultas de todo ello el parlamentarismo se vio gravemente debilitado. Bismarck había disciplinado al Parlamento con rigor y éxito político exterior y empujado a los diputados a cometer un "pecado original" del cual el parlamentarismo alemán tardaría mucho en reponerse.

El camino hacia el Imperio

Tras la victoria sobre Austria y los Estados alemanes aliados de la monarquía de los Habsburgo en la Guerra de las Siete Semanas (Guerra Austro-Prusiana) quedó allanado el camino para resolver la cuestión nacional sobre la base de la solución de la pequeña Alemania bajo el liderazgo de Prusia. La Confederación Germánica fue disuelta. En su lugar se estableció –como primer paso hacia un imperio unido– la Confederación Alemana del Norte (Norddeutscher Bund), integrada por todos los Estados alemanes situados al norte de la línea del Meno, incluidas las ciudades libres y hanseáticas de Hamburgo, Bremen y Lübeck. Los Estados del Sur de Alemania derrotados en la Guerra de las Siete Semanas quedaron unidos a la Confederación Alemana del Norte mediante alianzas defensivas y ofensivas (Schutz- und Trutzbündnisse) con Prusia, firmadas simultáneamente con los tratados de paz.

La Constitución de la Confederación Alemana del Norte, que fue promulgada el 17 de abril de 1867 y entró en vigor el 1 de julio de 1867, se basaba en un borrador del historiador y político Maximilian Duncker, quien en 1848/1849 había pertenecido a la Asamblea Nacional de Fráncfort y posteriormente a la Cámara de Representantes de Prusia, antes de entrar a formar parte en 1867 del Parlamento constituyente de la Confederación Alemana del Norte, donde se contó entre los "viejos liberales" (Altliberale). El texto del consejero privado Duncker fue revisado y corregido varias veces por legados y funcionarios ministeriales e incluso por el propio Bismarck antes de su presentación definitiva a los plenipotenciarios de los gobiernos unidos en la Confederación Alemana del Norte el 15 de diciembre de 1866 como "borrador prusiano". Tras la aprobación de numerosas enmiendas los plenipotenciarios finalmente dieron su aquiescencia, de modo que a la postre la nueva Constitución apareció como una propuesta constitucional conjunta de los Estados miembros.

La Constitución consagró, junto al rey prusiano como jefe de Estado hereditario de la Confederación, al Parlamento de la Confederación (Reichstag) como órgano constitucional central. Si bien sus diputados eran elegidos por sufragio universal, secreto, igual y directo, los derechos políticos del Parlamento quedaron restringidos. El Canciller (jefe de gobierno) de la Confederación, a saber, Bismarck, dependía únicamente del rey de Prusia, pero no del Parlamento. De esta manera se le reconocía al Canciller un poder de influencia enorme sobre la dirección de la política, en tanto gozara de la confianza del monarca.

Que la Confederación Alemana del Norte no representaba la terminación del proceso de unificación alemán sino tan solo la transición hacia una solución completa basada en un Estado nacional era algo consabido para la mayoría de los contemporáneos. En esa tesitura el diputado nacional liberal Johannes Miquel afirmó ante el Reichstag en pleno que la línea del Meno, la cual marcaba la frontera entre la Confederación y los Estados alemanes meridionales, "no [es] la divisoria entre dos territorios de dominio de dos grandes Estados" sino únicamente "una parada para nosotros, donde repostamos agua y carbón, recobramos el aliento para pronto seguir camino." De hecho, el Parlamento de la Confederación Alemana del Norte no vivió ni siquiera el final de la primera legislatura: bajo la impresión causada por la Guerra Franco-Prusiana (Guerra Franco-Alemana) de

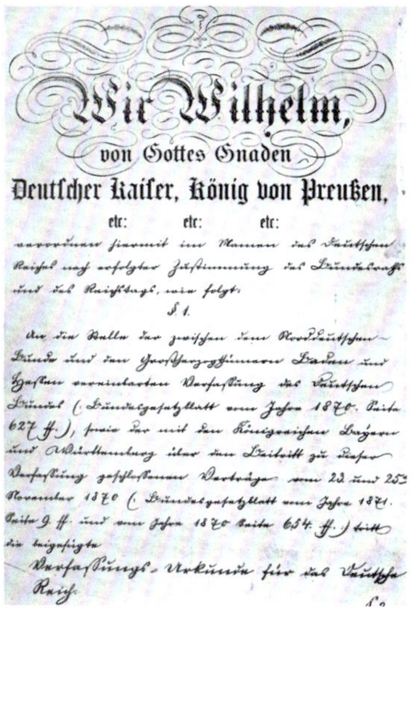

Wir Wilhelm,
von Gottes Gnaden
Deutscher Kaiser, König von Preußen,
etc: etc: etc:

verordnen hiermit im Namen des Deutschen Reichs nach erfolgter Zustimmung des Bundesraths und des Reichstags, was folgt:

§ 1.

An die Stelle der zwischen dem Norddeutschen Bunde und den Großherzogthümern Baden und Hessen vereinbarten Verfassung des Deutschen Bundes (Bundesgesetzblatt vom Jahre 1870. Seite 627 ff.), sowie der mit den Königreichen Bayern und Württemberg über den Beitritt zu dieser Verfassung geschlossenen Verträge vom 23. und 25. November 1870 (Bundesgesetzblatt vom Jahre 1871. Seite 9 ff. und vom Jahre 1870 Seite 654 ff.) tritt die beigefügte

Verfassungs-Urkunde für das Deutsche Reich.

La fundación del Imperio Alemán a raíz de la adhesión a la Confederación Alemana del Norte de los Estados alemanes meridionales de Baden, Hesse-Darmstadt con sus territorios al sur de la línea del Meno, Wurtemberg y Baviera y de la entrada en vigor de la nueva Constitución Imperial tuvo lugar el 1 de enero de 1871, pero como el rey Guillermo I de Prusia fue proclamado Emperador Alemán el día 18 sería esta última fecha la que se celebraría posteriormente como hito fundacional del Imperio.

1870/1871, el 10 de diciembre de 1870 los 194 diputados presentes aprobaron por 188 votos a favor y 6 en contra el cambio de nombre de la Confederación Alemana del Norte por el de Imperio Alemán (Deutsches Reich), así como la concesión al rey de Prusia del título de Emperador Alemán (Deutscher Kaiser). La proclamación del emperador tuvo lugar el 18 de enero de 1871 en el Salón de los Espejos del Palacio de Versalles.

Parlamentarismo en el Imperio

La Constitución de la Confederación Alemana del Norte fue adoptada con escasas modificaciones como Constitución Imperial. Con ello se malogró el objetivo de los liberales de implantar un sistema de gobierno parlamentario que permitiera la participación del pueblo en las tareas de gobierno. No obstante, Bismarck se vio obligado a incluir la voluntad del Reichstag en sus cálculos. La influencia del Parlamento se vio reforzada sobre todo por la creciente expansión de los campos de actuación del Estado y, por ende, de la legislación imperial. Sin embargo, los diputados fueron mantenidos al margen del poder gubernamental propiamente dicho hasta la Primera Guerra Mundial. La persistencia del dualismo entre Parlamento y Gobierno siguió siendo el principal obstáculo para una evolución democrática en Alemania.

Hasta el día de hoy los historiadores no se ponen de acuerdo sobre cómo ha de valorarse, a la vista de este trasfondo, el papel del Reichstag como instancia parlamentaria del Imperio, sea como institución casi "muerta" que careció de influencia sobre el Káiser y la política alemana, sea como precursor de una "parlamentarización silenciosa" que fue restringiendo el poder del Emperador dentro de cauces constitucionales y estableció en Alemania una monarquía parlamentaria a imagen y semejanza del modelo británico. Ambas posiciones disponen de argumentos sólidos. En cualquier caso, según la Constitución de 1871 todo el poder estaba concentrado en la figura del Canciller del Reich (Reichskanzler), que ostentaba la presidencia del "Consejo Federal" (Bundesrat), la cámara de representación de los Estados y órgano supremo del Imperio. Los jefes de las carteras no eran ministros con autoridad propia sino secretarios de Estado y, por tanto, funcionarios sujetos a las instrucciones del Canciller del Reich, a cuya propuesta eran nombrados por el Emperador. Pero la "responsabilidad" del Canciller, consagrada en la Constitución, no dejó de ser una quimera, al no haberse determinado qué consecuencias debía comportar. Por eso los críticos de los mecanismos imperiales hablan de un "Estado constitucional imperfecto", dentro del cual la principal tarea del Reichstag consistió en procurar, de entrada, una "parlamentarización del Reich" que le permitiera al Parlamento participar efectivamente en la política.

El Reichstag al menos tenía atribuidas amplias competencias constitucionales en materia de legislación y autorización de los presupuestos estatales. Sobre todo los poderes presupuestarios se revelaron con el devenir de las décadas como un medio de presión cada vez más poderoso frente al Káiser y el Gobierno. Las esperanzas albergadas en el sentido de una "parlamentarización silenciosa" crecieron aún más cuando el SPD se convirtió en el grupo parlamentario más fuerte a raíz de las elecciones al Reichstag de 1912. Pareció presentarse la oportunidad de restringir el "régimen personal" (Persönliches Regiment) del Emperador y la posición de predominio del Canciller del Reich mediante una extensión de las atribuciones del Parlamento. A ello contribuyó asimismo el hecho de que ese mismo año se le reconociera al Reichstag, mediante una modificación de su reglamento, la posibilidad de reprobar al Gobierno. Aunque, a diferencia de la moción de censura en un sistema parlamentario, ello no conllevara forzosamente la dimisión del Gobierno, los

Dos carteles electorales de los socialdemócratas para la elección al Reichstag de 1912. El SPD resultó claro ganador con el 34,8 % de los votos, seguido del Partido de Centro, que no alcanzó ni la mitad de votos del SPD. Esos serían los últimos comicios parlamentarios del Imperio Alemán.

Telegramm!

Neue Militärlasten! Neue Ausbeutung des Volkes!

Die neue Militärvorlage, die dem nächsten Reichstage zugeht fordert:

Ein neues Generalkommando in Allenstein!
Ein neues Generalkommando in Mülhausen!
Aufstellung von zwei neuen Divisionsstäben!
18 neue Infanterie-Bataillone!
Vermehrung der Maschinengewehrkompagnien!
Weiter ist eine neue Flottenvorlage angekündigt!

Das bedeutet nichts anderes als eine Neuforderung von **Hunderten von Millionen,** die durch **indirekte Steuern den Massen abgepreßt** werden sollen. Eine neue „Finanzreform" zu den

500 Millionen

der letzten Finanzreform. Dabei müssen die **Kriegsveteranen** weiter hungern, ist zur Erhöhung der Mannschaftslöhnung von 22 auf 30 Pfg. pro Tag kein Geld vorhanden; hat man für unsere alten Arbeiter über 65 Jahren keine neun Millionen Mark zur Verfügung und liefert sie der Armenpflege aus.

Angesichts dieser Zustände versuchen die **Ordnungsparteien** die deutschen Wähler durch **infame Lügen** irre zu führen und eine **Kriegsgefahr,** die uns von Frankreich und England drohen soll, an die Wand zu malen.

Das ist ein unverschämter Wahlschwindel.

Wähler, sorgt für die Sicherheit des Reiches und das Wohl Euerer Familien.

Gebt Eure Stimme nur den sozialdemokrat. Kandidaten

für München I: **Sebastian Witti**

für München II: **Georg von Vollmar**

Der sozialdemokratische Aktionsausschuß.

El SPD, surgido en 1875 de la fusión de la Asociación General de Trabajadores de Alemania (ADAV) y el Partido Socialdemócrata Obrero de Alemania (SDAP), fue una fuerza motriz de la lucha por la parlamentarización del Imperio en los albores del siglo XX. Foto del congreso del SPD en Bremen, que congregó en septiembre de 1904 a unos 230 delegados.

diputados –a quienes se les había concedido el derecho a percibir remuneraciones (dietas) en 1906– podían verse reafirmados en su papel de controlar al Gobierno.

Pero en 1913 la llamada Crisis de Zabern (Incidente de Saverne), desatada por los improperios de un oficial en una pequeña guarnición alsaciana, evidenciaría hasta qué punto el Parlamento seguía teniendo las manos atadas. El 4 de diciembre de 1913 el Reichstag aprobó una propuesta de reprobación y denegó la confianza al a la sazón Canciller del Reich, Theobald von Bethmann Hollweg, él mismo un político de ideas liberales próximo al Partido Popular Progresista (FVP) que se esforzó en buscar un equilibrio entre socialdemocracia y conservadurismo. Empero, tal iniciativa no tuvo consecuencias serias porque el Canciller del Reich simplemente podía ignorar la moción mientras tuviera asegurado el respaldo del Káiser. De hecho, Bethmann Hollweg solo cesó en el cargo en 1917 y por motivos muy distintos –en conflicto con la tercera comandancia del ejército bajo el mando del general mariscal de campo Paul von Hindenburg y el general Erich Ludendorff–, cuando el Emperador lo dejó caer presionado por la cúpula militar.

Sin embargo, la impotencia del Reichstag no resultaba únicamente de la posición predominante del Emperador y su Gobierno, consagrada en la Constitución, sino también de la propia debilidad del Parlamento, que antes de la Primera Guerra Mundial se mostró como un conglomerado de diversos grupos políticos y de interés. Algunos de esos grupos, sobre todo del bando conservador, estaban muy lejos de contar con verdaderas estructuras de partido. Las coaliciones, que hoy forman parte de la normalidad política, en gran medida eran desconocidas y las mayorías parlamentarias raras veces duraderas. Por consiguiente, apenas se podían desarrollar ni mucho menos implantar estrategias políticas a más largo plazo.

Las estructuras autoritarias subsistentes en la sociedad alemana durante el Imperio y el militarismo omnipresente hicieron el resto para impregnar el pensamiento de los diputados del Reichstag. Ante este telón de fondo, no fue una excepción que en enero de 1910 el diputado del derechista Partido Conservador Libre Elard von Oldenburg-Januschau lanzara la afirmación de que el Rey de Prusia y el Emperador Alemán debían “ser capaces en cualquier momento de decirle a un teniente: ¡Reúna a diez hombres y cierre el Reichstag!”. Las fuerzas opositoras, entre ellas la socialdemocracia, fueron difamadas asiduamente como “enemigos del Reich” y mantenidas al margen de las responsabilidades políticas hasta el final de la monarquía en 1918. Así pues, la parlamentarización no se consumó y, es más, la mayoría de los diputados incluso pareció satisfecha con el statu quo.

El vuelco de 1918

La Primera Guerra Mundial en principio truncó absolutamente los signos de paulatina parlamentarización y democratización observables antes de 1914. El Reichstag autorizó por unanimidad los créditos de guerra solicitados por el Gobierno, siendo así que también los socialdemócratas, en contra de su convicción, votaron a favor de la propuesta porque no querían que se les tachara de “traidores a la patria”. En cambio, sobre la guerra misma los diputados no tuvieron influencia alguna. Ni en la crisis de julio de 1914 ni en la formulación de la política de guerra durante los cuatro años siguientes existió un control reseñable del Gobierno por parte del Parlamento. Incluso la autoridad civil del Gobierno del Reich fue progresivamente desplazada por el poder militar de la Comandancia Suprema del Ejército. El vuelco no llegó hasta el otoño de 1918, cuando se perfiló la derrota militar. Pero la reforma constitucional aprobada por el Reichstag el 22 de octubre de 1918 y firmada por el Káiser el

Firma del armisticio el 11 de noviembre de 1918 en Compiègne en el vagón-restaurante 2419 D; cuadro (hacia 1920). (De izqda. a dcha.: capitán Vanselow, conde Oberndorf, general Winterfeldt, capitán Marriott, Matthias Erzberger, contralmirante Hope, almirante Rosslyn Wemyss, mariscal Foch, general Weygand).

Gustav Noske se dirige como delegado del gobierno imperial el 5 de noviembre de 1918 a las tripulaciones de los submarinos en Kiel. Previamente marineros de la flota alemana de alta mar se habían negado a embarcarse para librar una "última batalla decisiva" contra la Royal Navy británica, granjeándose el apoyo de los obreros. Ese fue el detonante de la Revolución de Noviembre.

2. Extraausgabe. Sonnabend, den 9. November 1918.

Vorwärts

Berliner Volksblatt.
Zentralorgan der sozialdemokratischen Partei Deutschlands.

Der Kaiser hat abgedankt!

Der Reichskanzler hat folgenden Erlaß herausgegeben:

Seine Majestät der Kaiser und König haben sich entschlossen, dem Throne zu entsagen.

Der Reichskanzler bleibt noch so lange im Amte, bis die mit der Abdankung Seiner Majestät, dem Thronverzichte Seiner Kaiserlichen und Königlichen Hoheit des Kronprinzen des Deutschen Reichs und von Preußen und der Einsetzung der Regentschaft verbundenen Fragen geregelt sind. Er beabsichtigt, dem Regenten die Ernennung des Abgeordneten Ebert zum Reichskanzler und die Vorlage eines Gesetzentwurfs wegen der Ausschreibung allgemeiner Wahlen für eine verfassunggebende deutsche Nationalversammlung vorzuschlagen, der es obliegen würde, die künftige Staatsform des deutschen Volks einschließlich der Volksteile, die ihren Eintritt in die Reichsgrenzen wünschen sollten, endgültig festzustellen.

Berlin, den 9. November 1918. Der Reichskanzler.
Prinz Max von Baden.

Es wird nicht geschossen!

Der Reichskanzler hat angeordnet, daß seitens des Militärs von der Waffe kein Gebrauch gemacht werde.

Parteigenossen! Arbeiter! Soldaten!

Soeben sind das Alexanderregiment und die vierten Jäger geschlossen zum Volke übergegangen. Sozialdemokratische Reichstagsabgeordnete Wels u. a. haben zu den Truppen gesprochen. Offiziere haben sich den Soldaten angeschlossen.

Der sozialdemokratische Arbeiter- und Soldatenrat.

En septiembre de 1918 el previsible desastre militar obligó a la Comandancia Suprema del Ejército (OHL) a urgir un armisticio e instar al Emperador Guillermo II a ordenar por decreto la instauración de la democracia. Se abrigaba la esperanza de que el Presidente de los EE.UU., Woodrow Wilson, adoptaría una posición más moderada en las negociaciones con un gobierno de base parlamentaria. Pero Wilson insistió en la abolición de la monarquía, de modo que el 9 de noviembre el nuevo Canciller del Reich, Max von Baden, declaró la abdicación del Emperador.

Nada más conocerse la declaración sobre su abdicación, el káiser Guillermo II huyó al exilio en los Países Bajos. A raíz de ello Friedrich Ebert conminó a Max von Baden a traspasarle a él mismo el cargo de Canciller del Reich, a lo cual von Baden se plegó. El vicepresidente del SPD, Philipp Scheidemann, quiso anticiparse a la proclamación de una república socialista por los espartaquistas y proclamó la "República alemana" desde un balcón del edificio del Reichstag. La escena mostrada más arriba es una reconstrucción.

28 del mismo mes, según la cual en adelante el Canciller del Reich necesitaría "la confianza del Reichstag para dirigir los asuntos de gobierno", llegó demasiado tarde para salvar a la monarquía.

Con todo, el desmoronamiento del antiguo régimen no fue tanto resultado de los acontecimientos revolucionarios sino, antes bien, consecuencia de la marcha de la guerra, que obligó a la Comandancia Suprema del Ejército a urgir, el 29 de septiembre de 1918, un armisticio inmediato. En vista del previsible desastre militar, la Comandancia Suprema del Ejército (OHL) incluso instó al Emperador Guillermo II a ordenar por decreto la instauración de la democracia y la transición hacia un sistema de gobierno parlamentario en Alemania, porque se abrigaba la esperanza de que el Presidente de los EE.UU., Woodrow Wilson, sería más proclive a respaldar la posición alemana si la solicitud de iniciar negociaciones de paz partiera de un gobierno constituido parlamentariamente.

El cargo de Canciller del Reich recayó en el príncipe Maximiliano de Baden, quien incorporó a su gabinete a tres políticos de centro y dos socialdemócratas y, con la aprobación del SPD, el Partido de Centro y los liberales, se pronunció inmediatamente en favor de una paz pactada. Pero Wilson sometió la firma de un armisticio a la condición de que previamente se suprimiera la monarquía. Simultáneamente se propagó por toda Alemania un movimiento revolucionario cuyo detonante fue un motín de marineros de la flota de guerra en los puertos de Wilhelmshaven y Kiel, que ante la situación desesperada en las postrimerías de la Primera Guerra Mundial se negaron a hacerse a la mar para librar una "última batalla decisiva" contra la Royal Navy británica. En muchos lugares se hicieron con el poder político y militar consejos de obreros y soldados formados espontáneamente. Entre tanto el clamor por la abdicación del emperador también fue en aumento en el interior del país.

El 9 de noviembre Maximiliano de Baden forzó la abdicación del Káiser Guillermo II y traspasó su propio cargo al socialdemócrata Friedrich Ebert. Ese mismo día, mientras el Emperador ponía rumbo al exilio en Holanda, Philipp Scheidemann, correligionario de Ebert, proclamó la "República alemana" ante el Reichstag de Berlín. La monarquía quedaba abolida. Empero, Ebert y Scheidemann no tardarían en darse cuenta de las dificultades que quedaban por delante cuando dos horas después Karl Liebknecht, líder junto a Rosa Luxemburg de la Liga Espartaquista (Spartakusbund), un movimiento de orientación marxista, proclamó en el jardín del Lustgarten, junto al Palacio Real de Berlín, la "República socialista libre" y llamó a establecer en Alemania un "nuevo orden estatal del proletariado" según el modelo de los soviets rusos, cuya meta sería contribuir a la "culminación de la revolución mundial".

Revolución y República

Pese a las diferencias ideológicas y discrepancias políticas, en un primer paso el SPD y el Partido Socialdemócrata Independiente de Alemania (USPD), surgido en 1917 en protesta por la política del Partido Socialdemócrata Mayoritario de Alemania (MSPD), formaron el 10 de noviembre en Berlín un "Consejo de Comisarios del Pueblo" encargado de dirigir el gobierno provisional y preparar la celebración de elecciones a una Asamblea Nacional. La jefatura del gobierno de transición fue asumida por Friedrich Ebert (SPD), pero la alianza apenas duró unas semanas. Ocurrió que los disturbios revolucionarios se propagaron por casi todo el Reich y en algunos lugares fueron sofocados a sangre y fuego. El 29 de diciembre de 1918 los representantes del USPD –Hugo Haase, Wilhelm Dittmann y Emil Barth– abandonaron el Consejo de Comisarios del Pueblo en señal de protesta por la dura reacción del poder estatal contra la División de la Marina Popular (Volksmarinedivision), de modo que en adelante el Consejo quedó reducido a los miembros del MSPD. Paralelamente, en la conferencia de delegados del Reich celebrada por

Durante una concentración contra la puesta en libertad del jefe de policía Emil Eichhorn (USPD) un grupo de manifestantes armados ocupó el conocido como barrio de la prensa de Berlín (en la imagen espartaquistas apostados tras barricadas delante de la editora de periódicos Rudolf Mosse en la Schützenstraße). El KPD y el USPD apoyaron la ocupación y Karl Liebknecht incluso quiso derrocar por la fuerza al Consejo de Comisarios del Pueblo e impedir así las elecciones a la Asamblea Nacional. La revuelta fue sofocada con ayuda de Freikorps y tanto Liebknecht como Rosa Luxemburg fueron asesinados.

la Liga Espartaquista entre el 30 de diciembre de 1918 y el 1 de enero de 1919 en Berlín algunos sectores del USPD y otras facciones de izquierdas lideradas por Rosa Luxemburg y Karl Liebknecht fundaron el Partido Comunista de Alemania (KPD). Sus intentos de impedir las elecciones a la Asamblea Nacional el 19 de enero, incluso recurriendo en parte al uso masivo de la violencia, sin embargo, fracasaron. Las elecciones tuvieron lugar según lo previsto. El SPD, el Partido de Centro y el liberal Partido Democrático Alemán (DDP) ganaron con una clara mayoría, seguidos a cierta distancia por el Partido Nacional del Pueblo Alemán (DNVP).

La Asamblea Nacional celebró su sesión constituyente el 6 de febrero de 1919. Por seguridad se había trasladado a la ciudad de Weimar, a fin de garantizar el normal desarrollo de las deliberaciones. El 11 de febrero eligió presidente del Reich a Friedrich Ebert y dos días más tarde Philipp Scheidemann a su vez formó un gobierno de centro izquierda entre el SPD, el DDP y el Partido de Centro, que más adelante daría en llamarse la "Coalición de Weimar". Se produjeron nuevas revueltas y huelgas, que fueron reprimidas o aplastadas con ayuda de una división de voluntarios al mando del nuevo ministro de Defensa del Reich, Gustav Noske (SPD). La misma suerte corrió la República de Consejos de Múnich (República Soviética de Baviera), tentativa de gobierno insurreccional de orientación socialista al modo de la democracia de consejos, proclamada por intelectuales anarquistas y el llamado Consejo Revolucionario de Trabajadores los días 6 y 7 de abril al hilo de la crisis que desató el atentado mortal sufrido por el presidente del gobierno bávaro, Kurt Eisner (USPD), el 21 de febrero cuando se dirigía al Parlamento bávaro.

La nueva Constitución, en cuya redacción tuvo parte esencial el profesor de derecho público Hugo Preuß, fue aprobada por la Asamblea Nacional el 31 de julio de 1919 en Weimar por 262 votos a favor y 75 en contra. Basada en gran medida en la tradición liberal y democrática del año 1848, concentraba el poder en los órganos que eran directamente elegidos por el pueblo, es decir, en el Reichstag y en el Presidente del Reich (en su caso sobre todo en tiempos de crisis); al amparo del Artículo 48, en situaciones de excepción el Presidente incluso podía suspender derechos fundamentales y adoptar las medidas necesarias "para restablecer la seguridad y el orden públicos". El Canciller del Reich y los Ministros del Reich necesitaban la confianza del Reichstag para ejercer sus funciones de gobierno y debían dimitir si se la retiraba. También se contemplaba la posibilidad de celebrar referendos. De este modo la Constitución de Weimar abría grandes espacios a los procesos democráticos. El 31 de julio, con motivo de su aprobación, el Ministro del Interior del Reich, Eduard David (SPD), llegó a decir que con ella se asentaba "la democracia más democrática del mundo".

Sin embargo, esa democracia, como no tardó en comprobarse, no estaba suficientemente blindada contra los abusos. El sistema de representación proporcional puro favorecía la fragmentación de los partidos en el Reichstag. Y las muy amplias facultades del Presidente del Reich podían implicar, dado el caso de que no se lograra un acuerdo de las fuerzas políticas en el Reichstag, que el jefe de Estado se erigiera en una suerte de "emperador de

El consejo de Comisarios del Pueblo en noviembre de 1918. Desde la izqda.: Wilhelm Dittmann (USPD), Otto Landsberg (SPD), Hugo Haase (USPD), Friedrich Ebert (SPD), Emil Barth (USPD) y Philipp Scheidemann (USPD). Tras la abdicación del Emperador el Consejo fungión como gobierno de transición y el 12 de noviembre de 1918 publicó un programa de gobierno demcrático y social. Pero ya el 29 de diciembre los miembros del USPD abandonaron el gobierno en protesta por la actuación de Ebert durante los disturbios de Navidad.

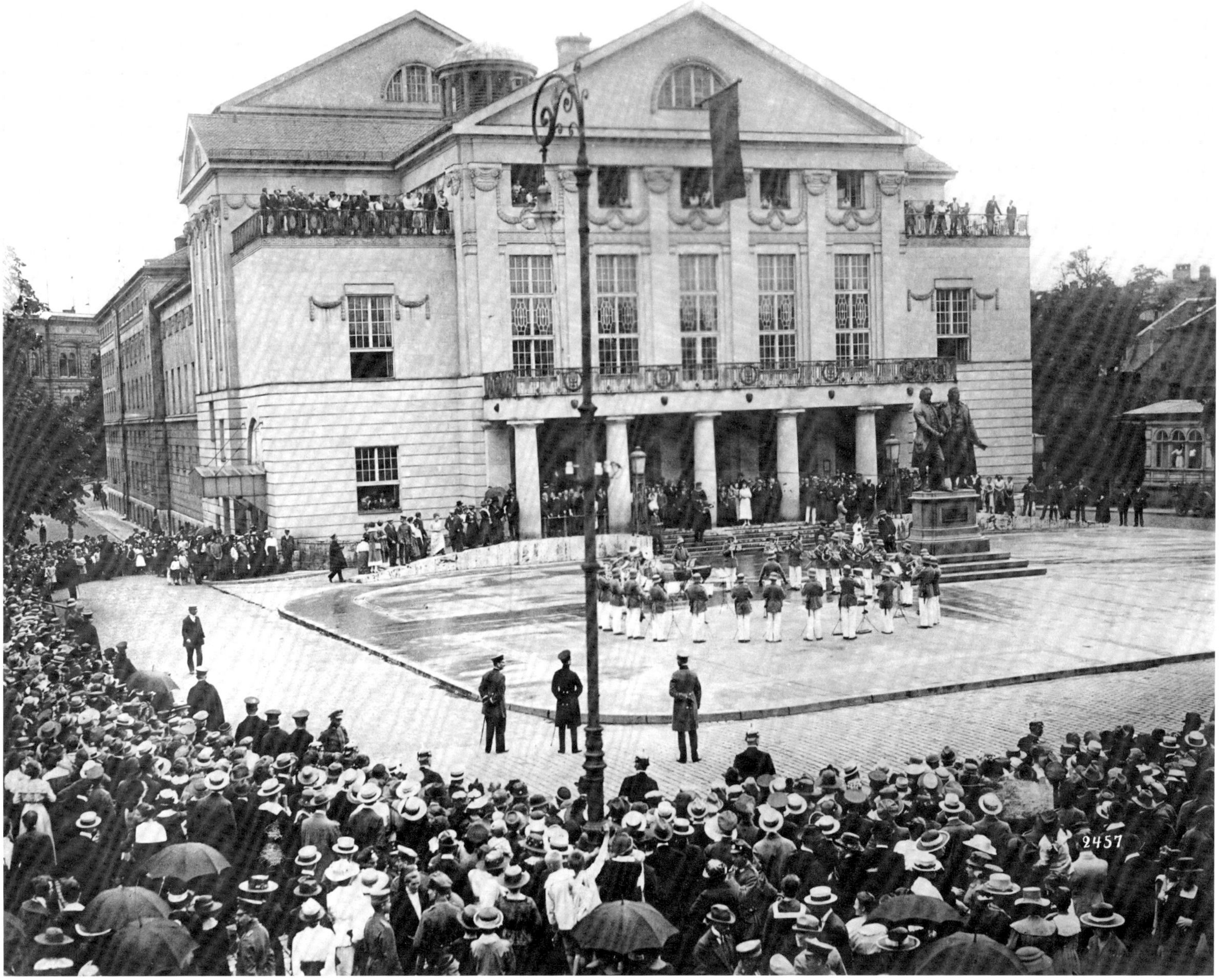

Tras las elecciones del 19 de enero, el 6 de febrero de 1919 se celebró en Weimar la sesión constituyente de la Asamblea Nacional (foto izqda.), que el 10 de febrero aprobó la ley de gobierno provisional del Reich y un día después eligió como Presidente interino del Reich a Friedrich Ebert, quien prestó juramento el mismo día delante del Teatro Nacional de Weimar (foto arriba).

La Constitución de Weimar fue adoptada en Weimar el 31 de julio de 1919, sancionada el 11 de agosto y finalmente promulgada el 14 del mismo mes. Representó la primera Constitución democrática del Imperio Alemán llevada a la práctica y enlazó con la tradición liberal y democrática de la Revolución Alemana de 1848–1849. En la foto aparecen el Canciller del Reich Josef Wirth (izqda.) y el Presidente del Reich Friedrich Ebert en el momento de pasar revista a una compañía de honores durante la primera conmemoración constitucional alemana el 11 de agosto de 1921 en el paseo Unter den Linden.

Die Verfassung
des Deutschen Reichs.
Vom 11. August 1919.

Das Deutsche Volk,
einig in seinen Stämmen und von dem Willen beseelt, sein Reich in Freiheit und Gerechtigkeit zu erneuen und zu festigen, dem inneren und dem äußeren Frieden zu dienen und den gesellschaftlichen Fortschritt zu fördern,
hat sich diese Verfassung gegeben.

repuesto". Si bien la Constitución señalaba el camino hacia una sociedad democrática que incorporaba –en mayor medida que en el Imperio– asimismo nociones del Estado social, ello no permitió resolver las ostensibles contradicciones entre la Constitución democrática y la realidad social, que fue muy por detrás de los designios de la Constitución, suponiendo desde un principio un lastre para la nueva República. Entre las hipotecas que ensombrecieron sobre todo los años iniciales de la República se contaron, además de los disturbios y las rebeliones internas, de forma destacada el artículo del Tratado de Versalles sobre la responsabilidad de los daños de guerra y la exigencia del pago de elevadas reparaciones, lo cual ocasionó graves dificultades económicas.

Responsabilidad de los daños de guerra y reparaciones

En el artículo 231 del Tratado de Versalles, cuyo borrador le fue entregado el 7 de mayo de 1919 a una delegación alemana encabezada por el Ministro de Relaciones Exteriores, Ulrich von Brockdorff-Rantzau, en el palacio del Trianon en Versalle, se declaraba que Alemania y sus aliados eran "responsables, por haberlos causado, de todos los daños y pérdidas sufridos por los Gobiernos aliados y asociados y sus súbditos a consecuencia de la guerra que les fue impuesta por la agresión de Alemania y sus aliados". Además del pago de reparaciones dimanante del mismo, los alemanes tuvieron que entregar extensos territorios y aceptar amplias restricciones de armamento, incluida la reducción del ejército alemán a 100.000 hombres y la ocupación militar de la orilla izquierda del Rin, así como de algunas cabezas de puente, por un período de quince años.

En Alemania el tratado, controvertido incluso entre los propios aliados, fue recibido con consternación más allá de los círculos derechistas y nacionalistas. Uno de los artículos que más excitó los ánimos fue el 231, relativo a la responsabilidad de los daños de guerra, en el cual se fundamentaron todas las exigencias de reparación posteriores. Por eso el 12 de mayo Philipp Scheidemann clamó ante la Asamblea Nacional "¿Qué mano no habría de secarse de ponerse y ponernos semejantes grilletes? A juicio del Gobierno del Reich este tratado es inaceptable", y a continuación presentó su dimisión para evitar firmarlo. También Ebert sopesó dimitir pero finalmente desechó la idea, porque, afirmó, en definitiva no podía "dimitir el pueblo entero". Con todo, una gran mayoría de los diputados se pronunció a favor de la aceptación del tratado, al no existir sencillamente alternativa alguna. La reanudación de las hostilidades era del todo imposible, como confirmó la cúpula militar previa consulta. En consecuencia, el tratado fue firmado; el acto de la firma tuvo lugar el 28 de junio de 1919 en el Salón de los Espejos del Palacio de Versalles, el mismo lugar donde, en 1871, se proclamó el Reich Alemán. El tratado entró en vigor tras su ratificación el 10 de enero de 1920 y no tardó en provocar nuevas protestas e intentonas golpistas. Sobre todo las fuerzas derechistas lo aprovecharon reiteradamente para agitar contra la República y sus representantes, que procuraron cumplir las condiciones establecidas.

No menos graves que el artículo sobre la responsabilidad de los daños de guerra fueron las disposiciones del Tratado de Versalles en materia de reparaciones, según las cuales el Reich Alemán debía pagar ya en mayo de 1921 un primer plazo de veinte mil millones de marcos. En enero de 1921 la Comisión de Reparaciones fijó la suma total de las mismas en 226.000 millones de marcos, pagaderos en 42 anualidades, cuya cuantía se incrementaría progresivamente de dos mil a seis mil millones. La cuantía de las reparaciones pronto se corrigió a la baja pero las cargas

Con arreglo al derecho internacional la Primera Guerra Mundial terminó con la firma del Tratado de Paz de Versalles el 28 de junio de 1919. Sin embargo, los delegados alemanes solo firmaron bajo protesta, porque el documento atribuía la responsabilidad exclusiva del estallido de la contienda a Alemania y sus aliados y además imponía al Imperio Alemán el pago de reparaciones, cesiones territoriales y restricciones de armamento. La entrega de las condiciones de la paz por los aliados a la delegación alemana el 7 de mayo de 1919 fue reflejada por el diario parisino "Le Petit Journal" a todo color en la portada de su edición del 25 de mayo de 1919.

Como consecuencia de las reparaciones de guerra que tuvo que pagar el Imperio Alemán se produjo una inflación galopante del Deutsche Mark (hiperinflación), cuya depreciación solo se logró contener mediante la reforma monetaria del 16 de octubre de 1923, que introdujo el Rentenmark, y un ajuste de los pagos de reparación. En la imagen destrucción de billetes de banco sin valor en una prensa de papel.

El gobierno de la República de Weimar se vio obligado a aceptar y cumplir el Tratado de Versalles para evitar medidas militares contra Alemania. En la opinión pública alemana, que había confiado en una paz benigna, las condiciones impuestas desataron rabia y protestas, como esta manifestación multitudinaria en el Lustgarten de Berlín. La revisión del tratado se convirtió en objetivo declarado de la política exterior alemana.

siguieron siendo insoportablemente elevadas, en buena medida también desde el punto de vista psicológico. El hecho de que a pesar de todo se esforzara por cumplir las exigencias hasta donde fuera posible, a fin de evitar medidas militares contra Alemania, concitó contra el Gobierno del Reich el odio de las fuerzas derechistas antidemocráticas amén de la acusación de la "política de satisfacción" (Erfüllungspolitik), que se cobró su primera víctima en la persona de Matthias Erzberger, un político centrista que había firmado el armisticio en 1918 y fue asesinado el 26 de enero de 1921 en Bad Griesbach (Selva Negra) por dos ex oficiales integrantes de la banda terrorista ultranacionalista "Organisation Consul" (O.C.).

Entre otras cosas, el pago de las reparaciones tuvo como consecuencia un dramático desplome de la moneda alemana, que ya no fue posible detener pese a las nuevas negociaciones que siguieron con los aliados. En enero de 1923 estos incluso ocuparon la Cuenca del Ruhr para reforzar sus reclamaciones. Solo a partir de la primera reforma monetaria del 16 de octubre de 1923 y el Plan Dawes del 16 de abril de 1924, que ajustó los pagos de las reparaciones en consideración a las circunstancias económicas, fue cuando la República se adentró en una fase de consolidación que duraría hasta la crisis económica mundial de 1929.

Ocaso de la República

El 25 de octubre de 1929, el "Viernes Negro" vivido al otro lado del Atlántico tras el "Jueves Negro" de la bolsa de Wall Street en Nueva York que marcó el inicio de la Gran Depresión con una vertiginosa caída de las cotizaciones, fue también la fecha en que tocaron a su fin los "Dorados Veinte" de la República de Weimar. En el transcurso de la crisis fueron ganando terreno los partidos radicales, con el KPD y el NSDAP a la cabeza, mientras que el centro democrático se estrechaba cada vez más. A partir de la caída del gobierno encabezado por el Canciller socialdemócrata Hermann Müller, que rigió los destinos del país de 1928 a 1930 sobre la base de una gran coalición entre el SPD, el DNVP, el Partido de Centro y el DVP y se vio obligado a renunciar en 1930, se sucedieron únicamente "gabinetes presidenciales", que gobernaron esencialmente a golpe de los decretos de emergencia dictados por el Presidente del Reich al amparo del Artículo 48 de la Constitución de Weimar, dependiendo por tanto absolutamente del jefe del Estado.

Los conflictos políticos y sociales que trajeron aparejados la crisis económica y el creciente desempleo progresivamente dejaron de dirimirse en el Parlamento y saltaron a la calle. Las escasas sesiones parlamentarias que, si acaso, llegaban a celebrarse a menudo degeneraron en tumulto por el comportamiento grosero y pendenciero de los diputados nacionalsocialistas y comunistas. El presidente del Parlamento, Paul Löbe, muchas veces se las vio y deseó para garantizar un mínimo orden.

De todos modos las posibilidades del Reichstag para intervenir en la composición y la política del Gobierno estaban muy acotadas. En muchos casos la legislación ordinaria quedó relegada por el régimen de los decretos de emergencia del Presidente del Reich. Los impulsos opositores del Reichstag se combatían con el instrumento de la disolución del Parlamento. Y cuando el NSDAP ganó las elecciones al Reichstag del 31 de julio de 1932, formando el grupo parlamentario más fuerte con un total de 230 escaños, y Hermann Göring fue elegido Presidente del Reichstag, se anunció definitivamente el final del trabajo parlamentario libre. Los últimos comicios democráticos de la República de Weimar se celebraron tres meses después, el 6 de noviembre de 1932. La convocatoria electoral se hizo necesaria porque el Presidente del Reich, Paul von Hindenburg, disolvió el gobierno encabezado por Franz von Papen tras una contundente derrota

Hacia el final de la República de Weimar el Presidente del Reich Paul von Hindenburg gobernó cada vez más a golpe de decretos de emergencia. Las elecciones al Reichstag del 31 de julio de 1932 dieron como ganador al antirrepublicano NSDAP, que con un total de 230 escaños formó el grupo parlamentario más fuerte, y Hermann Göring fue elegido Presidente del Reichstag. En la fotografía aparece la nueva presidencia electa del Reichstag tras las elecciones; de izqda. a dcha.: Walther Gräf (DNVP, vicepresidente), Hermann Göring (NSDAP, presidente), Thomas Esser (Partido de Centro, vicepresidente), Hans Rauch (Partido Popular Bávaro, vicepresidente).

parlamentaria. Esta vez el NSDAP solo obtuvo 196 escaños pero, no obstante, se mantuvo, con diferencia, como el partido más fuerte, sumando 296 escaños con el igualmente antirrepublicano KPD, con lo cual estas dos fuerzas concentraban más de la mitad de los 585 escaños del Reichstag. Debido a ello, siguió siendo imposible la formación de un gobierno de coalición entre los partidos democráticos y Hindenburg nombró Canciller del Reich a un hombre de su confianza, el ex general de infantería Kurt von Schleicher, no adscrito a ningún partido. Pero Schleicher sólo permaneció en el cargo durante dos meses y fue sustituido por Adolf Hitler el 30 de enero de 1933. Las siguientes elecciones al Reichstag (5 de marzo de 1933) se celebraron ya bajo la sombra de la dictadura nacionalsocialista.

No obstante, el ocaso de la República de Weimar se debió a varios factores. Además de la fragmentación de los partidos en el Reichstag, fue determinante el hecho de que los grupos parlamentarios no tuvieran que responsabilizarse en demasía de la formación y continuidad de los gobiernos, porque al amparo del Artículo 48 de la Constitución los asuntos de gobierno también podían despacharse sin necesidad de aglutinar mayorías parlamentarias. Ello trajo como consecuencia frecuentes cambios de gobierno, disoluciones del Parlamento y gabinetes en minoría. Ningún Reichstag duró una legislatura completa. Por regla general los gobiernos permanecieron muy poco tiempo en ejercicio; su fecha de caducidad promedió los ochos meses. En los catorce años de la República de Weimar se sucedieron nada menos que veinte gobiernos. A ello se sumó que gran parte de la población y de las élites de la administracion, la justicia y el ejército, así como de las universidades, mantuvieron una actitud de distanciamiento o rechazo a la República. Por lo menos desde el estallido de la crisis económica mundial no existió un consenso democrático en torno a la exigencia ineludible de salvaguardar la República. Por tanto, habría sido necesario un milagro para asegurar su supervivencia. Pero los milagros no ocurren todos los días, tampoco en la política.

Ascenso del nazismo

Con la designación de Hitler como Canciller del Reich el 30 de enero de 1933 los nacionalsocialistas alcanzaron su meta de conquistar el poder en el Reich. Empero, es lo cierto que la formación de un nuevo gobierno se llevó a efecto dentro de la legalidad constitucional. En un primer momento Hitler de hecho encabezó un gobierno de coalición integrado por representantes del NSDAP, el DNVP y varios políticos nacional-conservadores no adscritos a ningún partido, así como Franz Seldte, cofundador y jefe de los "Cascos de Acero" (Stahlhelm), una "Liga de soldados del frente" fundada en diciembre de 1918 como fuerza paramilitar de la República de Weimar, que en realidad operaba como brazo armado del DNVP. Además de Hitler, solo tres de los diez ministros pertenecían al NSDAP. Como el nuevo gobierno carecía de mayoría en el Reichstag, dependió del apoyo del presidente del Reich Hindenburg y, en consecuencia, debe incluirse, al menos en su fase inicial, en la lista de los llamados gabinetes presidenciales. Por tanto, la estilización de la subida al poder de Hitler como "toma del poder" (Machtergreifung) no es más que una mistificación a través de la propaganda nacionalsocialista.

En un primer momento tampoco se liquidaron totalmente las estructuras del Estado de Derecho. Pero los gerifaltes del NSDAP nunca ocultaron su aversión contra la democracia como forma de gobierno ni su intención de modificar las leyes y reglamentos vigentes para lograr su meta de ejercer el poder sin cortapisas. Fue así como instrumentalizaron el incendio del edificio del Reichstag ocurrido la noche del 27 al 28 de febrero de 1933 con el fin de que, ese mismo día 28, el Presidente del Reich dictara un decreto de emergencia "para la protección del pueblo y el

Una vez que el Presidente del Reich von Hindenburg volvió a disolver el gobierno, el 6 de noviembre de 1932 se celebraron los últimos comicios de la República de Weimar, ganados de nuevo por el partido NSDAP, aunque en esa ocasión ya solo obtuvo 196 escaños. Hindenburg nombró Canciller del Reich a un hombre de su confianza, Kurt von Schleicher, pero este fue reemplazado por Adolf Hitler tan solo dos meses después. Aspecto de una marcha de antorchas de las "unidades nacionales" SA, SS y Cascos de Acero a su paso por la Puerta de Brandeburgo para celebrar la "toma del poder".

En la noche del 27 al 28 de febrero de 1933 el edificio del Reichstag fue pasto de un incendio provocado que lo redujo a cenizas casi por completo. El NSDAP instrumentalizó el siniestro para, el mismo día, suprimir los derechos fundamentales y eliminar las libertades de prensa y de reunión mediante un decreto de emergencia "para la protección del pueblo y el Estado".

M DEUTSCHEN VOLKE

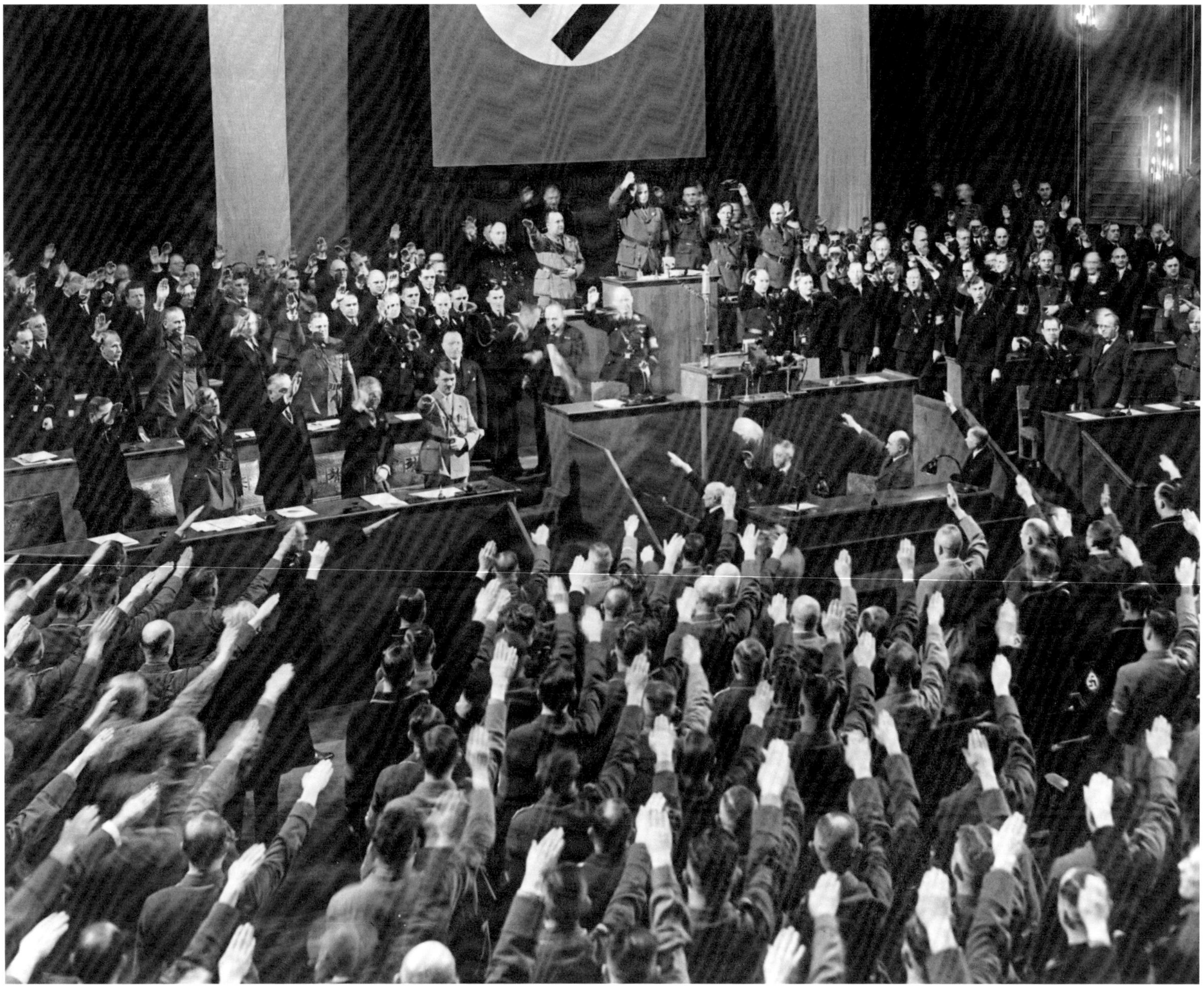

En virtud de la Ley de Plenos Poderes el NSDAP se erigió en partido único y se dio inicio al proceso de Gleichschaltung (literalmente “acoplamiento”) para encuadrar a los sindicatos y las organizaciones sociales en el nuevo régimen. Todos los demás partidos se disolvieron o fueron prohibidos. La imagen muestra a Hitler durante un discurso ante el Reichstag con ocasión del aniversario de la “toma del poder” en enero de 1934. Los asistentes al acto en la Kroll-Oper cantan el “Deutschlandlied” y levantan el brazo con el saludo fascista.

Estado". Ello supuso la supresión de los derechos fundamentales y la eliminación de las libertades de prensa y de reunión. Cada vez más opositores fueron a parar a la cárcel o a los campos de concentración "incontrolados"que proliferaron por el Reich. El primero se instaló en un campo de maniobras en el Großer Heuberg (Jura de Suabia), donde, según los periódicos de la época, los primeros "reclusos en régimen de custodia preventiva", procedentes de Wurtemberg y el territorio de Hohenzollern, fueron internados en la temprana fecha del 20 de marzo de 1933. Otro campo fue organizado por la SA, en principio provisionalmente, en el recinto de una fábrica de cerveza en Oranienburg, a las afueras de Berlín. Más adelante este sitio se convirtió en el KZ Sachsenhausen.

El 23 de marzo siguió la llamada "Ley para poner remedio a los males del pueblo y del Reich", conocida como Ley de Plenos Poderes o Ley habilitante (Ermächtigungsgesetz), que fue adoptada por el propio Reichstag sin la presencia de los comunistas, encarcelados o huidos tras el incendio del edificio donde tenía su sede. La Ley de Plenos Poderes derogaba los derechos del Parlamento, prácticamente excluía al Reichstag del proceso legislativo y confería a Hitler plenos poderes para gobernar el país a su voluntad. No solo votaron a favor los nacionalsocialistas sino también los partidos burgueses en bloque. El grupo parlamentario socialdemócrata, encabezado por Otto Wels, fue el único en oponerse.

La Ley de Plenos Poderes marcó el comienzo propiamente dicho del poder totalitario del régimen nacionalsocialista. El NSDAP se erigió en partido único del Estado. Los demás partidos y los sindicatos, así como las organizaciones sociales, fueron prohibidos o encuadrados (proceso de Gleichschaltung, literalmente "acoplamiento"). Muchos parlamentarios fueron obligados a huir del país o encarcelados, no pocos fueron asesinados en la cárcel o en campos de concentración. El Reichstag fue degradado a asamblea de alguaciles uniformados encargados de jalear los discursos de Hitler y dar a la dictadura una apariencia de legitimidad parlamentaria, algo que ya no poseía ni por asomo. También se disolvió la estructura federal del Reich implantada en tiempos de Bismarck. Ello supuso asimismo la desaparición de todos los Parlamentos territoriales, los cuales habían tenido una importancia clave en el desarrollo democrático de Alemania hasta 1933. Tras la muerte del Presidente del Reich Paul von Hindenburg el 2 de agosto de 1934 Hitler además aunó en su persona las funciones de Presidente y Canciller del Reich. En adelante los miembros de la Wehrmacht estuvieron obligados a prestar juramento de lealtad personal al "Führer".

Ante este proceso la mayoría de la población se mostró notablemente apática, acomodadiza o resignada. Las persecuciones y vigilancias dejaban escaso margen para actividades opositoras. Además, la conciencia nacional y la aversión contra el régimen estaban en contradicción. Tampoco la valerosa resistencia que opusieron sindicalistas, socialdemócratas, comunistas, miembros de las iglesias y del ejército y muchas otras personas pudo cambiar nada. No fue sino a partir de la derrota militar en el año 1945 y bajo el posterior régimen de ocupación de las potencias vencedoras de la Segunda Guerra Mundial cuando se crearon las condiciones para un nuevo comienzo democrático, algo que los alemanes ya no habrían sido capaces de hacer por sus propias fuerzas.

DEM DEUTSCHEN

Alemania 1945 hasta la actualidad.
Establecimiento de la democracia y unificación alemana

Everhard Holtmann

Vías para dejar atrás el colapso

La derrota militar de Alemania en la Segunda Guerra Mundial desembocó en un colapso total del sistema político. La dictadura nacionalsocialista, que había liquidado el Estado constitucional de la República de Weimar a partir de la subida al poder de Hitler en 1933 de un modo aparentemente legal, se derrumbó a su vez con la capitulación incondicional el 8 de mayo de 1945.

Cuando callaron las armas, Alemania entera se vio inmersa durante semanas y meses en una crisis paralizante de dimensiones descomunales. A lo largo y ancho del país las infraestructuras estaban completamente arruinadas. La falta de abastecimiento para cubrir las necesidades básicas –alimentación, vivienda, ropa– se percibiría en toda su crudeza con efecto retardado en el invierno de 1946–1947, conocido como el invierno del hambre. La destrucción de las bases materiales de la existencia fue pareja a una perturbación anímica vivida traumáticamente por muchos. Un factor añadido de desestabilización fue la economía sumergida de los traficantes y mercados negros, que por momentos contradecía las normas sociales y la lealtad a la ley de una sociedad civil normal, "decente".

Bajo condiciones tan precarias la política se convirtió para muchos supervivientes en un despropósito: la mayor parte de quienes se habían mostrado afirmativamente receptivos o pasivamente acomodaticios ante la penetración totalitaria de todos los ámbitos de la vida durante el régimen hitleriano se replegó hacia la vida privada o permaneció ensimismada en la intimidad. A menudo la huida hacia dentro iba asociada a la esperanza de que, apartándose de cualquier política, también podría dejarse atrás la propia implicación, mayor o menor, en el sistema nacionalsocialista. Un rasgo psicológico característico de la sociedad alemana de posguerra fue la represión de la culpa

"Trümmerfrauen" (desescombradoras) recuperando materiales de construcción reutilizables entre las ruinas. Al final de la guerra había en Alemania aproximadamente siete millones más de mujeres que de hombres y por orden de las fuerzas de ocupación aliadas todas las mujeres entre 15 y 50 años tuvieron que alistarse para las tareas de desescombro. Con tal fin se derogaron en parte las normas de protección laboral anteriormente vigentes para las mujeres.

Como capital del Tercer Reich, Berlín fue escenario de intensos ataques de los aliados. Los británicos bombardearon la ciudad por primera vez en el otoño de 1940 y a partir de 1943 los ataques aéreos se intensificaron masivamente. La Batalla de Berlín, librada poco antes del final de la guerra, causó mayor destrucción aún. Al término de la guerra casi la mitad de los edificios de la ciudad estaban destruidos, de los 226 puentes solo seguían en pie 98. Esta imagen aérea muestra el barrio del zoológico con la iglesia conmemorativa del emperador Guillermo.

SCHWARZ WIRD WEISS oder MECHANISCHE ENTNAZIFIZIERUNG

M. Radler

Springt immer rein! Was kann euch schon passieren,
Ihr schwarzen Böcke aus dem braunen Haus!
Man wird euch schmerzlos rehabilitieren.
Als weiße Lämmer kommt ihr unten raus.

Wir wissen schon: Ihr seid es nie gewesen!
(Die andern sind ja immer schuld daran — —)
Wie schnell zum Guten wandeln sich die Bösen,
Man schwarz auf weiß im Bild hier sehen kann.

J. Menter

individual y compartida, eludiendo la reconstrucción de la memoria. No sería sino la generación rebelde del sesenta y ocho la que, dando muestras de implacable dureza e hiriente rigurosidad, confrontaría públicamente a la generación de sus padres con la cuestión de la culpa.

Con ello se apunta ya un hecho histórico importante: aunque la brecha que abrió el cambio de sistema en 1945 fue muy honda, no hubo una "hora cero". Antes bien, para la salida del colapso fue determinante, aparte de las instrucciones y normas de las potencias de ocupación aliadas –de efecto democratizador, al menos en las zonas de ocupación occidentales–, la continuidad de una doble tradición alemana: por un lado, la nueva contraélite alemana designada, políticamente intachable, que estuvo activa en un principio a nivel local, se centró en rescatar ante todo sus propias concepciones y experiencias democráticas, naufragadas con el final de la República de Weimar; por otro, la inveterada propensión al pensamiento autoritario en partes de la población se reveló extremadamente perdurable en los años venideros.

La reordenación política de Alemania oriental y occidental en direcciones opuestas ya quedó prefigurada a comienzos de la posguerra. Mientras que en la zona de ocupación soviética los partidos democráticos se vieron confrontados con una omnipotente alianza entre la administración militar y los cuadros del Partido Comunista de Alemania (KPD), que impulsaron a marchas forzadas la remodelación del sistema hacia un régimen comunista de partido único, el oeste de Alemania emprendió el camino hacia la democracia parlamentaria. No obstante, con la fundación de la República Federal no se cancelaron todas las hipotecas personales del régimen nazi. En las élites funcionales del nuevo Estado democrático alemán occidental en la administración, las instituciones de educación superior, el sector privado y la justicia pervivió hasta la década de los setenta un remanente de personal implicado con el nazismo. El avecinamiento de la Guerra Fría en 1946 no tardó en desbaratar el proyecto aliado de una desnazificación perdurable. Además, en la práctica el procedimiento elegido de por sí se evidenció enseguida como una maquinaria burocrática de exculpación masiva, una gigantesca "fábrica de comparsas" (según la expresión del historiador Lutz Niethammer), que predominantemente sirvió para eximir de culpa política al grueso de los llamados miembros "puramente formales" del NSDAP.

Sin embargo, después de 1945 no se repitió lo que había significado la perdición de la democracia de Weimar, a saber, el haber tenido que ser una "República sin republicanos", carente de suficientes adhesiones entre la ciudadanía debido a que precisamente en los grupos dirigentes del Estado, la economía y la sociedad no se había desarrollado un pensamiento democrático. El consenso que alcanzaron las élites ya en la misma fase inicial de la República Federal abarcaba la adhesión fundamental al nuevo orden institucional democrático. La rehabilitación profesional y la inclusión social de secuaces y hasta cómplices del régimen nazi formó parte de ese entendimiento tácito, lo que con razón provocó gran indignación, máxime entre las víctimas del nazismo. Retrospectivamente, sin embargo, ello aparece como el precio político que tuvo que pagar la joven República Federal por la consolidación interna de su democracia.

La decisión esencial a favor de una democracia parlamentaria como núcleo de la fundación democrática en Alemania occidental después de 1945

Implantación de un nuevo orden institucional entre 1945 y 1949: democracia "de abajo arriba" y la arquitectura de la Ley Fundamental

A comienzos de agosto de 1945 las potencias de ocupación aliadas firmaron de mutuo consentimiento los acuerdos de la Conferencia de Potsdam, que establecían el desmantelamiento del nazismo y el militarismo, la detención inmediata y el castigo de los criminales de guerra, el desarme total y el control permanente

La Ley 104 para la liberación del nacionalsocialismo y el militarismo, del 5 de marzo de 1946, tuvo por finalidad liberar a la sociedad alemana en las zonas de ocupación occidentales de todas las influencias del nacionalismo, pero en la práctica el procedimiento resultó poco idóneo. De los más de 2,5 millones de alemanes que tuvieron que responder ante los tribunales de desnazificación (Spruchkammern), solo el 1,4 por ciento fueron clasificados como culpables principales o implicados. Más de un tercio de los procesos fueron sobreseídos. Muchos secuaces del régimen harían posteriormente carrera en la República Federal sin traba alguna. Ya en la temprana fecha de 1946 Max Radler (1904–1974) caricaturizó esta "purificación" en la revista satírica "Der Simpl".

Los tres principales aliados de la Segunda Guerra Mundial se reunieron al final de la contienda en la Conferencia de Potsdam, denominada oficialmente Conferencia de Berlín, para negociar el trato que habría de darse a la Alemania derrotada. En la foto aparecen el presidente estadounidense Harry S. Truman, el líder soviético Iósif Stalin y el primer ministro británico Winston Churchill, cuyo puesto en las negociaciones sería ocupado por el nuevo premier Clement Attlee tras la derrota electoral de los conservadores.

Carteles electorales para las primeras elecciones al Parlamento regional de Hesse el 1 de diciembre de 1946. Las fuerzas de ocupación decretaron la fundación de los Länder y dieron inicio a la reordenación de las estructuras políticas, primero a escala local, luego regional y por último federal.

del potencial bélico-industrial de Alemania y la reconstrucción escalonada de la vida política sobre bases democráticas como objetivos posbélicos primordiales para la Alemania ocupada. ¿Cómo debía ser –se habían preguntado los expertos en temas alemanas de los estados mayores estadounidenses y británicos encargados de la planificación posbélica ya antes del inicio del régimen de ocupación– el sistema político de la etapa posthitleriana para extirpar el pensamiento autoritario, tenido por rasgo del carácter alemán, y asignar a los alemanes un lugar en el concierto de las naciones democráticas?

Estadounidenses y británicos diseñaron un programa de reeducación o reorientación democrática. En esa misma línea les siguieron los franceses, sin perjuicio de su propósito de impedir en la mayor medida posible el resurgimiento de un Estado nacional alemán fuerte. El proyecto aliado –desafortunadamente traducido al alemán como "Umerziehung", término con regusto a adoctrinamiento de reformatorio– estaba orientado a que los alemanes asimilaran por sí mismos una cultura política democrática e incluía como apoyo y complemento la creación de nuevas instituciones políticas "de abajo arriba". Dentro del vacío generado en Alemania tras la desarticulación del Estado totalitario nazi, al desaparecer temporalmente las estructuras estatales centralistas, se intentó que prendiera la frágil planta de una "democracia capilar", progresivamente arraigada (democracy from the grass roots), una democracia de ciudadanos.

Autonomía local

Para ello se reactivó en primer lugar la autonomía de las instituciones locales, que había estado en vigor en Alemania desde las reformas del barón vom Stein de 1808 hasta el encuadramiento nacionalsocialista y encarnaba un elemento moderno de tradición prusiana. El autogobierno de las entidades locales, según se afirmaba ejemplificativamente en un memorándum confidencial del Ministerio de Relaciones Exteriores londinense, debía ser implantado en el conjunto de Alemania sobre el puntal de principios democráticos. En particular, era preciso constituir representaciones electas. Los órganos locales surgidos de las elecciones debían responder ante sus electorados locales. La administración debía organizarse de forma descentralizada, de manera que las entidades electas tuvieran pleno control sobre la misma. Los empleados públicos de todas las escalas debían actuar en adelante como instrumentos ejecutivos no políticos de las corporaciones representativas.

Estos principios pasaron a formar parte integrante del nuevo orden institucional democrático e inspiraron el espíritu de las actuales legislaciones de régimen local de todos los Länder (Estados Federados) alemanes. Como resultado de la transferencia de instituciones en el marco de la unificación alemana fueron asumidos asimismo por Alemania oriental. Solo la idea de una autoridad administrativa local no política a semejanza del Civil Service británico ya se evidenció como ilusoria en la misma década de los cuarenta, porque, entonces como hoy, la lógica de acción de la dirección política conforme a un elemental modelo de división de poderes dual, asentado en unas corporaciones representativas electas con funciones de orientación política y una administración de carácter meramente ejecutivo, contradecía toda experiencia práctica. Las primeras elecciones locales libres a los consistorios y las asambleas comarcales se celebraron en la zona americana en enero y marzo de 1946 y en las zonas de ocupación británica y francesa en otoño del mismo año.

Fundación de los Länder

Simultáneamente fue avanzando el proceso de fundación de los Länder (Estados Federados). El 19 de septiembre de 1945 se fundaron en la zona americana los Länder de Hesse y Wurtemberg-Baden. En el transcurso del año 1946 surgieron en la zona británica los nuevos Länder de Renania del Norte-Westfalia y Schleswig-Holstein. En octubre se constituyó el Land de Baja Sajonia a partir de las antiguas provincias de Hannover, Braunschweig y Oldenburg. Bajo la soberanía de la potencia de ocupación francesa se crearon los Länder de Baden, Wurtemberg-Hohenzollern, Renania-Palatinado y el territorio de la cuenca del Sarre. Surgidos en parte de la masa hereditaria del desarticulado gran Estado regional de Prusia, algunos de esos Länder que habían sido artificialmente acoplados, conocidos como "Länder unidos por guiones", desarrollaron una viabilidad e identidad notables al andar del tiempo. Con la agrupación de las subregiones sudoccidentales del país en el nuevo Land de Baden-Wurtemberg en el año 1952 concluyó a largo plazo la reordenación territorial en clave federal tras la fundación de la República Federal.

Organización y parlamentarización de las nuevas instituciones políticas

Paralelamente a la reordenación territorial de los Länder surgieron las nuevas instituciones políticas de ámbito regional.

Este proceso de institucionalización tuvo lugar en varias etapas, que al mismo tiempo indican una democratización paso a paso: en una primera etapa, iniciada en Baviera a finales de mayo de 1945, se nombraron en las zonas americana y británica ministros-presidentes (jefes de gobierno) y gobiernos regionales (a nivel de Land) que fungían como órganos de la administración delegada aliada. En octubre de 1945 y febrero de 1946 los jefes de gobierno constituyeron, a nivel de zona, el Consejo Interregional (de la zona americana) y el Consejo Consultivo Zonal (de la zona británica). Los acuerdos de estos órganos, salvo que interpusieran su veto los gobiernos militares, tenían fuerza de ley.

En esa fase de la política y administración de los Länder no existió aún un auténtico control democrático. La autonomía ejecutiva de los jefes de gobierno regionales, investidos por designación, fue paulatinamente dirigida hacia cauces democráticos a través de una parlamentarización apuntaladora. A mediados de 1946 se celebraron elecciones a las asambleas constituyentes de los Länder. La mayoría de las constituciones de nuevo cuño se sometieron al voto de la población del Land respectivo entre 1946 y 1948. A partir del verano de 1946 los nuevos Landtage (Parlamentos regionales) fueron nombrados por las potencias de ocupación, pero tan solo unos meses después tuvieron lugar las primeras elecciones regionales: en la zona americana en noviembre y diciembre de 1946, en la zona británica en abril de 1947 y en la zona francesa en mayo del mismo año. Los nuevos Parlamentos de los Länder salidos de las urnas eligieron acto seguido a los respectivos gobiernos regionales en función de la correlación de fuerzas de los partidos, representando a los grupos mayoritarios. En marzo de 1947 el gobierno militar estadounidense transfirió a los Länder de su zona competencias legislativas, ejecutivas y judiciales (en materia de regulación). Con la investidura de los gobiernos democráticamente elegidos de los Länder terminó la fase de interinidad durante la cual la potestad de gobierno en los Länder fue trasladándose progresivamente a autoridades alemanas y al mismo tiempo legitimándose democráticamente.

Reorganización de la administración en la zona de ocupación soviética

En la zona de ocupación soviética la reorganización regional y zonal de las estructuras administrativas y los partidos políticos tuvo lugar con anterioridad. Mediante la Orden Número 2 la Administración Militar Soviética (SMAD) autorizó el 10 de junio de 1945 la fundación de "partidos antifascistas". A lo largo del verano se crearon administraciones provinciales. En el mes de julio de 1945 la SMAD estableció once administraciones centrales alemanas, que pueden considerarse el embrión de un posterior gobierno zonal. En septiembre y octubre de 1946 tuvieron lugar, respectivamente, elecciones municipales y regionales en los cinco Länder de Brandeburgo, Mecklemburgo-Pomerania Occidental, Sajonia, Sajonia-Anhalt y Turingia. En las elecciones regionales el Partido Socialista Unificado (SED), surgido en abril de 1946 de la unificación forzosa del SPD y el KPD, obtuvo un promedio global de votos del 47,5 por ciento.

Simbólico apretón de manos entre Wilhelm Pieck (izqda.) y Otto Grotewohl, los dos flamantes presidentes del recién fundado Partido Socialista Unificado (SED), el 22 de abril de 1946 en el Admiralspalast de Berlín. El SED surgió de la unificación forzosa del SPD y el KPD y posteriormente se erigiría en partido único de la RDA. A la derecha Walter Ulbricht. Segunda fila a la dcha.: Otto Buchwitz.

El general del ejército soviético Vasily Ivánovich Chuikov, jefe de la recién fundada Comisión Soviética de Control (SKK), organización sucesora de la Administración Militar Soviética (SMAD), recibe al presidente del gobierno Otto Grotewohl el 11 de noviembre de 1949. Las funciones administrativas ya habían sido traspasadas al gobierno provisional de la RDA un mes antes, el 10 de octubre.

La Cámara Popular Provisional (anteriormente Segundo Consejo Popular Alemán) había puesto en vigor la constitución de la RDA el 7 de octubre de 1949, sellando con ese acto la fundación de la República Democrática Alemana (RDA). En su segunda sesión, celebrada el 12 de octubre de 1949, se dio a conocer la composición del gobierno de la RDA y se presentó una declaración de gobierno. Fila delantera de izqda. a dcha.: Steinhoff, Dertinger, Ulbricht, Grotewohl, Kastner, Nuschke, Steidle. Fila trasera de izqda. a dcha.: Hoffmann, Malter, Loehr, Matern, Dieckmann, Ebert, Schmidt, Geske.

El rescate de estructuras administrativas tradicionales promovido por la SMAD y el grado de centralización resultante del mismo sirvieron para promover el "vuelco radical antifascista-democrático" en aras de la hegemonía del KPD/SED. Con cinco de once cargos directivos sus representantes tenían una preponderancia relativa en las instancias administrativas centrales, que funcionaban paralelamente a los Parlamentos y gobiernos de los Länder. Las elecciones municipales y regionales de 1946 en puridad no pueden calificarse de "elecciones libres", por cuanto estuvieron precedidas de la fusión forzosa del KPD y el SPD en el SED en el mes de abril de ese año y la candidatura de los partidos burgueses CDU y LDPD fue sistemáticamente obstaculizada. Con la fundación de la RDA el 7 de octubre de 1949 se culminaría de hecho la división de Alemania por parte oriental.

El camino hacia la República Federal – El Consejo Parlamentario y la redacción de la Constitución

En las zonas occidentales el Consejo Interregional y el Consejo Consultivo Zonal fueron por así decirlo los heraldos en la senda hacia un poder orgánico a nivel estatal central. La cooperación económica operó, primero a nivel zonal y luego transzonal, como pinza unificadora. El 25 de junio de 1947 se reunió el Consejo Económico Bizonal elegido por los Parlamentos regionales de la Bizona. Con la reforma monetaria implantada el 20 de junio de 1948 de forma conjunta en las tres zonas de ocupación occidentales también se anticipó económicamente la creciente división de Alemania. El 1 de agosto de 1948 esas tres zonas formaron la Trizona. Con ello adquirió nítidos contornos políticos la posterior fundación de un Estado alemán occidental en forma de República Federal.

A la sazón el proceso de elaboración de una Constitución para el futuro Estado democrático en Alemania occidental ya estaba en marcha. El Consejo Parlamentario, instituido a propuesta de las potencias occidentales, inició sus deliberaciones el 1 de septiembre de 1948 en Bonn. Estaba compuesto por 65 miembros, cuatro de los cuales eran mujeres; la CDU y el SPD tenían 27 delegados cada uno, el FDP cinco y el Centro, el DP y el KPD dos respectivamente. Asimismo contó con la participación de cinco diputados de Berlín con voz pero sin voto. Algunos delegados ya habían sido miembros de la Asamblea Nacional de Weimar de 1919 y diputados del Reichstag de la primera República alemana. El reparto de escaños en el Consejo reflejaba el peso demográfico de los Länder y la correlación de fuerzas de los partidos políticos en los Parlamentos regionales. La presidencia del Consejo recayó en Konrad Adenauer (CDU), que más adelante fue el primer Canciller Federal (jefe de gobierno) de la República Federal.

La tarea del Consejo Parlamentario consistió en aprobar una ley fundamental para el Estado con rango de constitución provisional. "Por aquel entonces el alemán", según apuntó un observador, el periodista Walter Henkels, "parecía alguien que, habiendo cumplido una condena, hubiera de ser repuesto en sus derechos civiles." Los aliados occidentales precisaron sus propios criterios sobre la futura estructura estatal en un memorándum. La principal demanda era que respondiera inequívocamente a un modelo federal. Sobre todo las competencias que habría de asumir la futura cámara de representación territorial de los Länder y el régimen de autonomía financiera de la Federación y los Länder causaron permanentemente fricciones entre los gobernadores militares aliados y los políticos alemanes, así como entre los propios partidos alemanes.

Desde la óptica estadounidense resultaba esencial la creación de una constitución en cuanto elemento cardinal del cambio institucional controlado (controlled institutional change), que a juicio de los asesores científicos del ejército estadounidense constituía la condición previa para propiciar el arraigo del pensamiento democrático en la Alemania de posguerra. En las sesiones de asesores celebradas en Estados Unidos desde el verano de 1944 imperó la convicción de que el carácter nacional alemán solo era capaz de entender las relaciones humanas en las categorías de "dominio, sumisión y revuelta romántica"

Por la financiación de la guerra se generó en el Tercer Reich un inmenso exceso de circulante que seguiría creciendo incluso después de 1945 y que finalmente desembocó en una erosión monetaria. En lugar del Reichsmark se recurrió en medida creciente al pago en especie. En consecuencia, para posibilitar el funcionamiento de la economía de mercado, el 20 de junio de 1948 se puso en circulación el marco alemán (D-Mark), que a partir del día siguiente pasó a ser el medio de pago generalmente válido. El viejo dinero en efectivo tuvo que ingresarse en cuentas en Reichsmark para, a continuación, solicitar su conversión.

23 de mayo de 1949: la Ley Fundamental de la República Federal de Alemania reposa bajo un estandarte negro, rojo y gualdo sobre una mesa en el antiguo paraninfo de la Academia Pedagógica de Bonn. Delante en el centro (de izqda. a dcha.): Paul Löbe, Theodor Heuss y Hans-Christoph Seebohm. El Consejo Parlamentario se había reunido para celebrar su última sesión a las 16 horas. La Ley Fundamental fue publicada el mismo 23 de mayo y entró en vigor al término del día.

Las cuatro mujeres que junto a 61 hombres formaron parte del Consejo Parlamentario encargado de elaborar la Ley Fundamental de la República Federal de Alemania son conocidas también como las "madres de la Constitución". De izqda. a dcha.: Helene Wessel (Centro), Helene Weber (CDU), Friederike Nadig y Elisabeth Selbert (ambas SPD). Nadig y Selbert consiguieron que la igualdad del hombre y la mujer quedara recogida en la carta magna.

La “Ley Fundamental para la República Federal de Alemania” es la Constitución política de la República Federal. Como consecuencia de las experiencias durante la dictadura nacionalsocialista, la nueva Constitución consagró los derechos fundamentales con eficacia jurídica directa.

(dominance, submission and romantic revolt). Solo se daría una oportunidad para cambiar ese carácter autoritario reformando las instituciones. Tal como lo formuló por entonces el sociólogo Talcott Parsons "Las pautas de conducta institucionalmente afianzadas son la columna vertebral del sistema social."

Que las nuevas instituciones efectivamente tuvieron un tal efecto de habituación de naturaleza democratizadora lo confirman testigos de época alemanes expertos en la materia. Dolf Sternberger, politólogo y publicista dedicado por entonces a la docencia en Heidelberg, escribió a mediados de la década de los cincuenta que los tiempos del "experimento educativo" aliado en Alemania habían confirmado la tesis "de que las instituciones políticas son capaces de educar a las personas que viven en ellas y se ejercitan en su uso de un modo mucho más duradero que cualesquiera formas de enseñanza directa o la propagación de una ideología." Ello también explicaría el insistente esfuerzo de los gobernadores militares aliados en influir en las deliberaciones constitucionales de 1948–1949. Con todo, sería erróneo suponer que la Ley Fundamental surgió predominantemente de instrucciones que la potencia de ocupación, actuando en cierto modo como "principal", habría transmitido a sus "agentes", los miembros del Consejo Parlamentario. Antes bien, la arquitectura de la Ley Fundamental es una obra intelectual autónoma con sello alemán, que se superpone a un antiguo patrimonio constitucional alemán de un modo específico, tanto en los elementos que retoman la tradición constitucional precedente como en aquellos que la suprimen deliberadamente.

La Ley Fundamental

La Ley Fundamental tomó cuerpo como un consenso protagonizado por los dos grandes partidos. A pesar de sus agudos conflictos ideológicos, la CDU/CSU y el SPD acreditaron una capacidad de compromiso suficientemente grande. Hubo acuerdo sobre la fundación de un Estado (provisional) en el territorio de las zonas de ocupación occidentales. Y también hubo acuerdo en consagrar en la nueva Constitución un consenso básico sobre normas fundamentales materiales y principios procedimentales formales, que se blindó contra las disputas de intereses y se declaró intangible. Fue a partir de ahí como se sentaron unas bases sólidas para dirimir democráticamente los conflictos. Ese consenso básico hallado en 1949 incluye ante todo el reconocimiento de los derechos fundamentales, de la regla de la mayoría parlamentaria, de la protección de las minorías y de las garantías del Estado de Derecho, así como la oferta de bienes públicos con instrumentos del Estado social.

La diferencia de la Ley Fundamental con respecto a su predecesora, la Constitución Imperial de Weimar de 1919, se hace patente, no en último término, en la reconocible referencia a valores. La Constitución de Weimar en sí también se había construido democráticamente, pero de hecho la interpretación de determinados artículos de la misma facilitó su quiebra, culminando en la toma del poder de Hitler en 1933 de un modo aparentemente legal.

A juicio del historiador del derecho público Michael Stolleis, la Ley Fundamental incorporó en lo esencial los derechos fundamental de la Constitución Imperial de Weimar, pero "compactándolos y dotándolos de eficacia jurídica directa y garantías". Fue la Ley Fundamental la que introdujo por primera vez el recurso de amparo constitucional como recurso jurídico "activador de los derechos fundamentales". Los padres de la Constitución de 1949 –entre ellos algunas mujeres– sacaron esta y otras conclusiones de las experiencias del "fracaso" del texto constitucional de Weimar frente a los desafíos antidemocráticos y totalitarios. El principio de la Constitución asentada en valores desplazó al relativismo axiológico de la Constitución Imperial de Weimar. Ello implica, junto a la intangibilidad de los principios del "régimen fundamental de libertad y democracia", que las normas constitucionales esenciales mencionadas en la llamada

Facsímil del ejemplar original de la Constitución. El Consejo Parlamentario optó deliberadamente por la expresión "Ley Fundamental" porque no estaba concebida como Constitución definitiva. En aquel momento histórico todavía no se pensaba que la división de Alemania pudiera prolongarse en el tiempo.

Konrad Adenauer, presidente del Consejo Parlamentario y futuro Canciller Federal, firma la Ley Fundamental el 23 de mayo de 1949 en Bonn; son exactamente las 17 horas. Una vez ratificada por todos los Länder, la Constitución fue sancionada y publicada por el presidente y los vicepresidentes en una sesión solemne del Consejo Parlamentario y entró en vigor al término del día.

"cláusula de eternidad" (cláusula de intangibilidad) del artículo 79, apartado 3, de la Ley Fundamental (GG) son inalterables, es decir, no pueden derogarse ni siquiera con la mayoría exigida para una reforma constitucional.

Asimismo, la Ley Fundamental se ajusta al principio de la "democracia combativa". A diferencia de la época de Weimar, los enemigos de la Constitución democrática no pueden acudir a sus garantías para socavar el orden constitucional. Para proteger el orden constitucional se incorporaron a la Constitución disposiciones sobre la prohibición de partidos políticos, reservada a la Corte Constitucional Federal (artículo 21, apartado 2, GG), la privación de derechos fundamentales (artículo 18 GG), la prohibición de asociaciones (artículo 9, apartado 2, GG) y un derecho de resistencia de todos los ciudadanos en casos excepcionales (artículo 20, apartado 4, GG). La voluntad del Consejo Parlamentario de superar los defectos congénitos de la primera democracia alemana en el plano político-constitucional también se manifiesta en la renuncia a cualesquiera poderes presidencialistas subsidiarios en favor de la plena responsabilidad del gobierno ante el Parlamento, la creación de la Corte Constitucional Federal como "guardiana de la Constitución" y el fortalecimiento del carácter federal del Estado.

Hoy en día quizás puedan valorarse de otro modo algunas de las "lecciones de Weimar" que los artífices de la Ley Fundamental consideraron importantes entonces, cuando todavía estaba muy reciente la experiencia del régimen nazi, como por ejemplo el pronunciado rechazo del Consejo Parlamentario a implantar nuevamente instrumentos de democracia directa. En ese momento histórico la mayoría de los delegados los consideraba, según la muy citada expresión de Theodor Heuß, como una "prima para demagogos".

El Consejo Parlamentario aprobó su texto constitucional el 8 de mayo de 1949 por 53 votos a favor y doce en contra. El resultado fue democráticamente legitimado por acuerdo mayoritario de diez Parlamentos regionales y con la excepción de Baviera, que exigió que se reforzaran los elementos federativos. La Ley Fundamental entró en vigor el 23 de mayo de 1949.

La nueva democracia de partidos alemana

Desde un principio los delegados de los Länder en el Consejo Parlamentario se agruparon por partidos. En consecuencia, la concepción constitucional de la Ley Fundamental nació de las ideas enfrentadas y las concesiones mutuas de los partidos. Cargando las tintas, se puede afirmar que el pacto constitucional de la Ley Fundamental lleva el sello constitucional de la nueva democracia de partidos alemana. Ello se derivó no solo de los usos políticos contemporáneos, que de hecho atribuían a los partidos democráticos un papel clave en la reordenación del Estado. También comenzó a imponerse –con mayor rapidez entre los miembros de las élites y de un modo más titubeante en parte de la población– la convicción de que la política de partidos no era, como suponía un prejuicio todavía muy extendido en Weimar, algo "extraño" al buen gobierno, sino un factor indispensable en un sistema parlamentario. Los partidos son necesarios para comunicar entre sí en el plano del proceso legislativo las dos "palestras" de la política federal, a saber, el Bundestag (activo en la democracia mayoritaria o competitiva) y el Bundesrat (enfocado a la democracia consensual). Además, los partidos, que a diferencia de otras formas de participación de la sociedad civil menos estructuradas encarnan un elemento de continuidad programática y organizacional, tienen la tarea de mediar entre gobernantes y gobernados. Así pues, los partidos forman parte de la cadena de legitimación democrática en las democracias representativas. Que la política de partido marcara la elaboración de la constitución en 1948–1949 era pues lógico. Desde 1945, escribió Sternberger, "prácticamente nadie, desde el ángulo que fuera, vio nada raro o llamativo en que se construyera o integrara un Estado de partidos."

El Bundestag Alemán salido de las primeras elecciones generales, celebradas el 14 de agosto de 1949, se reunió en sesión constituyente el 7 de septiembre. La presidencia fue ejercida al inicio de la sesión por Paul Löbe, que había sido presidente del Reichstag de 1920 a 1932, siendo elegido a continuación primer presidente del Bundestag Erich Köhler. El 12 de septiembre fue elegido primer Presidente Federal Theodor Heuss y el día 15 del mismo mes fue elegido primer Canciller Federal Konrad Adenauer.

El 23 de octubre de 1954 se firmaron en el Ministerio francés de Asuntos Exteriores los Acuerdos de París. Mediante la ampliación del Tratado de Bruselas de 1948 con la adhesión de Alemania e Italia se fundó la Unión Europea Occidental (UEO), una alianza militar para el mantenimiento de la paz en Europa. Simultáneamente la República Federal se adhirió a la OTAN y recuperó su soberanía, aunque esta se mantuviera bajo reserva de las Cuatro Potencias hasta la celebración del Tratado 2+4.

El Canciller Federal Konrad Adenauer firma el Acta Final de la Conferencia de las Nueve Potencias el 28 de septiembre de 1954 en Londres. El Acta de Londres (conocida también como acuerdo de la Conferencia de Londres) reconoció a la República Federal como portavoz de toda Alemania, posibilitó su adhesión a la OTAN y derogó el estatuto de ocupación. De este modo se impulsaron decisivamente los Acuerdos de París.

Los Tratados de Roma del 25 de marzo de 1957 engloban el Tratado CEE y el Tratado EURATOM, mediante los cuales se fundaron la Comunidad Económica Europea y la Comunidad Europea de la Energía Atómica, así como el Convenio sobre determinadas instituciones comunes de las Comunidades Europeas. Estos tratados marcan el inicio de un proceso que desembocaría en la creación de la Unión Europea (UE).

La Ley Fundamental conjuga distintas posiciones ideológicas

El compromiso constitucional hallado en la Ley Fundamental en 1948–1949 constituye en buena medida el mínimo denominador común entre las posiciones ideológicas representadas en el Consejo Parlamentario, el socialismo democrático, la doctrina social católica y el liberalismo de corte económico. No se puso en cuestión la conveniencia de instituir una representación de los Länder junto al Parlamento directamente elegido, pero sí resultó controvertido el modo de delegación (bien según el "principio del Bundesrat", es decir, el modelo de una cámara de representación territorial formada por delegados de los gobiernos de los Länder en función del tamaño de cada Land, bien según el "principio senatorial", es decir, el modelo de una cámara alta cuyos miembros serían elegidos por los Parlamentos de los Länder) y sus respectivas competencias (igualdad de derechos o derecho de veto del Bundesrat). Finalmente, los dos grandes grupos parlamentarios convinieron en seguir el principio del Bundesrat.

Sobre la inclusión de los derechos fundamentales hubo acuerdo de principio, pero se discutió si los derechos fundamentales debían restringirse al canon de los derechos civiles clásicos, en cuanto garantías de la libertad individual, la igualdad y la propiedad, o, por el contrario, debían incluirse adicionalmente garantías relacionadas con el orden económico, el orden social y los temas culturales. En último término se impusieron en mayor medida las posiciones favorables a la libertad económica y próximas a los valores conservadores, representadas por los partidos burgueses (por ejemplo, la inclusión del derecho de los padres y la protección especial del matrimonio y la familia por parte del Estado en el artículo 6 GG). En cambio, el contenido del artículo 15 GG, relativo a la socialización, resultó escasamente vinculante: el establecimiento de regímenes de propiedad colectiva sobre los medios de producción exigía expresamente la vía legislativa.

Los partidos de izquierdas tampoco vieron satisfecha su exigencia de incluir en el texto constitucional derechos sociales que generaran títulos jurídicos individuales para el ejercicio de derechos de protección y participación. Por el contrario, los defensores de la "democracia mayoritaria social" lograron un importante éxito consagrando el postulado del Estado social (artículos 20 y 28 GG) y conjugándolo con el principio democrático y el principio del Estado de Derecho. Con ello crearon una democracia social y un Estado social de Derecho. La idea de una democracia inserta en el sistema social que se incorporó a la Ley Fundamental ya se manifiesta con claridad en una resolución de la Corte Constitucional Federal de 1954. El alto tribunal entendió que el legislador puede dictar leyes federales que "intervengan de forma ordenadora y orientadora en la vida económica". La imagen del ser humano que informa la Ley Fundamental "no es la de un individuo soberano aislado". Antes bien, prosigue, la Ley Fundamental resuelve la tensión entre individuo y comunidad "en el sentido de la relación comunitaria y la vinculación comunitaria de la persona". Sin embargo, ello significa que "el individuo debe soportar aquellos límites de su libertad de actuación que el legislador fija para cuidar y promover la convivencia social [...] dentro de lo que es generalmente exigible."

Principios del sistema de gobierno parlamentario

Una de las decisiones fundamentales que tomó el Consejo Parlamentario a efectos de la estructuración estatal fue la elección de un sistema de gobierno parlamentario pleno. De este modo se confirmó en la Ley Fundamental a nivel de la Federación lo que, como se indicó más arriba, ya era práctica corriente desde hacía años en los Länder de la Trizona. El modelo de la democracia parlamentaria, tal como existe desde entonces en la República

Federal de Alemania, conjuga los principios de la soberanía popular (artículo 20 GG) y la responsabilidad del gobierno ante el Parlamento (artículos 63 y 68 GG) con el principio de representación. El respeto de la voluntad del pueblo se traduce en la llamada primacía del Parlamento, en virtud de la cual la acción del Estado queda sujeta a la voluntad rectora y al control del órgano de representación del pueblo. La primacía del Parlamento se plasma por ejemplo en que las misiones armadas de la Bundeswehr (Fuerzas Armadas Federales) en el exterior requieren un acuerdo del Bundestag. Por otra parte, el Gobierno Federal mantiene un núcleo esencial de responsabilidad ejecutiva propia. En fecha reciente la Corte Constitucional Federal ha decidido por ejemplo que el Gobierno no está obligado a informar previamente al Bundestag sobre la autorización de exportaciones de armamento.

Solo los artículos 29 y 118 GG prevén mecanismos plebiscitarios. El Gobierno Federal comparte el derecho de iniciativa legislativa con el Bundestag y Bundesrat. La investidura del Gobierno Federal tiene lugar a través de un voto de confianza formal en el Bundestag. El Gobierno depende en todo momento de la confianza de la mayoría parlamentaria. Mediante la moción de censura constructiva contra el Canciller Federal (jefe de gobierno) con arreglo al artículo 67 GG, el Bundestag puede negarle la confianza eligiendo a un sucesor por mayoría de sus miembros y solicitando al Presidente Federal que lo releve del cargo; el Presidente Federal ha de nombrar obligatoriamente a quien resulte elegido, consumándose el cambio de gobierno. Sin embargo, al Gobierno solo le corresponde indirectamente un derecho de disolución del Parlamento, concretamente mediante el instrumento de la cuestión de confianza: si el Canciller Federal solicita la confianza parlamentaria pero el Bundestag no se la expresa por la mayoría de sus miembros, el Presidente Federal, a propuesta del Canciller Federal, puede disolver la cámara en un plazo de veintiún días. El derecho de disolver el Bundestag expira tan pronto este elija a un nuevo Canciller Federal por mayoría de sus miembros (Art. 68 GG). Si se somete la cuestión de confianza (así ocurrió en 1972, 1982 y 2005), el Presidente Federal tiene en su mano convocar elecciones al Bundestag o dejar en el cargo a un gobierno en minoría. A diferencia de la construcción de Weimar con un doble ejecutivo formado por el Presidente del Reich y el Canciller del Reich, en la Ley Fundamental ese tipo de "reserva legal" presidencial queda restringido a muy pocas situaciones políticas excepcionales como las arriba mencionadas.

Según la voluntad de los constructores de la Ley Fundamental, la permanencia del Gobierno Federal depende de su mayoría en el Bundestag. El Gobierno Federal y el Parlamento no se enfrentan como antípodas políticos, son la mayoría gubernamental y la oposición las que se contraponen en el Parlamento. Para que funcione esta interacción parlamentaria es indispensable una oposición leal al sistema. Y algo más: al contraponerse mayoría gubernamental y oposición, la capacidad de actuación política de ambas partes depende ineluctablemente de la existencia de los partidos políticos. Son los partidos representados en el Parlamento, es decir, los grupos parlamentarios, los que por una parte aseguran la mayoría del gobierno y por otra dan consistencia a la oposición. Además, la compatibilidad del mandato de diputado y el cargo de ministro permite acoplar mejor las partes ejecutiva y legislativa de la mayoría gubernamental. En el tablero de dibujo de la construcción constitucional el sistema político de la República Federal por tanto se acerca mucho al tipo puro de una democracia parlamentaria.

El Canciller Federal Helmut Schmidt, en la imagen junto a Egon Franke, Ministro Federal para las Relaciones Interalemanas (izqda.), durante el debate sobre la moción de censura constructiva presentada contra él por la CDU/CSU y el FDP. Tras la ruptura de la coalición entre socialdemócratas y liberales a causa de conflictos internos, Schmidt encabezó un gobierno de minoría, en tanto que el FDP inició negociaciones para una nueva coalición de gobierno con la CDU/CSU. El 1 de octubre se votó por segunda vez en la historia de la República Federal una moción de censura. Schmidt perdió la votación y su cargo fue asumido por Helmut Kohl.

La Ley Fundamental como constitución viva

Parlamentarismo dinámico y acción de gobierno de la década de los cincuenta a la segunda década del siglo XXI

Como toda institución, la democracia parlamentaria creada en 1949 en virtud de la Constitución solo estableció un marco formal, sin coartar absolutamente la libertad de movimientos de los actores. De ese modo, a partir de la interacción de las instituciones políticas y los políticos se desarrolló en el transcurso de los años y décadas siguientes una dinámica específica. Los políticos electos probaron las nuevas instituciones, sondearon sus márgenes de actuación y sus límites y desarrollaron así pautas de actuación propias con encaje institucional. A la inversa las instituciones mostraron sus posibilidades de desenvolvimiento y desarrollo. En el desempeño práctico de los políticos en "sus" instituciones políticas se evidenciaron sus propiedades tanto desactivadoras como habilitantes. Enmarcado en instituciones, el curso que tomó la política alemana a nivel interno desde la fundación de la República Federal fue de "trayectoria dependiente". Pero quien, equipado con cargos y mandatos políticos, siguió esa senda institucionalmente predeterminada (inercia institucional), tuvo y aprovechó sus posibilidades para cambiarla "por el camino". Esas posibilidades se utilizaron profusamente.

Las "señales indicadoras" fijadas por las instituciones constitucionales para los políticos en activo y a la vez las libertades de actuación que caracterizan el sistema político se ejemplifican en el estilo de gobierno, el grado de imbricación de políticas –interconexión multidimensional (Politikverflechtung)– del Estado federal y el funcionamiento del Bundestag Alemán. En la década de los cincuenta del siglo pasado en cualquier caso se desarrolló un parlamentarismo dinámico que incluye, junto al Bundestag, al Gobierno Federal y los partidos políticos, así como la administracion ministerial y los llamados actores corporativos, es decir, las asociaciones próximas a la política y las organizaciones paraestatales.

La acción de gobierno en la democracia cancillerista

En comparación con Weimar, el legislador constituyente, como se mencionó más arriba, somete al gobierno a una mayor dependencia de la mayoría parlamentaria. Pero a pesar de la acusada reserva parlamentaria antes apuntada, también el Estado democrático de la República Federal presupone necesariamente la existencia de un gobierno funcional y responsable. Por consiguiente, como ya consideraron los magistrados de la Corte Constitucional Federal en 1959, el Gobierno Federal debe estar investido de las competencias "que son necesarias para que pueda cumplir de forma autónoma y bajo su propia responsabilidad su función de gobierno ante el pueblo y el Parlamento".

En Alemania la acción de gobierno responsable tiene lugar en el arco de tensión entre tres principios de dirección política. El Canciller Federal elegido por el Bundestag fija las directrices de la política y asume la responsabilidad de las mismas (artículo 65 GG) y los ministros son nombrados y relevados por el Presidente Federal a propuesta del Canciller Federal. El Bundestag no puede forzar formalmente la destitución de un ministro mediante una moción de censura. No existe una responsabilidad ministerial ante el Parlamento. Este principio de dirección y responsabilidad del Canciller (Kanzlerprinzip = principio de liderazgo del Canciller) subraya la posición preeminente del jefe o de la jefa de gobierno.

Del 13 de agosto de 1961 al 9 de noviembre de 1989 el Muro de Berlín marcó en la ciudad de los cuatro sectores formados tras la Segunda Guerra Mundial la línea de separación entre el sector oriental, bajo control soviético, y los otros tres sectores administrados por las potencias aliadas occidentales. Su finalidad era impermeabilizar la frontera interalemana.

El Canciller Federal Adenauer y el Presidente francés De Gaulle tras la firma del Tratado del Elíseo el 22 de enero de 1963 en el Salón Murat del Palacio del Elíseo en París. En este tratado de amistad los dos Estados se comprometieron a mantener consultas en todos los asuntos relevantes en materia de política exterior, de seguridad, juventud y cultura y a celebrar encuentros periódicos a nivel gubernamental. El tratado supuso un giro radical en las relaciones bilaterales tras una larga "enemistad hereditaria" y numerosos conflictos.

El 26 de junio de 1963, al término de su viaje a Alemania John F. Kennedy visitó Berlín-Oeste con ocasión del 15.º aniversario del puente aéreo aliado durante el bloqueo soviético. En esa primera visita de un presidente de los EE.UU. a la parte occidental de la ciudad el pueblo berlinés le aclamó como garante de la libertad de la ciudad. En la imagen se ve al presidente Kennedy al salir en automóvil del aeropuerto berlinés de Tegel, acompañado por el Alcalde Gobernador de Berlín, Willy Brandt, y el Canciller Federal Konrad Adenauer.

Sin embargo, por otra parte los ministros, ateniéndose a las directrices del Canciller o de la Canciller Federal, dirigen los asuntos de su cartera de forma autónoma y bajo su propia responsabilidad (Ressortprinzip = principio de autonomía de la cartera ministerial). En caso de discrepancia entre los ministros, decide el Gobierno Federal como órgano colegiado, siguiéndose la regla de la mayoría (Kabinettsprinzip = principio de colegialidad del gobierno). Por tanto, los principios de la cartera ministerial y del gobierno debilitan notablemente el margen de actuación del Canciller Federal a la hora de tomar decisiones en solitario. Además, los acuerdos de coalición operan como un corsé que de tanto en tanto supedita las decisiones del Canciller Federal en materia de personal y sobre asuntos de fondo a la participación del socio de coalición.

Con todo, desde la era Adenauer se fue cristalizando en la cúpula del gobierno de la República Federal un tipo de gestión gubernamental que se califica de "democracia cancillerista". Este término no se refiere únicamente a un estilo de gobierno determinado ni a una técnica especial de gobierno basada en la conciencia de poder. Antes bien, significa que las cualidades de liderazgo personal del Canciller Federal en ejercicio se engranan eficazmente con la protección estructural de su capacidad de dirección en el principal partido de gobierno y la mayoría de gobierno a nivel parlamentario, así como ante la población. Otro elemento característico de este modelo de dirección política es que los comicios generales se convierten en elecciones cuasiplebiscitarias a la Cancillería, porque la pugna entre los partidos por regla general se condensa en un duelo personal entre dos candidatos a Canciller Federal.

La ciencia política plantea cinco condiciones esenciales para el éxito de una democracia cancillerista en la práctica:

– El Canciller Federal (jefe de gobierno) goza de una posición indiscutida en el gabinete, posee un elevado prestigio en la población y recibe una gran atención de los medios de comunicación.

– Debe poder contar con el respaldo cerrado de su propio partido; para conseguirlo, se procura que aúne en su persona el cargo de jefe de gobierno y la presidencia del partido de gobierno.

– El jefe de gobierno hace valer su autoridad en el gabinete, ante los grupos parlamentarios del gobierno y también frente a los grupos de interés.

– A ello se suma una habilidad suficiente para insertar con éxito en el proceso de decisión la mayoría de la cámara de representación territorial, que en el Estado federal alemán frecuentemente tiene una composición partidista distinta de la mayoría de gobierno en el Bundestag.

– Por último, el Canciller Federal afianza su protagonismo en la democracia cancillerista a través de su compromiso personal en el ámbito de la política exterior.

El Bundestag: una combinación de Parlamento de debate y Parlamento de trabajo

En el sistema de la República Federal la figura de un jefe de gobierno fuerte presupone necesariamente una base parlamentaria. Es de la propia contraposición entre coalición de gobierno y oposición de donde surge la voluntad de liderazgo visible del o de la Canciller. El Bundestag es, por decirlo así, la base de la democracia cancillerista alemana. En los estudios parlamentarios suele distinguirse entre los tipos "puros" del "Parlamento de debate" y el "Parlamento de trabajo". Según esta clasificación el Parlamento de debate se caracteriza por la disputa política abierta entre las bancadas del gobierno y la oposición en el pleno,

Konrad Adenauer (bajando del estrado) tras su discurso de despedida el 15 de octubre de 1963 ante el Bundestag Alemán en Bonn. El primer Canciller de la República Federal dimitió de su cargo tras catorce años de mandato, durante los cuales encabezó cinco gobiernos. El presidente del Bundestag Eugen Gerstenmaier honró su trayectoria y le despidió con estas palabras: "Konrad Adenauer ha servido con mérito a la patria".

predominando un debate político acusadamente competitivo, que trasciende la palestra parlamentaria y se proyecta al conjunto de la opinión pública. En este contexto prevalece el principio de competición, encarnado en la unidad de acción de los grupos parlamentarios, visible hacia el exterior y disciplinada. En cambio, en un Parlamento de trabajo la labor política propiamente dicha se desplaza del pleno a las comisiones parlamentarias. En la estructura de las comisiones permanentes del Bundestag, basada en la división del trabajo, se reflejan el designio y la tarea de los parlamentarios de coadyuvar al trabajo legislativo de detalle. Dentro de esta participación parlamentaria en la tarea de gobierno no importan tanto las capacidades retóricas y tampoco se cargan las tintas de forma deliberada. Antes al contrario, en el seno de la comisión el diputado actúa como miembro de una "comunidad técnica de políticos y funcionarios ministeriales", que se reúne a puerta cerrada y mantiene una estrecha cooperación con los especialistas de la burocracia ministerial que asisten a las deliberaciones de las comisiones técnicas. Así pues, deducir que los diputados están en mora en el cumplimiento de sus obligaciones por el hecho de que el hemiciclo esté "vacío" en tal o cual sesión es desconocer la realidad de su trabajo en las comisiones permanentes.

Según la clasificación al uso, el Bundestag Alemán representa una forma mixta de Parlamento de debate y Parlamento de trabajo. Dicho en otras palabras, el Bundestag en modo alguno se limita a seguir invariablemente la estela de la democracia cancillerista, que, al modo del Parlamento de debate, practica una forma de enfrentamiento simplificado, de pincelada gruesa, entre la mayoría gubernamental y la oposición, sino que hace tiempo que ha encontrado en su papel de legislador un nuevo estilo de trabajo propio y su propia porción. Que el Bundestag haya asumido elementos de ambos tipos de Parlamento se explica a su vez esencialmente por la construcción constitucional del federalismo cooperativo, además por el consiguiente reparto de poder descentralizado, comparativamente elevado, en el sistema alemán de partidos, así como, finalmente, por la práctica de que la inmensa mayoría de las iniciativas legislativas es preparada, en cuanto a su contenido, por la burocracia ministerial. Todos estos factores fortalecen el elemento de la democracia de consenso en el parlamentarismo federal alemán y con ello la imagen de un Parlamento que trabaja fuera del foco de la opinión pública.

Por otra parte, la contraposición entre mayoría gubernamental en el Parlamento y minoría opositora es determinante para el quehacer parlamentario. En el Reglamento del Bundestag este reparto de fuerzas asimétrico se compensa, al menos en parte, mediante las correspondientes garantías procedimentales y derechos de control parlamentario, de los que se sirve en particular la oposición. Es fundamental o exclusivamente la oposición la que hace uso de derechos de iniciativa parlamentaria de gran efecto ante el público, como por ejemplo las sesiones de preguntas o los debates de actualidad. A lo largo de las legislaturas pasadas las preguntas e interpelaciones, las preguntas individuales de los diputados, la citación de miembros del gobierno y las mociones de reprobación y destitución contra miembros del gabinete han sido instrumentos utilizados en la mayoría de los casos (en parte entre el 95 y el 100 por cien) por los grupos parlamentarios de la oposición. Pero la "hora de la oposición" no toca solo en el escenario público del Parlamento de debate. También los grupos parlamentarios de la oposición en el Bundestag proyectan su actividad hacia las comisiones, es decir, tratan de ejercer su influencia en la legislación a través de una intensa colaboración en la elaboración técnica de las políticas sustantivas en el seno de las comisiones del Bundestag. Esta conducta cooperativa de la oposición, que hasta ahora ha sido la regla en el Bundestag, a veces se acerca bastante a una participación indirecta en el gobierno.

Además, dentro del sistema federal pueden brindarse otras oportunidades para una "oposición cogobernante" cuando los grupos parlamentarios que forman la oposición en el Bundestag tratan de influir en las votaciones del Bundesrat, la cámara de representación territorial, a través de los gobiernos de los Länder en los que sus partidos cuentan con representación.

"Mandato libre" y disciplina de grupo – ¿una tensión irresoluble?

Conforme al artículo 38 GG, los diputados del Bundestag Alemán son "representantes del pueblo en su conjunto, no ligados a mandatos ni instrucciones, y sujetos únicamente a su conciencia". Esta independencia de los representantes electos del pueblo, denominada "mandato libre" o representativo, constituye el núcleo de la clásica idea liberal de la representación política.

Esta destacada función protectora del mandato representativo tampoco ha perdido su significación en el Estado constitucional de la moderna democracia de partidos. La aspiración de resguardar a los diputados individualmente considerados de la presión externa de los grupos de interés y las imposiciones de las cúpulas de los partidos y los grupos parlamentarios se justifica sólidamente a partir de la idea democrática. Por otro lado, hoy en día está fuera de duda el derecho de representación parlamentaria de intereses particulares. Además, la idea de que los parlamentarios son personas que deciden a solas y emiten sus juicios personales de manera "autónoma" va en contra de la fuerza motriz del parlamentarismo moderno. Tanto el Parlamento en su conjunto como los representantes electos individualmente considerados adquieren su capacidad de actuación política por el hecho de que los diputados, "teniendo similares objetivos políticos" (artículo 10 del Reglamento del Bundestag Alemán), se constituyen en grupos parlamentarios. Es una tal agrupación de convicciones del mismo signo la que posibilita una voluntad colectiva parlamentaria –o varios portadores de voluntad concurrentes– y con ello la formación de mayorías con capacidad decisoria. Pero también el diputado individual se beneficia del sistema de división del trabajo de su grupo parlamentario: nadie puede dominar solo todas las áreas de la política por igual. En consecuencia, cada diputado depende de sus colegas especializados en las distintas políticas y viceversa, en su papel de experto en determinadas temáticas él mismo puede perfilar su posición dentro del grupo parlamentario.

Sin embargo, la tensión entre el mandato representativo y la disciplina de grupo parlamentario es irresoluble, y también es una característica del parlamentarismo dinámico, tal como se ha cristalizado en la República Federal. Máxime cuando las mayorías en el Bundestag son exiguas, un conflicto entre unos pocos "disidentes" y la mayoría del grupo parlamentario puede tener enorme trascendencia política, porque, según las circunstancias, en votaciones importantes corre peligro una mayoría propia de los grupos parlamentarios que forman la coalición de gobierno o incluso la mayoría de gobierno. Por ejemplo, en el año 1972 la erosión de la mayoría del SPD y el FDP durante el primer gobierno Brandt/Scheel como consecuencia de transfuguismos varios, entre abandonos y votos disidentes, desembocó en elecciones anticipadas al Bundestag. Otro ejemplo se dio en agosto de 2001 cuando el gobierno formado por socialdemócratas y verdes no alcanzó su propia mayoría porque en el pleno 19 de sus propios diputados votaron en contra del envío de soldados de la Bundeswehr (Fuerzas Armadas Federales) a Macedonia.

Cuando lo que está en juego es asegurar la mayoría parlamentaria del gobierno dentro de las propias filas, la tensión entre diputados individuales y grupo parlamentario consecuentemente se agudiza en forma de "triángulo tenso" entre disidentes, dirección del grupo y cúpula del gobierno. En la controversia sobre Macedonia del 2001 el Canciller Federal Schröder le recordó con énfasis al grupo parlamentario su responsabilidad de "no hacer peligrar la capacidad de gobierno con actuaciones erróneas". Con esa misma ocasión el jefe del grupo parlamentario

El 10 de febrero de 1965 se celebra en el Bundestag el primer debate de actualidad. La correspondiente moción de adición al Reglamento de la Cámara fue presentada conjuntamente por todos los grupos parlamentarios y aprobada el 27 de enero. Mediante la introducción de un debate espontáneo de corta duración se pretendía devolver actualidad e interés a las sesiones plenarias. Hoy en día se celebran durante cada legislatura más de cien debates de actualidad.

del SPD, Franz Müntefering, amenazó a los disidentes con consecuencias para su carrera política, haciendo hincapié en que los puestos en las listas para las próximas elecciones generales los decidían los congresos del partido en los Länder (Estados Federados), cuyos delegados "naturalmente tienen presente el comportamiento de los diputados individuales".

Si se ejerce semejante presión "desde arriba" sobre determinados diputados, estos por lo general tienen asegurada la simpatía de la opinión pública. Los afectados aparecen como víctimas del "chantaje" de la política de poder o a merced del látigo despiadado de la "disciplina de grupo parlamentario". No obstante, a un alegato unilateral en favor del mandato libre debe objetársele que está del todo justificado que los grupos parlamentarios ejerzan una cierta presión adaptativa sobre los miembros disidentes. Esa presión encuentra sus límites cuando en las votaciones se plantean cuestiones de conciencia. Pero ocurre que los conflictos de conciencia raras veces pueden definirse unívocamente en el plano jurídico; por ejemplo, no cabe duda de que las decisiones sobre la vida y la muerte (como en el caso de la regulación legal de la interrupción del embarazo) o la cuestión de la prescripción de los crímenes nacionalsocialistas afectan a la conciencia. En opinión de los constitucionalistas, las cuestiones de conciencia únicamente se plantean ante casos límite, comparativamente infrecuentes. Aunque este tipo de situaciones límite no se pueda enumerar taxativamente, en caso de sostener un criterio discrepante los diputados legítimamente tampoco pueden declararse a su antojo guardianes de la conciencia.

Por último, no debería pasarse por alto una cosa: no es solo el grupo parlamentario el que ejerce presión sobre determinados disidentes, sino que estos, al anunciar su intención de voto disidente, a la inversa a su vez ejercen presión sobre la mayoría del grupo parlamentario cuando la supervivencia parlamentaria del gobierno depende de un puñado de votos. A fin de cuentas ningún diputado puede ser obligado por su grupo parlamentario o su partido a votar en el sentido deseado. Por tanto, la función protectora del artículo 38 GG garantiza la libertad de decisión individual de los diputados. Así se mantiene viva la posibilidad de escudarse contra imposiciones extremas de la partidocracia.

La Federación y los Länder – Evolución hacia el Estado federal unitario

En el otoño de 2002 el Bundestag y el Bundesrat constituyeron una comisión conjunta sobre la reforma del federalismo. Con ello el debate abierto desde hacía tiempo en la República Federal sobre una reordenación sustantiva de la relación entre Federación y Länder (Estados Federados) entró en un nuevo estadio. Lo que se dilucidaba eran dos modalidades complejas del gobierno multinivel, la llamada imbricación de políticas –interconexión multidimensional (Politikverflechtung)–, a saber, la financiación mixta y el desenmarañamiento (desconcentración) de las competencias legislativas de la Federación y los Länder. En una ponencia para la Conferencia de los Ministros-Presidentes de los Länder se enumeraron las razones esenciales para una reforma constitucional:

– En primer lugar, la distribución de competencias entre la Federación y los Länder "había quedado escorada" como consecuencia de la progresiva ampliación de la legislación federal. Por consiguiente, se imponía que los Länder, "en particular los Parlamentos de los Länder", recuperaran competencias en manos de la Federación.

– En segundo lugar, el proceso legislativo a nivel federal vigente generaba reiteradamente "situaciones de empate" entre el Bundestag y el Bundesrat. Era preciso disminuir ese "inmovilismo decisorio".

Las dos reformas del federalismo realizadas hasta la fecha han reordenado las relaciones entre la Federación y los Länder (Estados Federados). Mediante la conocida como Reforma del Federalismo I del año 2006 se desenmarañó notablemente la legislación concurrente y los Länder (Estados Federados) adquirieron nuevas competencias legislativas. En 2009 siguió la Reforma del Federalismo II, que se ocupó del sistema de financiación del Estado federal e introdujo el llamado tope de déficit (freno al endeudamiento). En la imagen aspecto del Salón Europa de la Cancillería Federal al inicio de una reunión de los ministros-presidentes con el Canciller Gerhard Schröder (en el centro al fondo) y representantes del Gobierno Federal el 16 de diciembre de 2004 en Berlín.

– En tercer lugar, la imbricación de los ámbitos de competencia de la Federación y los Länder había conducido a que los procedimientos de toma de decisiones fueran lentos y prolijos y la responsabilidad de las decisiones indescifrable. Por tanto, urgía una asignación clara de las responsabilidades políticas.

– En cuarto lugar, la complejidad y falta de agilidad de los procesos de toma de decisiones se incrementaba aún más por la agregación del nivel europeo. Por eso era preciso desarrollar procedimientos simplificados y agilizados para la transposición del derecho comunitario al derecho federal alemán.

Reforma del federalismo en tres fases

El 1 de septiembre de 2006 entró en vigor la primera fase de una reforma del sistema federal de notable calado. Hasta entonces la Ley Fundamental (Constitución) atribuía relativamente pocas competencias legislativas exclusivas tanto a la Federación como a los Länder. A partir de 2006 se suprimió la legislación marco de la Federación y otras materias del ámbito de la legislación concurrente se atribuyeron inequívocamente a la Federación (por ejemplo, la energía nuclear y la lucha contra el terrorismo) o a los Länder (por ejemplo, régimen penitenciario y función pública). El grueso del trabajo legislativo se sigue inscribiendo en la categoría de la legislación concurrente. Esta categoría incluye, entre otras cosas, el derecho penal, el derecho laboral y los asuntos económicos, de transporte, vivienda y medio ambiente. Con arreglo al artículo 72 GG, en el ámbito de la legislación concurrente los Länder tienen la facultad de legislar mientras y en cuanto la Federación no haya hecho uso de su competencia legislativa (mediante ley). La Federación tiene el derecho de legislar en este ámbito siempre que, a efectos de la "creación de condiciones de vida equivalentes" en el territorio federal o el "mantenimiento de la unidad jurídica o económica", una regulación federal uniforme redunde en interés del Estado en su conjunto.

Según el criterio de los creadores de la Ley Fundamental, la legislación concurrente implica una presunción legal en favor de los Länder. En la práctica, antes de la reforma de 2006 la Federación recurrió profusamente al instrumento de la legislación concurrente. De este modo los Länder fueron reconformados por leyes federales en prácticamente todas las políticas que no contuvieran derecho originario de los Länder (como, por ejemplo, los asuntos municipales y educativos). La Federación fue asumiendo cada vez más funciones estatales con el argumento de que tenía la obligación de solucionar de la manera más uniforme posible a nivel federal los problemas políticos que se plantearan. Consecuentemente, la competencia de los Länder se vio socavada. Este proceso se denomina "unitarización". La evolución hacia el Estado federal unitario a lo largo de décadas tuvo su base jurídica constitucional originalmente en el artículo 72 GG y siguió apuntalándose adicionalmente con otros instrumentos jurídicos o acuerdos vinculantes entre la Federación y los Länder. Por un lado, a través de la intervención en la regulación del procedimiento administrativo: el artículo 84 GG ofrece a la Federación la posibilidad de insertar en las leyes federales disposiciones en materia de procedimiento administrativo y, por tanto, imponer a los Länder, que por regla general son competentes para la ejecución de las leyes federales, la forma, modo y manera de ejecutar la ley respectiva. La Federación utilizó asiduamente esta posibilidad, lo cual le valió por parte de los Länder el reproche de que minaba la competencia administrativa de los Länder.

La reforma trata de poner coto a esta tendencia unitarizadora. Desde 2006 los Länder tienen la posibilidad de modificar, mediante normas propias divergentes (leyes de Land = normas legales regionales, a nivel de la respectiva legislación regional), las normas de aplicación dictadas por la Federación para las leyes federales. Al hilo de la "Reforma del Federalismo I" de 2006 también se desenmarañó notablemente la legislación concurrente: la Federación ya solo ha de acreditar la "necesidad" de una regulación legal federal en un tercio de las materias. A su vez, los Länder han obtenido el derecho de dictar sus propias leyes en un sinnúmero de materias, como por ejemplo la ordenación del territorio y la protección de la naturaleza.

La Federación sigue influyendo en la política de los Länder mediante el instrumento de las tareas comunes (GA, por sus siglas en alemán), que, sin embargo, se redujeron como resultado de la reforma de 2006. Al hilo de la reforma constitucional y la Gran Reforma Financiera de 1969 la Federación y los Länder habían convenido en declarar como tareas comunes la promoción de la estructura económica regional, la construcción de establecimientos de enseñanza superior (en 2006 esta área fue suprimida como GA) y la mejora de las estructuras agrarias y de la protección de las costas (artículo 91a GG), así como la planificación educativa (igualmente suprimida como GA en 2006) y la promoción de la investigación (artículo 91b GG). En estos ámbitos la Federación sigue cubriendo como mínimo la mitad de los costes. La Federación y los Länder participan paritariamente en la planificación de tareas.

En la reforma del federalismo de septiembre de 2006 se habían obviado las cuestiones relacionadas con el orden financiero del Estado federal. No obstante, resultaba imperiosa una nueva normativa en este ámbito, toda vez que, por una parte, el Pacto Federal de Consolidación expira en el año 2019 y las prestaciones de transferencia para Alemania oriental concedidas en virtud del mismo ya se vienen ajustando de forma decreciente año tras año y, por otra, los Länder orientales pierden su status de territorios con nivel de fomento máximo a raíz de la ampliación de la Unión Europea hacia el este y el sur. Esta segunda fase de la reforma del federalismo –mucho más difícil en vista de los desacuerdos de fondo sobre el marco regulatorio entre los partidarios de un "federalismo fiscal" y los partidarios de un federalismo distributivo– se implantó a finales de mayo de 2009 en forma de una "solución de mínimos". El núcleo de la reforma es el llamado freno al endeudamiento: a partir de 2020 los Länder no podrán endeudarse más. A partir de 2016 la Federación no puede aumentar el déficit presupuestario más allá del 0,35 por ciento del producto interior bruto. Para consolidar las finanzas de los cinco Länder más pobres, estos perciben durante un periodo de diez años un total de 800 millones de euros al año, de los cuales la Federación sufraga la mitad.

El Gobierno Federal se ha marcado el ambicioso objetivo político de que la tercera fase de la reforma del federalismo sea negociada entre la Federación y los Länder hasta 2017. El núcleo de esta "Reforma del Federalismo III" es la reordenación del régimen financiero, es decir, en particular un nuevo reparto de los ingresos fiscales y la reforma del ajuste financiero horizontal (ecualización) entre los "Länder dadores" y los "Länder tomadores". Además debe resolverse la cuestión de cómo aliviar la carga de la deuda de los Länder más pobres altamente endeudados. Por último, probablemente también vuelva a abordarse el reparto de funciones en el Estado federal, dado que es la única manera de poder disponer de márgenes para una financiación de las corporaciones territoriales acorde con sus funciones.

Federalismo cooperativo: ¿la "trampa de la imbricación"?

A diferencia de los Estados unitarios, donde la formación de la voluntad del Estado tiene lugar de forma centralista, en el orden constitucional alemán la soberanía del Parlamento no es ilimitada, sino que está restringida por el derecho de intervención de los Länder en la legislación de la Federación. Esta interacción entre la Federación y los Länder explica por qué el federalismo alemán ha alcanzado un estadio avanzado de imbricación o superposición de políticas en los distintos niveles del Estado. Esta imbricación se manifiesta incluso en la división de poderes vertical, por funciones, entre la Federación y los Länder, tal como la ha consagrado asimismo la Ley Fundamental. En sí los artículos correspondientes de la Ley Fundamental, concretamente el artículo 83 y el artículo 84, describen un modelo de separación de funciones: a los Länder se les confía la función de ejecutar las leyes federales como "asunto propio". Con ello las autoridades administrativas de los Länder asumen en el sistema multinivel del Estado alemán la mayoría de las funciones ejecutivas de la Federación. La Federación a su vez prácticamente no tiene una infraestructura administrativa propia y por tanto se sirve en gran parte de la administracion de los Länder. Así pues, la Federación y Länder –y asimismo los Länder entre sí– dependen de la cooperación. Este sistema se ha dado en llamar "federalismo cooperativo".

En ese mismo punto de intersección de las competencias de la Federación y de los Länder se ejemplifica cómo el federalismo cooperativo de la República Federal desató en el pasado una dinámica que iría reemplazando progresivamente la separación de funciones de ambos niveles estatales, inicialmente más clara, por la imbricación de tareas. Es cierto que desde un principio los Länder tuvieron el derecho de participar, por medio del Bundesrat, en la legislación y en la administración de la Federación (artículo 50 GG). Consiguientemente, las leyes federales que modifican la Constitución, afectan a la dotación financiera de los Länder o inciden en la soberanía administrativa de los Länder requieren la aprobación de la cámara de representación territorial (leyes de aprobación, también conocidas como leyes federativas).

La competencia administrativa de los Länder se ve afectada cuando, con arreglo a los artículos 83 y 84 GG, se les asignan por ley tareas ejecutivas de la Federación. Antes de la última reforma del federalismo, esto no solo significaba que la respectiva ley federal se convertía automáticamente en ley de aprobación (con posibilidad de veto absoluto del Bundesrat), sino que la propia Corte Constitucional Federal decidió en su día que toda ley que afectara aunque solo fuera en un único punto a la soberanía administrativa de los Länder requería la aprobación íntegra de su contenido por parte del Bundesrat. Merced a esta interpretación extensiva de los magistrados del alto tribunal, en caso de existir mayorías divergentes en el Bundestag y en el Bundesrat ante proyectos de ley conflictivos los Länder tenían en su mano una eficaz palanca para influir en el contenido material de las leyes aprobadas por el Bundestag poniendo sobre la balanza la mayoría existente en el Bundesrat.

Tanto en la opinión pública como por parte de los estudiosos las repercusiones de esa imbricación de políticas dentro del Estado federal se criticaron largamente como un autobloqueo del sistema político. De hecho, el elevado número de proyectos legislativos federativos (es decir, sujetos a la aprobación del Bundesrat) –los cuales oscilaron entre aproximadamente el 43 por cientos en la primera legislatura y cerca del 60 por ciento en la 13ª legislatura del Bundestag– permitió a los partidos de la oposición, en tanto alcanzaran la mayoría de escaños del Bundesrat con los gobiernos regionales de su signo, acudir a la cámara de representación territorial como un camino parlamentario paralelo para desbaratar la voluntad política mayoritaria del Bundestag: si el Bundesrat rechaza una ley puede ponerse en marcha el procedimiento ante la Comisión Mixta, mediante el cual ambas cámaras negocian una solución de compromiso que, en ocasiones, requiere un esfuerzo ímprobo. De esa forma, a través de la convocatoria de la Comisión Mixta una mayoría contraria en el Bundesrat consigue arrancar regularmente concesiones sustanciales a la mayoría del Bundestag.

Los críticos censuran que el procedimiento de mediación prescrito prácticamente opera como una barrera a las reformas, porque el consiguiente maratón de negociaciones lleva mucho tiempo y en definitiva solo admite el mínimo denominador común, con la consecuencia de que las decisiones de fondo necesarias a menudo se alejan de la solución adecuada. El sistema del Estado federal por tanto está atrapado en una doble "trampa". Es demasiado estático para tratar eficazmente los problemas y además no tiene capacidad ni voluntad de romper ese estado de rigidez enmarañada, porque las partes o bien persiguen intereses a corto plazo o bien quieren conservar su poder como "jugadores con veto" (veto players).

La suposición de una tal "trampa de la imbricación" hasta cierto punto se desvirtúa por la constatación de que a fin de cuentas son notablemente pocas las leyes de aprobación, concretamente menos del cinco por ciento, que fracasan a causa de un veto absoluto del Bundesrat. La disposición de los adversarios políticos en el Bundestag y el Bundesrat para alcanzar entendimientos manifiestamente está muy extendida. Por tanto, hay fuerza suficiente para liberarse por sus propios medios de la "trampa de la imbricación". Pero es incuestionable que al menos con respecto a las leyes federativas el Bundestag ha pasado a depender del Bundesrat. Los autores de la Constitución ni previeron ni pretendieron este desplazamiento de fuerzas hacia un poder legislativo compartido entre el Bundestag y el Bundesrat.

No obstante, los ministros-presidentes (jefes de gobierno) de los Länder en absoluto se consideran a sí mismos como prolongación auxiliar de sus respetivos partidos de ámbito federal. En muchas ocasiones se ventilan entre la Federación y los Länder conflictos en los cuales estos últimos convergen en posiciones suprapartidistas frente a la Federación, como por ejemplo en relación con el reparto de los ingresos fiscales o las cargas financieras derivadas de la unidad alemana. Así pues, las posibilidades de la dirección de la oposición a nivel de la Federación de utilizar el Bundesrat a través de "sus" gobiernos regionales como un "contrafuerte de la política de partido" al Gobierno Federal son limitadas.

La reforma del federalismo de 2006 se orientó en buena medida a allanar el camino para salir de la "trampa de la imbricación". La adaptación del artículo 84 GG permite a la Federación regular en lo sucesivo la creación de autoridades y el procedimiento administrativo en los Länder sin necesidad de que den su asentimiento (como contrapartida los Länder obtienen, como se mencionó más arriba, la posibilidad de adoptar regulaciones divergentes en el plano de su legislación regional). De este modo la mayoría de las leyes federales ya no queda sometida al requisito de la aprobación por parte del Bundesrat, que según opinión generalizada venía siendo la principal causa del bloqueo. Según estimaciones previas, gracias a este mecanismo el número de las leyes de aprobación disminuiría de alrededor del 60 por ciento a entre el 35 y el 40 por ciento. La estadística parlamentaria demuestra que el intento de desenmarañamiento o desconcentración a todas luces ha sido un éxito: al término de la 17ª legislatura (2009–2013) el número de las leyes de aprobación cayó por debajo de la marca del cuarenta por ciento.

¿Pérdida de funciones del Parlamento?

Según opinión muy extendida, el Bundestag ha perdido peso en su función más genuina e importante, a saber, la de legislador. Este diagnóstico contrapone la "pérdida de funciones" o la "impotencia" del Parlamento con el mayor poder de dirección del gobierno y la administración. Como causas del desplazamiento de poder en detrimento del Parlamento se mencionan las siguientes:

– en primer lugar el hecho arriba mencionado de que la mayoría de los proyectos de ley presentados en el Bundestag parte de la iniciativa del Gobierno Federal;

– además, que los decretos legislativos que se elaboran en la administración sobre la base de habilitaciones legislativas y que en sí tienen como única finalidad descargar al legislador parlamentario de la adopción de normas de detalle se han convertido en un "espacio indeterminado" para una legislación secundaria extraparlamentaria.

– A ello se añade la práctica del "federalismo ejecutivo" alemán, que hace tiempo ha puesto en manos de las burocracias ministeriales la negociación de materias legislativas que no tienen que coordinarse solamente entre los Länder sino también entre estos y la Federación.

– Los críticos censuran que el "Estado negociador" que brega con grupos de interés en áreas políticas concretas socava la primacía del Parlamento en cuanto legislador: las soluciones integrales preparadas por las diversas entidades y el gobierno colocan al Bundestag ante hechos consumados.

– Asimismo, la "desparlamentarización" del sistema político de la República Federal de Alemania se ve impulsada por el hecho de que el Gobierno Federal propicia cada vez más el desplazamiento del debate sobre asuntos complejos y políticamente delicados al seno de comisiones de expertos que, de hecho, se encargan de los preparativos legislativos.

– A mayor abundamiento, es notorio que la competencia legislativa nacional del Bundestag queda cada vez más solapada por el derecho comunitario europeo (el derecho federal alemán en materia de transporte, por ejemplo, en un 65 por ciento).

– Finalmente, los mecanismos de estabilidad adoptados en virtud de actos jurídicos de la Unión Europea con la finalidad de poner freno a la crisis de endeudamiento en la Zona euro, tales como las ayudas financieras a Grecia y el Mecanismo Europeo de Estabilidad, plantean la pregunta de hasta qué punto se ven mermados los derechos de participación e información del Bundestag y el Bundesrat y, en particular, la responsabilidad global del Bundestag en materia de política presupuestaria.

Si estos siete argumentos sobre el retroceso funcional del Parlamento se someten a un examen crítico, se comprueba que, aplicados al Bundestag, su validez varía.

Presentación de proyectos de ley

Según las estadísticas, del total de 9.273 propuestas legislativas presentadas en el Bundestag entre 1949 y 2002, alrededor del 57 por ciento fueron proyectos de ley del gobierno. Otro 35 por ciento correspondió a proposiciones de ley emanadas del Bundestag (aproximadamente una de cada cinco de la oposición) y el 8 por ciento restante a iniciativas legislativas del Bundesrat. Si se toma como referencia las 6.022 leyes aprobadas, el porcentaje de las propuestas legislativas gubernamentales se eleva al 75 por ciento y, a la inversa, el de las iniciativas parlamentarias directas retrocede al 18 por ciento. Si además se tiene en cuenta que, para acelerar el procedimiento, los proyectos de ley del gobierno a menudo son presentados formalmente por los grupos parlamentarios que lo sostienen, la preponderancia gubernamental en la producción legislativa es manifiesta.

Este patrón básico se mantiene hasta el día de hoy. En la 18ª legislatura en curso, de las propuestas legislativas presentadas hasta comienzos de octubre de 2014 en el Bundestag y el Bundesrat respectivamente, 94 correspondieron a proyectos de ley del gobierno, 37 a iniciativas de los Länder y 31 a proposiciones de ley del Bundestag (incluidas diez de los grupos parlamentarios del gobierno). Con todo, el mero recuento estadístico no es prueba fehaciente de una inequívoca dirección ejecutiva del legislativo. Que el porcentaje de las "leyes del Parlamento" sobre el total de las leyes aprobadas sea notoriamente exiguo se explica por el reparto de las funciones parlamentarias entre la mayoría gubernamental y la oposición: las propuestas legislativas de la oposición raras veces tienen la oportunidad de pasar el trámite legislativo en el Bundestag. Pero el mero dato numérico sobre todo no indica nada acerca de la magnitud de la codirección parlamentaria informal en el proceso legislativo.

La codirección informal describe el proceso a través del cual los implicados –políticos especializados de los grupos parlamentarios, funcionarios expertos y en parte también partes interesadas y asesores externos– intercambian argumentos, examinan propuestas alternativas y sondean posibilidades de acuerdo.

Estas actividades no comienzan a partir del acto formal de presentación de un proyecto legislativo. Al contrario, ya antes de ponerse por escrito los primeros documentos de trabajo y de posición internos las instancias competentes del ministerio federal al cargo de la elaboración de un proyecto de ley tienen el cometido de sondear, a través de contactos confidenciales con políticos especializados de los partidos y delegados de los grupos parlamentarios, las posibilidades de éxito del respectivo proyecto de ley en fase de preparación y detectar los posibles escollos y trabas. Así pues, ya desde un momento temprano existe una participación informal en los preparativos legislativos dirigidos a nivel ministerial, no del Parlamento como tal pero desde luego sí de algunos parlamentarios seleccionados.

Además, durante las deliberaciones a nivel de comisión el Bundestag recupera otra parte del poder de influencia supuestamente perdido. En el seno de las comisiones mantienen una intensa colaboración parlamentarios especializados, funcionarios ministeriales, representantes de los Länder enviados del Bundesrat, grupos de intereses a los que se recurre por razón de la materia y equipos coordinadores por parte de los grupos parlamentarios. En el desempeño de estas tareas por lo general la mayoría parlamentaria no niega su apoyo al gobierno, pero sí que se plantean oportunidades para la presentación de enmiendas por parte de los diputados, incluidos los de la oposición.

La práctica del "federalismo ejecutivo"

El Bundestag tampoco está excluido, al menos no totalmente, de otras rondas de decisión informales cuya existencia se suele argüir como prueba de la "impotencia" parlamentaria. Esto es aplicable de igual modo al reparto de poder del "federalismo ejecutivo". Es indiscutible que la autocoordinación horizontal de los Länder, dirigida en el plano administrativo, mediante la cual se ponen de acuerdo entre sí a escala ministerial sobre temas como, por ejemplo, el reconocimiento conjunto de grados educativos, afecta a la soberanía de decisión de los Parlamentos. Los parlamentarios a fin de cuentas solo pueden dar su visto bueno a posteriori a ese tipo de acuerdos adoptados a nivel de las conferencias de los ministros-presidentes o los ministros de las carteras respectivas, porque de lo contrario correría peligro el consenso alcanzado entre los Länder, a menudo fruto de arduos tiras y aflojas. Pero esto a quien afecta es a los Parlamentos de los Länder, no al Bundestag.

El Estado negociador

Cuando se trata de acuerdos entre la Federación y los Länder, tales contactos efectivamente también son asunto de las administraciones de los dos niveles estatales, pero a las reuniones de los ministros competentes de la Federación y de los Länder son invitados sistemáticamente políticos expertos en la materia de los grupos parlamentarios mayoritarios del Bundestag. Esta ronda de decisiones preliminares por tanto al menos cuenta con la participación de representantes seleccionados del Parlamento nacional. Por consiguiente, no se puede afirmar con carácter general que el "Estado negociador" es incompatible con la democracia parlamentaria. No todos los acuerdos extraparlamentarios tienen que desvirtuar necesariamente la posición del Parlamento y los procedimientos parlamentarios, al menos no en los supuestos en los que el Estado negocia "en sí", como ocurre con los acuerdos Federación-Länder. El politólogo Arthur Benz lo

El 24 de septiembre de 2015 los ministros-presidentes de los Länder mantienen en la sede de la Cancillería Federal una conferencia Federación-Länder sobre la política de asilo y refugiados bajo la dirección de la Canciller Federal Angela Merkel. Los jefes de gobierno de los Estados Federados ya habían tratado el asunto en el mes de junio en el marco de una conferencia de ministros-presidentes. Este tipo de encuentros, el primero de los cuales se celebró a comienzos del mes de junio de 1947, se dedica a analizar temas específicos de los Länder y a concertar posiciones conjuntas.

El presidente del Bundestag, Norbert Lammert (CDU/CSU, a la izqda.), recibe al Consejo Alemán de Ética (28 de abril de 2016). El Consejo de Ética es a la vez foro de diálogo y órgano de asesoramiento y desempeña sus funciones sobre la base de una ley reguladora específica (EthRG, del 1 de agosto de 2007). Sus 26 miembros, propuestos por mitades por el Gobierno Federal y el Bundestag, son designados por el Presidente Federal. Para garantizar su independencia, los candidatos no pueden pertenecer a la vez al Parlamento o al Gobierno.

juzga así: "Las negociaciones y la cooperación es cierto que mejoran la eficacia de la actividad estatal pero llevan aparejada una desigualdad de las oportunidades de participación, vulneran el principio de publicidad y devalúan los controles democráticos."

Gobernar con comisiones de expertos

"Florecen las comisiones, se marchita el Parlamento" – titulaba el periodista Robert Leicht un artículo en noviembre de 2001. El titular formula un malestar recurrentemente aflorado en la opinión pública alemana sobre el "ausentamiento" de la política del Parlamento y su desplazamiento "a no se sabe qué ámbitos de negociación": comisiones y consejos instituidos por el jefe de gobierno que llevan nombres codificados como "Consejo Nacional de Ética" o "Hartz" o "Rürup" (por los apellidos de las personalidades que los presiden). Según esta crítica, en tales entidades el tono lo marcan los representantes de poderosos grupos de interés invitados a sus reuniones pero carentes de legitimación democrática. Por tanto, se colige, es obvio que lo que se negocia es un "consenso sin bien común".

Pero también en lo que respecta al "gobierno mediante comisiones" (government by commissions) la tesis del apartamiento del Parlamento adolece de falta de solidez empírica. Es cierto que los grupos parlamentarios del Bundestag no participan necesariamente en la labor de las comisiones gubernamentales. En esa medida, es posible que dentro del sistema de gobierno estén mal repartidas informaciones que desde luego son un recurso importante para la toma de decisiones políticas. Por otro lado, en cambio, el Bundestag a su vez puede constituir sus propias comisiones de encuesta, cosa que por cierto hace asiduamente. Así pues, tampoco se le puede negar al gobierno la posibilidad de recabar informaciones específicas con ayuda de comisiones de expertos.

En ningún caso se trata de una praxis tan novedosa del Gobierno Federal. En 2003 el politólogo Sven Siefken presentó cifras que demuestran que el número de órganos de expertos creados por el Gobierno Federal alcanzó su pico en 1978 con más de 350, que a comienzos de la década de los noventa se situó por debajo de 200 y que desde mediados de los noventa a comienzos de los dos mil se estancó por debajo de 150, volviendo aproximadamente al nivel de mediados de los sesenta. Por el contrario, los informes publicados en los diarios alemanes sobre tales órganos de expertos se han más que triplicado entre 1995 y 2002. Por tanto, la supuesta "comisionitis" desaforada se revela esencialmente como un invento periodístico. Por cierto que en lo tocante al fondo del asunto todos los casos estudiados confirman que los acuerdos de las comisiones gubernamentales únicamente expresan recomendaciones, las cuales nunca se plasman "al cien por cien" en el plano legislativo, sino que, antes bien, siempre requieren una decisión política. De todas maneras, el derecho del Bundestag de tomar la decisión final queda a salvo.

Los decretos legislativos y la Unión Europea menoscaban la competencia legislativa

De todo lo anterior se desprende que quedan dos ámbitos en los cuales la competencia legislativa del Bundestag se ve menoscabada de forma concreta y probada. Por un lado están las repercusiones de los arriba mencionados decretos legislativos que genera la administración. Por otro, la avalancha normativa del derecho comunitario europeo, que no para de crecer. Los decretos legislativos son normas jurídicas de rango inferior a las leyes mediante las cuales la competencia legislativa se traslada de forma limitada a la administración ministerial. Por tanto, el ejecutivo determina en gran medida por sí mismo cómo ha de cumplirse concretamente la voluntad del legislador y de qué márgenes de discrecionalidad han de disponer las autoridades ejecutoras.

Con arreglo al artículo 80 GG, la habilitación para otorgar decretos requiere una ley. La ley de delegación debe determinar de modo suficientemente claro el contenido, el objeto y el alcance del decreto que se prevea otorgar. Sin embargo, en la práctica

El 2 de diciembre de 2015 se celebra bajo la dirección del presidente de la Comisión para los Asuntos de la Unión Europea, Gunther Krichbaum, y con la participación de la Canciller Federal Angela Merkel (ambos CDU/CSU) una sesión conjunta con la Comisión de Asuntos Europeos de la Asamblea Nacional de la República Francesa.

esta reserva constitucional conforme al artículo 80 GG a menudo evidentemente no surte efecto. Esto ya lo criticó sin ambages la Comisión de Encuesta sobre la Reforma Constitucional instituida por el Gobierno Federal en 1976. Entre la primera y la decimotercera legislatura solo los decretos legislativos de la Federación se duplicaron de 877 a 1.753. Por tanto, en su día fue considerable la magnitud de una actividad cuasilegislativa de la que la administración se hizo cargo "en frío". Sin embargo, posteriormente esta cifra disminuyó de forma drástica, en concreto durante las cinco legislaturas siguientes, situándose en un total de 80 (datos de octubre de 2014).

También la Unión Europea (UE) se sirve de la legislación como medio de dirección. Desde los años sesenta la legislación de la UE ha crecido notablemente. Durante las quince primeras legislaturas (1949–2005) el número de propuestas relativas a la UE examinadas por el Bundestag se elevó a más de 21.000. En la 16.ª y 17.ª legislaturas (2005–2013) fueron en total 8.208, de las cuales 6.504 correspondieron a propuestas del Consejo y 1.280 a resoluciones del Parlamento Europeo. En comparación con la legislatura 1990–1994, la cifra se duplicó en la legislatura 2009–2013.

Las cifras reflejan el persistente proceso de desplazamiento de las competencias legislativas del Estado nacional al nivel supranacional. Como consecuencia del mismo, los Parlamentos de los Estados miembros han visto gradualmente disminuida su competencia normativa primaria. Si las normas emanadas de la UE son directivas en sentido estricto, es decir, disposiciones vinculantes en cuanto a objetivos y plazos concretos que dejan en manos de los Parlamentos y administraciones de los Estados miembros la elección de los medios adecuados, el Bundestag por lo menos dispone de un cierto margen temporal y de actuación para transponer la norma comunitaria con arreglo a la propia tradición jurídica alemana. Con la creación de una oficina de enlace en Bruselas (2007) y la subdirección PE para asuntos europeos en la administración de la propia cámara, el Bundestag trata asimismo de intervenir informalmente con mayor anticipación en el ciclo político de la UE.

Los "paraguas de rescate" de la UE para sanear las finanzas de Estados miembros en aprietos representan un nuevo e importante reto no solo por su enorme magnitud económica sino también por el riesgo de restricción de las facultades de control presupuestario de los Parlamentos nacionales que estos mecanismos llevan aparejados. En su jurisprudencia constante para resolver los reiterados recursos interpuestos sobre la materia por partidos y diputados individuales, la Corte Constitucional Federal ha exigido para el caso de que Alemania asuma garantías en el marco de los programas de rescate que se salvaguarde la influencia permanente del Bundestag en las decisiones correspondientes. Según precisa el alto tribunal, también dentro del sistema de toma de decisiones de la UE, marcado por la intergubernamentalidad, el Bundestag debe mantener el control sobre las decisiones presupuestarias fundamentales y autorizar caso por caso las medidas de ayuda financiera de mayor cuantía que adopte la Federación.

Concentración de los competidores y polarización moderada: los partidos en el Bundestag Alemán de 1949 a 1990

En 1945, el año del vuelco del sistema, las potencias aliadas vencedoras y los políticos alemanes de posguerra tuvieron claro que los partidos asumirían la función clave de mediación entre la sociedad civil y el nuevo Estado democrático en formación. Solo hubo diferencias de criterio con respecto al ritmo de construcción del sistema democrático de partidos. Las tres potencias de ocupación occidentales, en virtud de su facultad de dirigir la admisión de partidos políticos a través de licencias y conforme a su enfoque de una democracia capilar progresivamente arraigada, surgida "desde abajo", desde la raíz, en un primer momento tuvieron el propósito de limitar la estructuración de los partidos al nivel municipal y comarcal. Por esa razón no autorizaron las agrupaciones a nivel de zonas sino a partir de finales de 1945 y comienzos de 1946. Pero destacados políticos de partido

El 20 de septiembre de 1949 el primer Gobierno Federal comparece en el Bundestag ante los fotógrafos inmediatamente después de su juramento. Primera fila (de izqda. a dcha.): Anton Storch (CDU, Trabajo), Ludwig Erhard (CDU, Economía), Canciller Federal Konrad Adenauer (CDU, asimismo Ministro Federal de Relaciones Exteriores), Franz Blücher (FDP, Asuntos del Plan Marshall), Jakob Kaiser (CDU, Asuntos Alemanes), Hans Lukaschek (CDU, Desplazados y Refugiados). Segunda fila (de izqda. a dcha.): Wilhelm Niklas (CSU, Alimentación), Eberhard Wildermuth (FDP, Vivienda), Thomas Dehler (FDP, Justicia). Tercera fila (de izqda. a dcha.): Heinrich Hellwege (DP, Bundesrat), Hans Schuberth (CSU, Correos), Gustav Heinemann (CDU, Interior), Fritz Schäffer (CSU, Hacienda) y Hans-Christoph Seebohm (DP, Transportes).

alemanes como Kurt Schumacher (SPD) y Konrad Adenauer, Jakob Kaiser y Ernst Lemmer (todos ellos de la CDU), anticipándose deliberadamente a este proceso, impulsaron de forma inmediata y sin tener en cuenta los planes escalonados de los aliados la creación informal de redes y oficinas de coordinación de sus partidos a nivel regional y suprarregional. En octubre de 1945 se fundó en Wurzburgo la CSU, el esqueje bávaro de la democracia cristiana alemana.

Para las elecciones al primer Bundestag Alemán ya se había cristalizado en las tres zonas de ocupación occidentales un sistema funcional de partidos a nivel local, comarcal y regional. El 14 de agosto de 1949 obtuvieron representación parlamentaria en el Bundestag once partidos o grupos y tres candidatos independientes: la CDU/CSU obtuvo el 31,0 por ciento de los votos y 139 escaños, el SPD el 29,2 por ciento (131), el FDP el 11,9 por ciento (52), el KPD el 5,7 por ciento (17), el Partido de Baviera (Bayernpartei) el 4,2 por ciento (17), el Partido Alemán (Deutsche Partei, DP) el 4,0 por ciento (17), el Centro (Zentrum) el 3,1 por ciento (10), la Unión por la Reconstrucción Económica (Wirtschaftliche Aufbau-Vereinigung, WAV) el 2,9 por ciento (12), el Partido Derechista Alemán (Deutsche Rechtspartei, DRP) el 1,8 por ciento (5) y la Asociación de Votantes de Schleswig del Sur (Südschleswigscher Wählerverband, SSW) el 0,3 por ciento y tres mandatos. La Cámara de Diputados de Berlín (Abgeordnetenhaus von Berlin) envió cinco diputados del SPD, dos de la CDU y uno del FDP, todos con voz pero sin voto.

Ante la multiplicidad de partidos representados en el Parlamento de Bonn, algunos observadores preocupados vieron ya concomitancias con la República de Weimar, etapa en la que la fragmentación del sistema de partidos entorpeció la formación de gobiernos estables. En la práctica este temor se reveló sin fundamento. Porque ya en el resultado electoral de 1949 se distinguieron los contornos del sistema moderadamente bipolar de partidos que sería definitorio de la estructura de la República Federal de Alemania hasta el año 2005. En la escala al uso de los colores de partido o esquema derechas-izquierdas, el espectro a la derecha y a la izquierda del centro –la centralidad– está ocupado respectivamente por un gran partido "popular" (según la terminología política alemana). En 1949 la CDU/CSU y el SPD ya concentraron más del sesenta por ciento de los votos de lista válidamente emitidos. La concentración de los electores en torno a los dos grandes partidos se reforzó en sucesivos comicios, oscilando entre el 75 por ciento y más del 90 por ciento. El porcentaje acumulado desde 1949 cayó por primera vez por debajo del 70 por ciento (69,4 por ciento) en las elecciones al Bundestag de 2005. En las generales de 2009 la CDU/CSU y el SPD obtuvieron juntos el 56,8 por ciento, la cifra más baja de todas las elecciones al Bundestag. Eso sí, el desplome electoral de los partidos "populares" se frenó cuatro años después: en las elecciones generales de 2013 la CDU/CSU y el SPD incrementaron su porcentaje de votos conjunto en más de diez puntos, alcanzando el 67,2 por ciento.

La fuerza integradora de los grandes partidos

Retrospectivamente, el amplio abanico inicial de los "partidos en el Parlamento" se reveló como un efecto secundario pasajero de la transformación del sistema en 1945. En el momento de celebrarse las elecciones al primer Bundestag –corría el año 1949– evidentemente aún no había concluido la fase de orientación del electorado alemán ante el panorama de partidos: hubo partidos regionales como el DP de Hannover o el archifederalista Partido de Baviera, pero también formaciones populistas de corte clientelista como la WAV y grupos derechistas como el DRP, que en un primer momento atrajeron votantes y dieron el salto al Parlamento, en parte también gracias a una cláusula de bloqueo (umbral electoral) inicialmente rebajada. Junto a los partidos cristianodemócratas (CDU y CSU) se mantuvo durante un tiempo el Partido de Centro (Zentrum), que trató de continuar la tradición de un partido de integración social católico sobre una base confesional. A la izquierda del SPD el KPD siguió agrupando a un núcleo duro de votantes de la izquierda comunista.

Esta multiplicidad de partidos en realidad tocó a su fin a más tardar en las elecciones al Bundestag de 1957, en las que la CDU y la CSU alcanzaron con el 50,2 por ciento la mayoría absoluta de votos y escaños (270) y ya solo obtuvieron representación parlamentaria, además del SPD, con un leve repunte (31,8 % y 169 mandatos), el FDP y el DP con respectivamente 41 y 17 mandatos (en el caso del DP únicamente por un pacto previo con la CDU, que renunció a presentar candidatos directos, elegibles por el sistema mayoritario, en determinadas circunscripciones, lo que le permitió al DP alcanzar el número de mandatos directos necesarios para contabilizar proporcionalmente los votos de lista pese a no superar la barrera del cinco por ciento). Ya en las elecciones generales al segundo Bundestag, celebradas en 1953, se registró un descalabro generalizado de los pequeños partidos: BP, Zentrum, WAV, KPD, DRP y SSW quedaron fuera de golpe. Solo se incorporó como nuevo grupo parlamentario el Bloque Pangermánico/Liga de los Expulsados y Privados de Derechos (GB/BHE). La fuerza integradora de los dos grandes partidos, en particular el enfoque aglutinador interconfesional de la CDU/CSU, orientado a cohesionar en un partido el catolicismo político con los protestantes vinculados eclesiásticamente, ya estaba surtiendo efecto. El SPD puso en marcha una modernización equivalente una década después que la CDU/CSU. Con el Programa de Godesberg de 1959, en el cual se consagró la adhesión a la integración occidental y la economía social de mercado, la socialdemocracia consiguió escapar de la "Torre del Treinta por Ciento" e iniciar con éxito la transformación del partido de clases en un partido "popular" inclusive a nivel del electorado.

Ilegalización de partidos y cláusula del cinco por ciento

Junto a la capacidad de atracción política de los partidos "populares", que se vio favorecida por el auge económico a largo plazo de la República Federal, iniciado a comienzos de la década de los cincuenta y mantenido sin interrupción hasta mediados de los sesenta, también contribuyeron a la concentración del espectro de los partidos factores institucionales como, por ejemplo, las modificaciones de la legislación electoral y la aplicación de la cláusula de ilegalización de los partidos inconstitucionales contenida en el artículo 21 GG. A partir de las elecciones generales de 1953 la "cláusula del cinco por ciento" (tope mínimo para obtener representación parlamentaria) pasó a aplicarse en todo el territorio federal y no ya Estado por Estado. Desde entonces el GB/BHE fue la única formación que logró obtener en su primera concurrencia a unas elecciones generales, concretamente en las mencionadas elecciones al Bundestag de 1953 (5,9 % y 27 escaños), representación parlamentaria con al menos el cinco por ciento de los votos válidos en todo el territorio federal, algo que ningún otro partido volvería a conseguir hasta tres décadas después. En el mismo año 1953 el Partido de Centro consiguió entrar por última vez en el Bundestag con ayuda de la CDU, al renunciar esta formación a presentar un candidato directo propio en una circunscripción donde tenía asegurada la victoria por el sistema mayoritario y apoyar en su lugar al candidato del Partido de Centro; como por entonces bastaba un mandato directo para dejar sin efecto la cláusula del cinco por ciento y computar el resultado de la votación a la lista del partido respectivo por el sistema proporcional, el Partido de Centro finalmente contó con tres diputados en el Bundestag. Acuerdos similares le garantizaron de nuevo la presencia en el Bundestag al DP, que en Baja Sajonia obtuvo 15 mandatos directos: en este caso la CDU renunció a la presentación de candidatos propios en ocho circunscripciones. El ultraderechista NPD fracasó en 1969 con el 4,3 por ciento de los votos. A instancia del Gobierno Federal la Corte Constitucional Federal ilegalizó por anticonstitucionales al ultraderechista SRP en 1952 y a la formación comunista KPD en 1956. Estas ilegalizaciones de partidos –actualmente está pendiente ante la Corte Constitucional Federal un tercer proceso de ilegalización contra el ultraderechista NPD– contribuyeron a que los partidos de extrema derecha e izquierda situados en los márgenes del sistema de partidos alemán quedaran contraídos durante décadas a magnitudes estadísticas residuales.

En un congreso extraordinario del SPD en la Stadthalle de Bad Godesberg los delegados presentes aprobaron por gran mayoría el 15 de noviembre de 1959 un nuevo programa básico, conocido como Programa de Godesberg, que marcó un cambio de orientación definitivo del partido obrero de obediencia socialista hacia un modelo de partido transversal. Esta línea se mantuvo hasta 1989 y algunos de sus elementos centrales siguen vigentes.

Desarrollo de núcleos de votantes consistentes

Aunque la fragmentación del sistema de partidos de la República de Weimar por tanto no se prolongó en la República Federal, sí se observan líneas de tradición histórica "de Weimar a Bonn" en múltiples sentidos. 32 de los 402 diputados del primer Bundestag habían formado parte del Reichstag antes de 1933 o de la Asamblea Nacional de 1919. Las primeras elecciones al Bundestag de 1949 ya documentan a nivel de los votantes claros signos tanto de continuidad como de cambio. Por cuanto la CDU/CSU y el SPD seguían teniendo en 1949, si se toman como referencia los resultados de las elecciones al Reichstag de 1932, una implantación superior en sus feudos tradicionales o en los de sus partidos antecesores del periodo de Weimar. Ello demuestra que ya en los primeros comicios de posguerra los dos grandes partidos "populares" de la República Federal consiguieron incorporar a su propio electorado los tradicionales "entornos socioecológicos", el entorno católico del anteriormente dominante Partido de Centro y el entorno sindical-industrial del o de los partidos obreros precedentes. A lo largo de las siguientes décadas surgieron esas "coaliciones sociales" estables que les garantizarían a la CDU/CSU y al SPD sendos núcleos de votantes consistentes (electorados troncales fieles) hasta entrados los años ochenta.

A pesar de que hace tiempo que la fuerza aglutinante de los entornos tradicionales se ha ido perdiendo por causa del cambio social, en tanto que este disuelve las formaciones sociales consolidadas y las orientaciones valorativas tradicionales, las viejas alianzas entre grandes partidos y determinados grupos sociales "prioritarios" siguen siendo perceptibles en el comportamiento electoral de los ciudadanos federales. En las elecciones al Bundestag de 2013 el 39 por ciento de los trabajadores organizados en sindicatos siguieron votando socialdemócrata. Por otro lado, la CDU/CSU consolida su hegemonía en el entorno central del electorado católico: el 72 por ciento de los católicos con elevada vinculación eclesial votaron a estos dos partidos. No obstante, los núcleos de votantes consistentes (electorados troncales) de los partidos disminuyen de forma permanente. A la inversa, el porcentaje de electores flotantes crece a ritmo de vértigo.

Mayorías claras: coaliciones y oposición en el Bundestag 1949 a 1990

La relativamente alta coincidencia programática sobre todo entre los dos partidos "populares", debida a la existencia de un centro político amplio, sentó las bases parlamentarias de un sistema de coaliciones estables. Ello no es contradictorio con que a lo largo de la historia parlamentaria de la Republica Federal ciertamente también haya habido fases de alta y dura polarización. Las tempranas pautas marcadas entre 1949 y 1957 con vistas a la integración occidental, la economía social de mercado y el rearme fueron extremadamente controvertidas y abrieron profundas brechas entre la mayoría gubernamental y la oposición, como volvería a ocurrir tiempo después entre los partidarios y adversarios de la nueva Ostpolitik (política de apertura hacia los países del Este). Clara muestra del estado de ánimo político –marcado por una profunda desconfianza mutua– que se había acumulado en el Bundestag durante la primera legislatura fue el serio temor que sintió la directiva del SPD tras las elecciones al Bundestag de 1953 de que la CDU utilizara su abrumadora victoria electoral para deslizar la democracia parlamentaria hacia un régimen autoritario. Vista en conjunto, sin embargo, esta tesitura agitada no es más que un episodio histórico. Mayor trascendencia política tuvo que algunas de las grandes reformas sociopolíticas que se pusieron en marcha en la década de los cincuenta, como por ejemplo la construcción de viviendas sociales, la compensación de cargas y la dinamización de las pensiones, se aprobaran por consenso entre cristianodemócratas y socialdemócratas.

La concentración del sistema de partidos, iniciada no bien se fundó la República Federal, y el duopolio que se asentó desde un principio en el Bundestag entre dos grandes partidos que abarcaban amplias capas del electorado a derecha e izquierda del "centro" –la centralidad–, unida a la permanente debilidad

Izqda.: El Canciller Federal saliente Konrad Adenauer (dcha.) departe el 11 de octubre de 1963 con su sucesor Ludwig Erhard (a la izqda.) durante un solemne banquete de despedida para el gabinete Adenauer en el Palais Schaumburg. Con su dimisión Adenauer allanó el camino a la elección de Erhard, que había sido ministro de economía bajo su gobierno y vicecanciller a partir de 1957. Adenauer no consideraba a Erhard la persona idónea para sucederle al frente de la Cancillería pero no pudo impedir su elección.

Dcha.: Kurt Georg Kiesinger, candidato de la CDU a la Cancillería, y Willy Brandt, presidente del SPD (dcha.), dan a conocer el 30 de noviembre de 1966 el acuerdo sobre la formación de un gobierno de gran coalición.

Dcha. centro: El Canciller Federal Kurt Georg Kiesinger participa en el debate parlamentario sobre las leyes de emergencia, que permiten restringir los derechos fundamentales. Fueron aprobadas tras una tercera lectura con los votos de la CDU/CSU y una mayoría del SPD. Por las experiencias de los tiempos de la República de Weimar al principio la Ley Fundamental no incluyó normas para situaciones de crisis.

Arriba: El patronato "Emergencia Democrática" y la "Campaña por la Democracia y el Desarme" organizaron el 11 de mayo de 1968 una marcha sobre Bonn para protestar contra la legislación de emergencia de la Gran Coalición.

de los partidos de extrema derecha e izquierda, posibilitó inmediatamente la formación de gobiernos de coalición estables. También el primer gobierno Adenauer, pese a la minúscula mayoría de un voto de que disponía, pudo actuar sin dificultades parlamentarias porque tenía enfrente a una oposición fragmentada en un total de siete grupos parlamentarios y agrupaciones. De 1949 a 1965 la CDU, formando un solo grupo parlamentario con la CSU, su partido hermano en Baviera, encabezó de forma ininterrumpida cinco gobiernos de coalición seguidos con diferentes socios menores. En 1957 el Canciller Federal Adenauer volvió a incorporar a su gobierno al DP pese a que la CDU/CSU había obtenido la mayoría absoluta de los votos y escaños.

Tras las elecciones de 1961, en las que la CDU/CSU cayó por debajo del 50 por ciento, Adenauer formó su cuarto gobierno, esta vez con el FDP. En la campaña electoral el FDP se había opuesto taxativamente a que Adenauer volviera a ser Canciller Federal, por lo que su viraje le valdría por largos años el reproche de ser un "partido veleta". En 1963 Adenauer fue sustituido en el cargo de Canciller Federal por Ludwig Erhard, que había sido titular de la cartera de economía durante muchos años. Muy popular como "padre del milagro económico", Erhard, sin embargo, políticamente no tuvo buena estrella al frente de la Cancillería Federal. Su gobierno solo duró tres años. Antes incluso de que finalizara la 6.ª Legislatura, el 1 de diciembre de 1966, la CDU/CSU y el SPD formaron por primera vez una gran coalición, dirigida por Kurt Georg Kiesinger (CDU).

La gran coalición de 1966

La primera gran coalición de gobierno, de tres años de duración, a nivel de la Federación tuvo relevancia en el escalafón de los periodos de gobierno por dos motivos. Por un lado aportó la amplia mayoría parlamentaria necesaria para sacar adelante importantes reformas internas que, en parte, eran muy controvertidas. Mediante la Ley de estabilidad y crecimiento de 1967 se marcaron las pautas de una política presupuestaria anticíclica y se crearon instrumentos de gestión estatal global que coadyuvaron a superar en 1966–1968 la primera recesión económica manifiesta. Mediante la Gran Reforma Financiera de 1969 se amplió el federalismo cooperativo con los elementos arriba mencionados de la financiación mixta, que hoy en día se juzga cada vez más desventajosa como expresión de la imbricación de políticas, habiendo sido revertida en parte en 2006.

Las Leyes de Emergencia (Notstandsgesetze) de 1967 atribuyeron al Gobierno Federal determinadas facultades extraordinarias para el caso de tensión (articulo 80 GG), lo que hizo que fueran impugnadas por una parte de la población y sobre todo entre los estudiantes universitarios como alarmantes injerencias en derechos fundamentales y se atacaran como anticipo de la "represión estatal". Pero la gran coalición también dio pábulo a la aparición de una oposición extraparlamentaria (APO) por un motivo adicional, a saber, porque el pacto de coalición que encarnaba parecía confirmar el diagnóstico derivado de la ideología neomarxista de que la República Federal iba camino de convertirse en un "Estado de partido único".

La fase del primer gobierno de coalición entre la CDU y el SPD también tuvo gran significación porque preparó el primer cambio de poder en la Federación. Un hecho en concreto resultaría determinante, a saber, el intento que emprendió en 1967 la CDU de impulsar un proyecto de reforma del régimen electoral con el fin de cambiar el sistema de representación proporcional personalizado por el sistema electoral mayoritario. Para el FDP ello habría supuesto indefectiblemente su desaparición de la escena parlamentaria. Que la reforma del sistema electoral fracasara debido a la oposición del SPD seguramente fue uno de los factores que condujeron a que en la noche de las elecciones al Bundestag de 1969 la cúpula del FDP acordara con Willy Brandt la formación de un gobierno de coalición entre socialdemócratas y liberales.

El líder estudiantil alemán Rudi Dutschke (centro) y su esposa Gretchen (izqda.) durante una manifestación. Del movimiento de protesta contra las leyes de emergencia surgió la llamada Oposición Extraparlamentaria (APO), que a menudo se identifica con el movimiento estudiantil. La APO estudiantil, también llamada movimiento del 68, fue protagonizada principalmente por la Federación Socialista Alemana de Estudiantes (SDS).

Durante su visita a la capital polaca el 7 de diciembre de 1970 el Canciller Federal Willy Brandt acude al monumento en memoria de las víctimas del gueto de Varsovia. Tras depositar una corona, en lugar de permanecer inmóvil de pie, se hinca de rodillas en señal de penitencia por los crímenes cometidos por la Alemania nazi, histórico gesto que se conoce como el "Kniefall (arrodillamiento) de Varsovia". A continuación tuvo lugar la firma del Tratado de Varsovia, que se inscribiría en la nueva "Ostpolitik" de la coalición de gobierno entre socialdemócratas y liberales encabezada por Brandt.

Arriba: El Canciller Federal Helmut Schmidt, el presidente del Consejo de Estado de la RDA, Erich Honecker, el presidente de los EE.UU. Gerald Ford y el Canciller Federal de Austria, Bruno Kreisky, durante la Conferencia sobre la Seguridad y la Cooperación en Europa (CSCE). La firma del Acta Final el 1 de agosto de 1975 en Helsinki también condujo a una "normalización" de las relaciones entre los dos Estados alemanes.

Abajo a la izqda.: Helmut Schmidt presta juramento como Canciller Federal el 15 de mayo de 1974. Asumió el cargo de Willy Brandt, que presentó su dimisión cuando uno de sus colaboradores más estrechos fue desenmascarado como agente de la RDA. Durante su mandato Schmidt se enfrentó a la recesión económica y las crisis del petróleo de la década de los setenta y combatió el terrorismo de la Facción del Ejército Rojo (RAF).

Abajo a la dcha.: Helmut Schmidt felicita a su sucesor Helmut Kohl tras el éxito de la moción de censura de la CDU/CSU y el FDP. Kohl estuvo 16 años al frente de la Cancillería Federal, etapa durante la cual guió a la República Federal por el proceso de reunificación y tuvo un papel clave en la realización de la Unión Europea.

Página derecha, a la izqda.: El 30 de septiembre de 1989 Hans-Dietrich Genscher, a la sazón Ministro de Relaciones Exteriores, llega a la Embajada alemana en Praga tras mantener negociaciones con sus homólogos de la Unión Soviética, la RDA y Checoslovaquia al margen de la Asamblea General de la ONU en Nueva York. A las 18.58 horas anuncia a los ciudadanos de la RDA refugiados en el recinto diplomático que pueden pasar a la República Federal inmediatamente, desatando una incontenible explosión de júbilo.

Página derecha, a la dcha.: Como reacción a las multitudinarias manifestaciones y el constante éxodo hacia el Oeste, el gobierno del SED elaboró una nueva normativa de permisos de viaje que autorizaba a los ciudadanos de la RDA la salida directa hacia la República Federal. En una conferencia de prensa en la tarde del 9 de noviembre de 1989 Günter Schabowski, miembro del Politburó del Comité Central del SED y primer secretario de la dirección distrital del partido en Berlín, anunció la apertura inmediata de las fronteras, antes de que esta información fuera trasladada al personal fronterizo. Con la caída del muro comenzó el proceso de reunificación del país dividido.

Los gobiernos de coalición entre socialdemócratas y liberales
La era de los gobiernos de coalición entre el SPD y el FDP se asocia en su primera fase, cuando Brandt estuvo al frente de la Cancillería Federal, con la nueva Ostpolitik y la senda de reformas internas en materia de justicia, educación y política social. Por cierto que estas dos líneas de actuación política allanaron el camino para que los representantes de la generación joven, de talante crítico, se reconciliaran, en su mayor parte, con el sistema parlamentario. Brandt encarnaba en su persona el esfuerzo ético de reconstrucción de la memoria histórica para encarar el pasado nacionalsocialista. Su actitud moral, unida al lema de su primera declaración de gobierno –"Apostemos por más democracia"–, convertido en dicho popular, ayudaría a tender sólidos puentes con la APO. El acercamiento de los ciudadanos más jóvenes al Estado de los partidos hizo que el perfil social del SPD se transformara por momentos de forma realmente fulgurante. En 1969 el porcentaje de los afiliados menores de 35 años representaba casi el 55 por ciento de la militancia y siguió aumentando ininterrumpidamente hasta 1971, cuando llegó a rozar el 66 por ciento. Indirectamente el cambio de poder de 1969 también aceleró el cambio estructural de la CDU. El nuevo y desacostumbrado papel de oposición obligó entonces al partido, en palabras de su líder Kurt Georg Kiesinger, "a llevar a efecto de una vez por todas la voluntad proclamada desde hace años de ser un partido de militantes de carne y hueso".

La segunda fase de la coalición entre socialdemócratas y liberales, con Helmut Schmidt al frente de la Cancillería Federal, estuvo marcada por las directrices de la "continuidad y concentración". La política exterior y de seguridad iniciada por Brandt se llevó adelante. La firma del Acta Final de Helsinki de la Conferencia sobre la Seguridad y la Cooperación en Europa (CSCE) por ambos Estados alemanes siguió propiciando la "normalización" de sus relaciones bilaterales. A nivel interno, bajo el impacto de los atentados terroristas de la Facción del Ejército Rojo (RAF), pasó más a primer plano la política de seguridad interior. Al igual que el arranque del gobierno de coalición del SPD y el FDP, su fase final estuvo asimismo determinada por una paulatina pero imparable erosión de la base mayoritaria, lo cual se diferencia claramente de la elevada y notoria estabilidad de todos los demás gobiernos federales. Resulta significativo que las dos únicas mociones de censura presentadas hasta la fecha en el Bundestag lo fueran en la etapa de los gobiernos de coalición entre socialdemócratas y liberales. Mientras que Willy Brandt superó la primera el 27 de abril de 1972 por escaso margen, el 1 de octubre de 1982 Helmut Kohl se impuso a Helmut Schmidt y el cambio de socio de coalición del FDP devolvió el poder a la CDU/CSU.

Retrospectivamente, la larga etapa de unos 16 años que vino a continuación, la era del Canciller Kohl, se asocia sobre todo a un acontecimiento que destaca por encima de todo lo demás, a saber, la unificación alemana. Antes de abrirse sorpresivamente la ventana de oportunidad de la reunificación en 1989, el año del viraje, el propio Helmut Kohl tuvo como designio esencial de su política exterior la culminación del proceso de construcción de la Unión Europea. En el ámbito europeo Kohl cosechó éxitos innegables. El balance político interno de su largo mandato al frente de la Cancillería Federal es menos brillante. Hacia su final, aproximadamente a partir de 1997, la opinión pública acuñó el eslogan de la "parálisis reformista".

De camino a la "Tercera República" – La unificación alemana y las consecuencias para el sistema de gobierno parlamentario

En situaciones políticas excepcionales por lo común toca la "hora del ejecutivo". Nada distinto ocurrió en el decurso de aquellos históricos acontecimientos que desembocarían en la unificación alemana el 3 de octubre de 1990. En esas circunstancias el

MANDATSENTZUG
ASTERIX ins Politbüro!
98,8
ABBAU DER
NEUES DENKEN
FREIHEIT
STATT KRIMINALISIEREN!
Die Regierung kann man ändern
MACHT MONOPOL
Neid!
I. LANGE
M. MÜLLER
DENDER

Izqda.: Mar de pancartas en la Alexanderplatz de Berlín el 4 de noviembre de 1989. La mayor manifestación registrada hasta entonces en la RDA congregó a más de medio millón de personas. Exigían democracia y reformas. La primera "manifestación de los lunes" se celebró el 4 de septiembre de 1989 en Leipzig y a lo largo del otoño la ciudadanía también salió a la calle en otras muchas ciudades de la RDA y distintos días de la semana al grito de "Nosotros somos el pueblo".

Tránsito fronterizo en el paso de la Invalidenstraße el día después de la apertura de la frontera el 9 de noviembre de 1989. La noche anterior, tras el anuncio de la entrada en vigor de la nueva normativa sobre permisos de viaje, miles de personas se agolparon en los pasos fronterizos exigiendo que se abrieran inmediatamente, cuando el personal fronterizo todavía no había sido informado. Las primeras personas en pasar la frontera, a las 21.15 horas, fueron Annemarie Reffert y su hija de dieciséis años, que se presentaron en el puesto fronterizo de Helmstedt-Marienborn a bordo de su utilitario enseñando sus documentos de identidad.

protagonismo recayó en los gobiernos de la República Federal y de la RDA, incluidas sus planas mayores. Fueron los jefes de gobierno, los ministros y los funcionarios expertos de los distintos departamentos de ambos países quienes prepararon y celebraron las negociaciones entre sí y con las potencias de ocupación, que de acuerdo con el derecho internacional seguían siendo responsables con respecto a "Alemania como un todo".

Aunque, por consiguiente, la dirección gubernamental del proceso de unificación en 1989–1990 fue evidente, el Bundestag Alemán en modo alguno se conformó con un mero papel de figurante. En el sistema de gobierno parlamentario la mayoría gubernamental está justamente en el Parlamento y eso es lo que le confiere al gobierno poder de actuación y libertad de acción. Además, es el Parlamento soberano el que ratifica formalmente los tratados internacionales. Así pues, no es de extrañar que los grupos parlamentarios de la CDU/CSU y el FDP, los partidos a la sazón gobernantes, fueran incorporados activamente al planeamiento de la arquitectura de las negociaciones y tratados dirigidos a la unificación. Además, por su parte la oposición del SPD en el Bundestag también pudo ejercer su influencia en todo aquello que exigiera la aprobación del Bundesrat, por cuanto en ese momento la cámara de representación territorial estaba dominada por los socialdemócratas.

Cuando en septiembre de 1989, a raíz de la ocupación de las embajadas de la República Federal en Budapest, Praga y Varsovia por miles de personas huidas de la RDA, se aceleraron los síntomas de descomposición del Estado alemán oriental, el Bundestag también reforzó su papel como "Parlamento de debate". Los grupos parlamentarios emitieron reiteradas declaraciones en torno a la política nacional, dirigidas no tanto a la propia cámara sino, antes bien, a la opinión pública de los dos Estados alemanes. Portavoces de todos los grupos parlamentarios interpretaron la masiva búsqueda de refugio en los edificios de las embajadas de la República Federal como un signo de la falta de voluntad reformista de la cúpula de la RDA. A última hora de la tarde del 9 de noviembre de 1989 una comunicación más bien impensada del miembro del politburó del SED Günter Schabowski durante una comparecencia ante los medios de comunicación fue el desencadenante de la fulminante apertura de las fronteras de la RDA hacia la República Federal, incluidos los pasos del Muro de Berlín a Berlín occidental. En el Bundestag, que en esos momentos estaba examinando una ley de promoción de asociaciones, se produjo un debate espontáneo. El líder de la oposición Hans Jochen Vogel (SPD) exhortó a todos los partidos del Bundestag a "olvidar sus rencillas y aunar esfuerzos" para ayudar a los habitantes de la RDA a cambiar las cosas en su país.

El 13 de noviembre la Asamblea Popular de la RDA eligió, por primera vez mediante votación secreta, a su nuevo presidente y a continuación a Hans Modrow (SED) como jefe del gobierno. En el debate presupuestario celebrado en el Bundestag el 28 de noviembre de 1989 el Canciller Federal Kohl presentó su "Programa de diez puntos para la superación de la división de Alemania y de Europa" , que consistía en un plan escalonado para alcanzar la Unidad Alemana. El Gobierno Federal, según se especificaba en el punto cinco, estaba dispuesto a "desarrollar estructuras confederales entre ambos Estados en Alemania, a fin de establecer en Alemania una federación, es decir, un orden estatal federal". Helmut Kohl formuló la perspectiva estratégica con mayor claridad en el punto diez: "La reunificación, es decir, el restablecimiento de la unidad estatal de Alemania, sigue siendo el objetivo político del Gobierno Federal".

El Grupo Parlamentario del SPD tomó nota con beneplácito de las explicaciones de Kohl. Por el contrario, los Verdes reafirmaron su defensa de una rigurosa política de "doble estatalidad". Desde su posición, no existía "ninguna razón sensata" para una reunificación. Tras la visita de Kohl a Moscú el 10 de febrero de 1990, durante la cual el jefe del Estado y del partido soviético

28 de noviembre de 1989: Durante el debate de la ley de presupuestos de 1990 en el Wasserwerk, sede del Parlamento en Bonn, el Canciller Federal Helmut Kohl presenta su "Programa de diez puntos para la superación de la división de Alemania y de Europa", que prevé una fase de transición con "estructuras confederales" para los dos Estados alemanes, "a fin de establecer en Alemania una federación, es decir, un orden estatal federal".

El Canciller Federal Helmut Kohl y el Secretario General del PCUS, Mijaíl Gorbachov, reunidos en las negociaciones de Moscú el 10 de febrero de 1990. En esa conversación Gorbachov, para evitar un debilitamiento del Pacto de Varsovia, mantuvo su rechazo a que la Alemania unida fuera miembro de la OTAN. Pero para las potencias occidentales esa era una condición sine qua non. La Unión Soviética acabó cediendo.

Sesión constituyente de la Asamblea Popular salida de las primeras elecciones libres y secretas de la RDA el 5 de abril de 1990. En primer plano, en el centro, aparece Sabine Bergmann-Pohl (CDU).

El presidente del gobierno de la RDA Lothar de Maizière, el Canciller Federal Helmut Kohl, el Ministro de Finanzas de la RDA Walter Romberg y el Ministro Federal de Hacienda Theo Waigel (dcha.) brindan por el Tratado sobre la Unión Monetaria, Económica y Social entre la República Federal de Alemania y la RDA, firmado el 18 de mayo de 1990 en Bonn y en vigor desde el 1 de julio de 1990.

El 4 de octubre de 1990 los diputados del Bundestag y de la Asamblea Popular de la RDA se reúnen en el edificio del Reichstag en Berlín para sellar la unidad alemana, formalmente en vigor desde la tarde de la víspera. El ex Canciller Federal Willy Brandt pronuncia un discurso ante el Parlamento de la Alemania unida. En el banco del gobierno se ve, entre otros, a Helmut Kohl, Hans-Dietrich Genscher, Wolfgang Schäuble, Theo Waigel y Norbert Blüm.

für gepflegte Wäsche
Perwoll

Einzel-Paar 9,90

Wir gestalten für Sie
am 2.7.1990
öffnen wir
bereits um 9.00

La Unión Monetaria, Económica y Social entre la República Federal de Alemania y la RDA que entró en vigor el 1 de julio de 1990 supuso un paso decisivo hacia la reunificación de los dos Estados alemanes. A partir de esa fecha el marco alemán (DM) también pasó a ser el único medio de pago en la RDA y el marco de la RDA se pudo cambiar por la muy demandada moneda de la República Federal, lo que produjo una auténtica avalancha en las oficinas bancarias; se estima que durante las primeras horas de la unión monetaria se abonaron más de 2.600 millones de marcos a ciudadanos de la RDA.

Una vez establecida la unidad económica y social entre los dos Estados alemanes por medio del Tratado sobre la Unión Monetaria, Económica y Social del 18 de mayo de 1990, se dio paso a la unidad estatal mediante el Tratado de Unificación del 31 de agosto, en el cual se reguló la disolución de la RDA, su adhesión a la República Federal de Alemania y la Unidad Alemana. Su entrada en vigor tuvo lugar el 29 de septiembre de 1990.

Mijaíl Gorbachov dio luz verde a la unidad, el líder del Grupo Parlamentario del SPD Hans-Jochen Vogel exhortó en sede parlamentaria al Gobierno Federal a que mantuviera una cooperación más estrecha con el Bundestag en todos los asuntos relacionados con la unidad alemana, proponiendo la constitución de una comisión conjunta del Bundestag y el Bundesrat para preparar las decisiones pertinentes.

Al día siguiente efectivamente se constituyó una comisión bajo el nombre de "Unidad Alemana", si bien en forma de comisión gubernamental, es decir, como órgano de asistencia al gobierno. Sus diversos grupos de trabajo se encargarían de examinar la inminente unión económica y monetaria. En el debate general de política nacional celebrado en el Bundestag el 15 de febrero se produjo una intensa batalla dialéctica. Varios ministros-presidentes del SPD intervinieron en el debate y reclamaron para los Länder el derecho de codecisión sobre el encaje de Alemania oriental en la estructura federalista de la República Federal de Alemania. El Canciller Federal Kohl rechazó la pretensión de los Länder de participar en las negociaciones sobre la unión económica y monetaria pero llegó a un acuerdo con sus líderes para preparar conjuntamente las negociaciones que habrían de celebrarse con la RDA.

El 18 de marzo de 1990 tuvieron lugar las elecciones libres a la Asamblea Popular de la RDA. La CDU y los partidos menores agrupados con ella en la "Alianza por Alemania" fueron claros vencedores. El SPD y los liberales entraron a formar parte del nuevo gobierno berlinés oriental. El 12 de abril fue elegido ministro-presidente Lothar de Maizière (CDU) por 265 votos a favor y 108 en contra del PDS, Alianza 90/Los Verdes y el DBD (Partido Democrático Campesino de Alemania)/DFD (Liga de Mujeres Demócratas de Alemania), así como nueve abstenciones.

El 21 de junio el Bundestag y la Asamblea Popular aprobaron el Tratado sobre la Unión Monetaria, Económica y Social y adoptaron además sendas resoluciones del mismo tenor previamente concertadas sobre el carácter definitivo de la Línea Odra-Nisa. La actual frontera de Polonia con Alemania, según se reafirmó, se respetaría como definitiva y no se cuestionaría con pretensiones territoriales. En el Bundestag 60 diputados de las filas de los Verdes y el SPD votaron contra el tratado. La declaración sobre la frontera nacional fue rechazada por 15 diputados.

La RDA se adhiere al ámbito de vigencia de la Ley Fundamental

El 23 de agosto de 1990 la nueva Asamblea Popular libremente elegida aprobó la adhesión de la RDA al ámbito de vigencia de la Ley Fundamental por una gran mayoría. 294 diputados votaron sí, 62 no y siete se abstuvieron. Al día siguiente las cúpulas de los partidos de Bonn constituyeron cinco grupos de trabajo para examinar las cuestiones controvertidas pendientes, como por ejemplo la restitución de la propiedad privada en la RDA o la posibilidad de elaborar una nueva Constitución. El 20 de septiembre, en su última sesión antes de la reunificación, el Bundestag aprobó el Tratado de Unificación por muy amplia mayoría. 442 diputados votaron sí, 47 no y tres se abstuvieron. El mismo día la Asamblea Popular hizo lo propio por 299 votos a favor y 80 en contra, con una sola abstención.

La unidad se materializó el 3 de octubre de 1990, fecha a partir de la cual el ámbito de vigencia de las instituciones del orden constitucional alemán federal y su sistema político se extendió a Alemania oriental. El proceso de abolición, transformación y reordenación de las antiguas instituciones y órganos públicos de la RDA, iniciado ya con anterioridad al 3 de octubre, y la implantación de las instituciones y normas sustitutorias alemanas occidentales se vino en llamar "transferencia institucional". No solo fueron "transferidos" el derecho constitucional y estatutario alemán federal sino también las competencias orgánicas y los sistemas normativos de la democracia parlamentaria, como

El 5 de mayo de 1990 los Ministros de Relaciones Exteriores de los dos Estados alemanes y de las cuatro potencias vencedoras de la Segunda Guerra Mundial se reunieron en Bonn en una primera ronda de las conocidas como "Conversaciones 2+4". Las negociaciones versaron sobre los aspectos exteriores de la Unidad Alemana. Aspecto de la conferencia de prensa de los ministros de exteriores en el Hotel Maritim (de izqda. a dcha.): Eduard Shevardnadze (URSS), Roland Dumas (Francia), Markus Meckel (RDA), Hans-Dietrich Genscher (República Federal de Alemania), Douglas Hurd (Reino Unido) y James A. Baker (EE.UU.).

20 de diciembre de 1990, sesión constituyente del primer Bundestag de la Alemania unida en el edificio del Reichstag de Berlín. El discurso inaugural es pronunciado, a sus setenta y siete años, por Willy Brandt, presidente de honor del SPD y presidente de edad de la Cámara. En las elecciones del 2 de diciembre de 1990 la CDU/CSU y el FDP obtuvieron juntos una mayoría suficiente para formar nuevamente un gobierno encabezado por el Canciller Federal Kohl.

la estructura federal del Estado, el autogobierno local, un sector social paraestatal sostenido por entidades autónomas y el sistema de partidos. El 3 de octubre se restablecieron en el territorio de la desaparecida RDA los cinco Länder alemanes orientales, a saber, Brandeburgo, Mecklemburgo-Pomerania Occidental, Sajonia, Sajonia-Anhalt y Turingia dentro de sus antiguos límites, quedando suprimida la estructura territorial basada en distritos.

Problemas de convergencia

A las y los ciudadanos de Alemania oriental la súbita implantación de instituciones desconocidas como, por ejemplo, las normativas, los principios jurídicos y hasta los procedimientos de raigambre alemana occidental de un parlamentarismo asentado en un Estado de partidos les exigió un enorme esfuerzo de adaptación, sentido en parte como doloroso o injusto. El proceso de adaptación mental se vio agudizado por la ruptura con el sistema económico anterior como resultado del desmoronamiento económico y político de la RDA. Al menos, a través de los pagos de transferencias corrientes de la Federación y los Länder alemanes occidentales canalizados mediante el "Pacto de Solidaridad" se logró impulsar de forma muy considerable la impostergable modernización de las empresas alemanas orientales, la fusión de los sistemas de seguridad social para todo el país y la modernización de unas infraestructuras totalmente desfasadas. Según cálculos económicos, las transferencias netas del Oeste al Este durante el periodo de 1990 a 2013 rondaron los dos billones de euros. Esta forma específica de ajuste financiero intraalemán todavía no ha compensado ni mucho menos en todo su impacto el coste social de las secuelas que dejó la RDA, pero sí que lo ha amortiguado.

Los alemanes occidentales y orientales, por tanto, han participado y participan de distinta manera pero en igual medida en el proceso de convergencia paulatina de dos "Lebenswelten" (mundos vitales) y dos "culturas separadas". Que este proceso, con todo, haya discurrido de una manera notablemente pacífica no se puede atribuir simplemente al flujo permanente de recursos financieros. Antes bien, para la cohesión colectiva también ha resultado provechoso que la unificación no se haya realizado en absoluto como una adaptación unilateral del este del país al "modelo de Alemania occidental". Porque precisamente también en lo que respecta a la transferencia e incorporación de las instituciones alemanas occidentales se abrieron y recorrieron en Alemania oriental, en eso coinciden en buena medida los estudiosos de la materia, vías de desarrollo autónomas, como por ejemplo en la reestructuración de los mercados de trabajo y la producción empresarial, en la formación de la conciencia democrática, en la ejecución del derecho estatutario alemán occidental, en el estilo parlamentario y también en la fundación y expansión de las agrupaciones regionales de los partidos políticos en Alemania oriental. Por lo demás, la adaptación institucional también se operó en sentido inverso. Por ejemplo, el fortalecimiento de los instrumentos de la democracia directa en las nuevas Constituciones de los Länder orientales no tardó en recogerse en los Estados Federados occidentales mediante las correspondientes reformas constitucionales.

Si bien los factores genuinamente alemanes orientales de la transición política de 1989–1990 –las manifestaciones multitudinarias como elemento activador de la revolución pacífica, los movimientos cívicos como actor político central y las "Mesas Redondas" como órganos de dirección generalmente reconocidos y con plenos poderes políticos y ejecutivos autoproclamados– contribuyeron decisivamente al éxito del cambio de sistema, desde la perspectiva histórica en definitiva tuvieron carácter transitorio. Solo una parte de los líderes del movimiento opositor permaneció políticamente activa en los partidos de nueva fundación y las cúpulas electas. Además, las Mesas Redondas no pudieron suplir con carácter permanente a unos Parlamentos democráticamente legitimados; quedaron periclitadas en cuanto el estadio transicional de la democracia tanteante se cerró con la celebración de elecciones parlamentarias libres. Menos aún se pudo afianzar a la larga el elemento espontáneo de las concentraciones masivas.

Con todo, "la senda de desarrollo alemana oriental" no se cortó sin más al instalarse la normalidad del país unificado y, en conjunto, no fue un mero fenómeno transitorio. Como ya se apuntó más arriba, ello se percibió en el marco de la transferencia de las instituciones alemanas federales a Alemania oriental. En los nuevos Estados Federados se produjeron remodelaciones institucionales y se manifestaron determinadas singularidades; pero asimismo, debido a la unificación algunas de esas instituciones experimentaron a su vez transformaciones a escala federal. Por ejemplo, la "refederalización de la RDA" mediante la creación de Länder ya vino determinada por la propia Ley Fundamental. Pero el hecho de que los Parlamentos regionales (Landtage) alemanes orientales no solo reforzaran la legislación popular directa en las Constituciones de sus Länder, sino que a la vez revalorizaran los derechos de la oposición y del Parlamento frente al gobierno, confiere desde entonces a la política regional alemana oriental un perfil propio e inconfundible.

En cambio, en términos comparativos resultó bastante menos fecunda la labor de la Comisión Constitucional Conjunta (Gemeinsame Verfassungskommission, GVK) del Bundestag y el Bundesrat, que, cumpliendo el mandato del artículo 5 del Tratado de Unificación, se encargó de estudiar las reformas necesarias para adecuar la Ley Fundamental a la nueva realidad. Solo un puñado de las propuestas de modificación presentadas el 28 de octubre de 1993 contó con apoyo mayoritario en el Bundestag. La protección del medio ambiente fue incluida en la Constitución con rango de objetivo estatal (artículo 20a GG). El sistema de la legislación concurrente se flexibilizó (artículo 72, apartado 2, GG), entre otras cosas para que el Estado mantuviera su capacidad de actuación a la hora de establecer la unidad interna del país. Desde entonces la Federación tiene el derecho de legislar siempre que y en cuanto exista la necesidad de una regulación legislativa federal porque así lo requiera la creación de condiciones de vida "equivalentes" (no ya "iguales") en el territorio federal. La introducción de las propuestas populares, las iniciativas legislativas populares y los referendos a nivel federal en la Ley Fundamental no obtuvo la mayoría de dos tercios necesaria en la GVK.

La acusada valoración positiva de la democracia directa por la población de Alemania oriental es compartida por sus dirigentes. A la pregunta de qué incluye necesariamente la democracia, en 1990 un considerable 55 por ciento de los alemanes occidentales respondió que es clave "la participación de los ciudadanos en muchas decisiones", en tanto que el porcentaje de los alemanes orientales de esa misma opinión se disparaba hasta el 68 por ciento. En Alemania oriental el 75 por ciento de los encuestados eran partidarios de las "consultas populares en asuntos importantes", frente al 52 por ciento en Alemania occidental. Por lo demás, en 1990, el año de la unificación, ya existía en ambas partes de Alemania una considerable y elevada coincidencia valorativa sobre las normas democráticas y los derechos fundamentales, el sufragio secreto, el sistema multipartidista y el Estado de Derecho.

El sistema de partidos tras la unificación

El panorama de los partidos en Alemania occidental y oriental presenta una gran uniformidad como consecuencia de la expansión de los partidos alemanes occidentales en los nuevos Länder, uniformidad que actualmente viene subrayada por la consolidación a nivel federal –observable en los últimos años– de un partido de izquierdas anteriormente circunscrito a Alemania oriental: Die Linke/PDS (La Izquierda/Partido del Socialismo Democrático). Otros partidos de reciente fundación como los Piratas y la AfD actuaron desde un principio en todo el espacio político alemán.

El 20 de junio de 1991 el Bundestag Alemán votó en el denominado acuerdo sobre la capitalidad su traslado a Berlín. Aspecto del debate previo a la adopción del acuerdo en el salón de plenos del Parlamento en la sede del Wasserwerk en Bonn. Las formalidades del traslado se regularon en la Ley de aplicación del acuerdo del Bundestag Alemán del 20 de junio de 1991 sobre la realización de la unidad de Alemania (Ley Berlín-Bonn), aprobada el 26 de abril de 1994.

La transferencia del sistema de partidos alemán occidental como consecuencia de la unificación del país ya se anticipó en el resultado de las elecciones a la Asamblea Popular del 18 de marzo de 1990. La CDU sorpresivamente salió como claro ganador de los comicios con el 40,8 por ciento de los votos. La Unión Social Alemana (Deutsche Soziale Union, DSU), aliada con ella en la "Alianza por Alemania" (Allianz für Deutschland), obtuvo el 6,3 por ciento. Por el SPD votó el 21,9 por ciento, por el PDS, sucesor del SED, el 16,4 por ciento. Los liberales (Federación de demócratas liberales DFP–LDP–F.D.P. Die Liberalen) obtuvieron el 5,3 por ciento. Alianza 90 y Los Verdes, que se presentaron por separado, consiguieron juntos el 4,9 por ciento de los votos.

El sistema de partidos surgido en Alemania oriental a partir de ese momento puede definirse como tripolar: a la CDU y el SPD se les unió como tercera fuerza política más importante el PDS (posteriormente Linkspartei, Partido de Izquierda, convertido a nivel nacional en "La Izquierda" al hilo de su fusión con la WASG, esta última con implantación en Alemania occidental), que asumió el papel de un partido representativo de intereses regionales centrado en Alemania oriental. El FDP (salvo en Sajonia y Sajonia-Anhalt) y Alianza 90/Los Verdes adquirieron, al menos en las elecciones de ámbito regional, el status de partidos minoritarios marginalizados. Como peculiaridades del sistema de partidos alemán oriental se siguen observando hasta el día de hoy una adhesión partidaria relativamente débil, una base de militantes más estrecha, una menor densidad organizacional y la falta de pautas de reclutamiento electoral históricamente arraigadas comparables con Alemania occidental. Dado que la tradicional vinculación de los trabajadores al entorno socialdemócrata acabó por desaparecer en tiempos de la RDA y, por otra parte, el porcentaje de la población católica de Alemania oriental es, con alrededor del tres por ciento, muy exiguo, ni la CDU ni el SPD consiguieron entroncar con sus respectivos entornos tradicionales, históricamente de impronta sindical y confesional. En conjunto, los partidos alemanes orientales están aún más dominados por los hombres que los de Alemania occidental, son más laicos y –a excepción de La Izquierda– más jóvenes en cuanto a militancia.

A lo sumo existen factores típicos de entorno en la consolidación de La Izquierda como partido alemán oriental, que podría entenderse como expresión de una coalición social formada por este partido con determinados grupos sociales invariablemente cohesionados por situaciones de intereses y convicciones valorativas. Que La Izquierda pudiera conservar en las elecciones un alto porcentaje de los llamados perdedores mentales de la unificación, es decir, miembros de la clase de servicio alta de la RDA que no perdieron necesariamente sus puestos de trabajo pero vieron truncadas sus expectativas de carrera y su posición social predominante, constituye, visto objetivamente, un logro integrador que indudablemente ha redundado en el afianzamiento del sistema político democrático en Alemania oriental.

Repercusiones en el Bundestag

El Bundestag Alemán es, junto al Bundesrat, el órgano constitucional que ha experimentado el mayor cambio institucional como consecuencia de la unificación. Ello se visibilizó en primer lugar en que el día de la unificación la Asamblea Popular de la RDA envió adicionalmente 144 diputados alemanes orientales al Parlamento federal. A raíz de la reforma de la Ley Electoral Federal seguirían otras modificaciones con ocasión de las elecciones al 12º Bundestag, el primero de la Alemania unida, el 12 de diciembre de 1990. El número de mandatos se elevó de 518 a 656 (aunque en 1996 volvió a reducirse a 598, en ambos casos sin mandatos de ajuste –Überhangmandate–, propios del sistema electoral alemán). En los nuevos Estados Federados se crearon 72 circunscripciones electorales adicionales. Debido a los 24 mandatos de ajuste que arrojaron los comicios de 2009 (todos sin excepción para la CDU/CSU), el número total de

diputados del Bundestag volvió a aumentar para esa legislatura, concretamente de 598 a 622. En virtud de una modificación del régimen electoral, el 18.º Bundestag está compuesto desde 2013 por 631 diputados, incluidos 4 mandatos de ajuste y 29 mandatos de compensación (Ausgleichsmandate).

La intención original del legislador de seguir aplicando en las primeras elecciones generales de la Alemania unida en 1990 la cláusula de bloqueo vigente, según la cual las formaciones concurrentes a los comicios debían obtener como mínimo el cinco por ciento de los "segundos votos" (votos a las listas) en todo el territorio electoral para alcanzar representación parlamentaria, fue rechazada por la Corte Constitucional Federal, por cuanto la interpretó como vulneración del principio de igualdad de oportunidades en la competencia interpartidista. El alto tribunal argumentó que entre el establecimiento del territorio electoral unificado y la fecha de las primeras elecciones generales de la Alemania unida apenas habían transcurrido tres meses, lo cual, según arguyeron los magistrados, privaba a los partidos de la posibilidad suficiente de ampliar su campo de acción al territorio electoral respectivamente incorporado y presentarse con expectativas de éxito y atraer votantes en el mismo.

La ley electoral, modificada en consecuencia, estableció que la cláusula de bloqueo se aplicara por separado en los territorios electorales de Alemania oriental y occidental. Las listas de los partidos que superaran la barrera del cinco por ciento de los votos únicamente en un determinado territorio se computarían igualmente en el otro a efectos del reparto proporcional de los mandatos. De esta norma se beneficiaron en las elecciones al Bundestag de 1990 el PDS y Alianza 90/Los Verdes. El PDS obtuvo en los Länder orientales el 11,1 por ciento de los segundos votos (votos de lista) y solo el 0,3 por ciento en el oeste del país; a nivel federal, el 2,4 por ciento. Los Verdes de Alemania occidental tampoco habrían tenido representación parlamentaria de haberse aplicado la cláusula anterior, pues obtuvieron el 4,8 por ciento de los segundos votos (votos de lista), pero finalmente lograron entrar en el 12.º Bundestag gracias a la lista conjunta de "Alianza 90/Verdes – Movimiento de la Ciudadanía" (B90/Gr), que logró el 6,0 por ciento de los votos en Alemania oriental. Así pues, se aprecian algunos paralelismos evidentes con la situación equivalente de 1949–1957. También en aquella época la normativa electoral influyó en el desarrollo del sistema de partidos como una suerte de filtro institucional, si bien en sentido inverso. Mientras que entonces se puso freno al "deshilachamiento" de la competencia interpartidista, en 1990 se crearon las condiciones que permitirían un nuevo despliegue del sistema de partidos a nivel federal.

Pero ya las elecciones generales anticipadas del 18 de septiembre de 2005 alteraron significativamente esta constelación desde la perspectiva tanto alemana oriental como occidental. El PDS, que en 1994 había obtenido más de tres mandatos directos y en 1998 había superado la cláusula de bloqueo con el 5,1 por ciento de los votos, aunque en 2002 se quedó en el 4,0 por ciento y ya solo estuvo representado en el Bundestag por dos diputados elegidos por sufragio directo, alcanzó en la nueva conformación como Die Linke/PDS (La Izquierda/Partido del Socialismo Democrático) el 8,7 por ciento de los segundos votos y por tanto formó un grupo parlamentario más fuerte que los Verdes. En Alemania oriental el partido de izquierda creció un 8,5 por ciento y en Alemania occidental rozó el umbral del cinco por ciento con el 4,9 por ciento. Con ello la nueva alianza de izquierdas formada por el PDS y la WASG, como confirmarían las siguientes elecciones a los Parlamentos regionales en los Estados Federados occidentales (Bremen, Baja Sajonia, Hamburgo), se afianzó como la quinta fuerza del sistema de partidos en el conjunto del país.

Los Verdes (8,1 % – menos 0,5 %) y el FDP (9,8 % – más 2,4 %) intercambiaron posiciones en 2005. El empate entre los grandes partidos –la CDU/CSU obtuvo el 35,2 por ciento y el SPD el 34,3 por ciento– se mantuvo con mínimas variaciones. Como

El traslado de la sede del Parlamento y del Gobierno de Bonn a Berlín se realizó en su mayor parte en el verano de 1999. No obstante, en Bonn siguen existiendo segundas sedes del Gobierno Federal y del legislativo, por lo que hoy en día la República Federal tiene una sede de gobierno "dividida". A la izqda.: preparativos de la mudanza delante del edificio del Bundestag en Bonn. A la dcha.: mozo de mudanzas pasando cajas por el portal oriental del Reichstag.

El Tratado de Lisboa, sintéticamente conocido también como Tratado de Reforma de la UE, fue firmado en la capital lisboeta el 13 de diciembre de 2007 bajo la presidencia portuguesa del Consejo y entró en vigor el 1 de diciembre de 2009. Mediante el mismo se modificaron el Tratado de la Unión Europea y el Tratado constitutivo de la Comunidad Europea. Foto: discurso de Hans-Gert Pöttering, presidente del Parlamento Europeo, en el acto solemne de la firma del Tratado de Lisboa.

por una parte era impensable una participación de La Izquierda en el gobierno (inclusive según su propia postura) y por otra las coaliciones de formato pequeño (cristianodemócratas y liberales o socialdemócratas y verdes) no tenían mayorías propias, la única alternativa siguió siendo la formación de una gran coalición.

Las elecciones al Bundestag de 2009 volvieron a modificar de forma significativa la correlación de fuerzas entre los partidos. Estos comicios, según constataron los psefólogos de Infratest Dimap, confirmaron el sistema de cinco partidos surgido de la reunifación, pero desplazaron la relación de fuerzas claramente en favor de los partidos pequeños del Bundestag. La CDU/CSU, pese a perder algunos votos (-1,4 %), consiguió apuntalar en buena medida su posición con el 33,8 por ciento, el SPD sufrió pérdidas de dos dígitos (-11,2 %) y cayó al 23 por ciento. El FDP obtuvo el 14,6 por ciento (+ 4,7 %), La izquierda el 11,9 por ciento (+3,2 %) y los Verdes el 10,7 por ciento (+2,6 %). Con 322 escaños el nuevo Gobierno Federal formado por la CDU/CSU y el FDP dispuso de una mayoría parlamentaria estable.

En las elecciones al Bundestag de 2013 la CDU/CSU amplió su primacía con el 41,5 por ciento. El SPD recuperó algo de terreno con el 25,7 por ciento. La Izquierda (8,6 %) y los Verdes (8,4 %) perdieron posiciones. El FDP sufrió una severa caída del 9,8 por ciento, quedándose en el 4,8 por ciento, con lo cual no entró en el Bundestag. La AfD, formación nueva dentro del sistema de partidos, obtuvo el 4,7 por ciento y por tanto no superó la barrera del cinco por ciento para obtener representación parlamentaria. La nueva Gran Coalición formada por la CDU/CSU y el SPD concentró 504 escaños, disponiendo por tanto de una enorme mayoría frente a la oposición (127 mandatos).

¿De los partidos generalistas a los partidos cártel? – Transformación del sistema de partidos

Según la concepción constitucional de la Ley Fundamental, los partidos políticos son órganos no estatales y, por consiguiente, no son directamente objeto de consideraciones reformistas que afectan al sector estatal. Con todo, los partidos indefectiblemente están implicados en las reformas; de un lado porque han de lograr la aprobación de la política de reformas en la sociedad y por otro porque un Estado "delgado" y "desbrozado" no hace superfluas determinadas funciones esenciales de los partidos. También en un federalismo reformado y posiblemente más orientado hacia la competencia será por ejemplo determinante, como lo ha sido hasta ahora, la capacidad clave de los políticos de los partidos a la hora de conjuntar y conjugar los distintos niveles y palestras de la política.

El debate sobre las reformas por lo demás hace tiempo que ocupa intensamente a los propios partidos. A más tardar desde que los grandes partidos empezaron a sufrir una por momentos dramática sangría de militantes se plantea la cuestión de por cuánto tiempo seguirán estando en condiciones, con una erosión organizacional en aumento, de cumplir sus funciones clásicas de articulación de las necesidades sociales, reclutamiento de personal político y retroalimentación entre gobierno y gobernados. El modelo del "partido cártel" (cartel party), que en la literatura científica sobre los partidos políticos actualmente vive cierta coyuntura favorable, no aporta una perspectiva razonable para el Estado de partidos democrático. Un partido de este tipo, en el que un cártel-élite de gestores políticos a tiempo completo ejerce la dirección de forma profesional pero alejada de las bases, amoldándolo como "agencia estatal", no puede suplantar al "partido popular", tantas veces tachado de "generalista", que sigue dependiendo del compromiso de sus militantes. Que el actual Estado de partidos alemán muestre síntomas de transformación acelerada pero en realidad esté muy lejos de una marcha triunfal de los partidos cártel permite confiar en el futuro.

¿Puede el Bundestag Alemán asegurar su “eurocompatibilidad”?

Durante largo tiempo muchos observadores políticos dieron por descontado que el Bundestag figuraría entre los perdedores de la integración europea porque, al igual que los Parlamentos de otros Estados miembros de la UE, estaba sufriendo una pérdida de competencias legislativas y de control al hilo de la europeización de decisiones políticas relevantes a nivel nacional. La dirección que tomaría el proceso de desarrollo del sistema multinivel europeo parecía clara: ya no serían los Parlamentos nacionales los que controlaran a sus ejecutivos estatales sino, a la inversa, serían los gobiernos que tomaban las decisiones a nivel europeo los que de facto dirigirían a sus Parlamentos. Esta inversión de la primacía del Parlamento se vería consolidada a consecuencia de la crisis financiera europea. Porque tanto el Bundestag como sus homólogos europeos asumieron la corresponsabilidad política por los multimillonarios paquetes de ayuda sin controlar directamente a los jefes de gobierno que los decidieron en el seno del Consejo de la Unión.

Al menos el Tratado de Lisboa de la UE y sucesivos fallos de la Corte Constitucional Federal hasta cierto punto han corregido en favor del Bundestag el desequilibrio que presenta la división de poderes en el sistema multinivel europeo. Mediante el Tratado de Lisboa se asignó a los Parlamentos nacionales y subnacionales dentro de la UE el llamado control de subsidiariedad, cuyo fundamento es la información temprana por parte de los órganos de la UE acerca de sus proyectos. En este “sistema de alerta temprana” también participa el Bundestag Alemán. Además, en su sentencia de 2009 sobre el Tratado de Lisboa la Corte Constitucional Federal asignó al Bundestag una amplia “responsabilidad general en materia presupuestaria”, en virtud de la cual el Parlamento debe participar en todos los supuestos en los cuales esté prevista la cesión al plano supranacional de atribuciones con incidencia presupuestaria. De este modo se preserva el clásico derecho del Parlamento a la soberanía presupuestaria, es decir, la facultad de determinar el tipo y cuantía de los ingresos y gastos estatales.

Los ajustes institucionales apuntados naturalmente no pueden compensar del todo el desigual grado de información característico del sistema multinivel europeo. Sin embargo, recientes estudios políticos han revelado que los actores parlamentarios “entre Bruselas y Berlín” hace tiempo que han desarrollado pautas de actuación autónomas para reducir el desnivel de información existente entre las políticas especializadas europeizadas y las políticas especializadas nacionales (en este caso alemanas). De un tiempo a esta parte se ha hecho habitual una coordinación tanto a nivel de partido como de política especializada entre el Parlamento Europeo, el Bundestag y los Parlamentos regionales (Landtage), así como con parlamentarios de otros Estados miembros. Con la creación de una subdirección propia para asuntos europeos dentro de su administración el Bundestag ha incrementado su capacidad de procesamiento de información. Obviamente esto no significa que ya exista una “igualdad de armas informativa” entre el ejecutivo comunitario y el Bundestag, por cuanto la cascada normativa que de continuo produce la UE es difícil de despachar en el Bundestag ya por su mero volumen cuantitativo. La gestión de información y la intensidad de control ciertamente se pueden seguir mejorando. No obstante, las circunstancias dadas le permiten al Bundestag acreditar un considerable grado de “eurocompatibilidad”.

Vista del interior del salón de plenos de la Eurocámara el 2 de julio de 2014. Mediante el Tratado de Lisboa se ampliaron considerablemente las competencias del Parlamento Europeo, que ahora comparte las funciones legislativas y presupuestarias con el Consejo de la Unión Europea.

Funciones, organización y procesos de toma de decisiones del Bundestag Alemán

Wolfgang Ismayr

Introducción

El Bundestag Alemán ha ocupado y ocupa una posición central en el sistema constitucional tanto de la "antigua" República Federal como de la Alemania unida a partir del 3 de octubre de 1990. Ello es así a pesar de los múltiples procesos de transformación social, tecnológica y política, inclusive la integración europea, a raíz de los cuales han ido aumentando las exigencias planteadas al Parlamento y al gobierno en términos de gobernanza proactiva. Además, se han elevado las exigencias de transparencia de la toma de decisiones políticas del Estado y su retroacción comunicativa con las bases de los partidos y los electores. Desde el traslado de Bonn a la nueva capital federal, Berlín, en el año 1999 los diputados del Bundestag desarrollan su labor en un nuevo entorno.

Aspecto del Salón de Plenos durante la 20.ª sesión del Bundestag Alemán (13 de marzo de 2014). El hemiciclo es la mayor sala de reuniones del edificio del Reichstag. En él se reúne el Bundestag y, con ocasión de las elecciones de los Presidentes Federales, la Asamblea Federal (órgano constitucional no permanente). Como todas las paredes son de vidrio, el interior del salón de plenos se puede ver desde cualquier ángulo. Con ello se simboliza la transparencia del trabajo parlamentario.

Democracia parlamentaria

El Consejo Parlamentario (integrado por representantes de los Parlamentos de los Länder) que se encargó de elaborar una Constitución provisional en 1948–1949 subrayó el papel central del Parlamento en el sistema de gobierno parlamentario de la República Federal de Alemania. En la Ley Fundamental (Constitución) de la Alemania unida siguen vigentes las principales normas adoptadas en 1949 con respecto al engranaje entre el Bundestag, el Gobierno Federal y el Presidente Federal. El Bundestag es el único órgano del Estado central directamente elegido por el pueblo y, por tanto, dotado de una legitimidad y responsabilidad democráticas privilegiadas. A diferencia de la mayor parte de las demás democracias parlamentarias, el jefe del gobierno (Canciller Federal) es formalmente elegido por el Parlamento. La elección se puede llevar a efecto sin considerar la propuesta del jefe del Estado (Presidente Federal), que solo tiene la facultad de proponerlo para la primera votación. Además, en comparación con la Constitución Imperial de la República de Weimar, la posición del jefe del gobierno aparece muy reforzada frente al jefe del Estado. El Presidente Federal está democráticamente legitimado de forma indirecta y las funciones de su cargo son básicamente representativas. A diferencia del sistema de la República de Weimar y de numerosas democracias occidentales, una moción de censura vinculante solo puede presentarse contra el jefe del gobierno, no contra ministros individuales. Para poder derrocar al Canciller Federal –y por tanto al gobierno– mediante este procedimiento el Bundestag tiene que elegir necesariamente a un nuevo Canciller por mayoría absoluta (moción de censura constructiva).

Además, la Ley Fundamental, contrariamente a lo establecido en las Constituciones de los Länder, promulgadas con anterioridad, prescinde de los procedimientos de democracia directa, a excepción de la reorganización del territorio federal con arreglo a su artículo 29. El orden constitucional se caracteriza asimismo por el reconocimiento constitucional de los partidos políticos y los principios de la democracia interna aplicables a los mismos, que se regulan con detalle en una Ley de Partidos (artículo 21 GG). A ello se añade la posibilidad de solicitar el control de constitucionalidad de las leyes ante la Corte Constitucional Federal.

Con las mencionadas disposiciones sobre la elección y sustitución del jefe del gobierno por el Bundestag directamente elegido por el pueblo se sentaron las bases constitucionales de un sistema de gobierno democrático-parlamentario. En virtud del mismo el gobierno depende en su continuidad de la confianza de la mayoría parlamentaria. De esta premisa básica se deriva como consecuencia político-constitucional en el marco de una democracia pluralista de partidos una estrecha conexión entre el gobierno y la mayoría parlamentaria que lo sustenta. La misión de los grupos parlamentarios de la oposición consiste así en controlar públicamente al gobierno, someter a examen crítico su labor y formular alternativas a la política de la mayoría gubernamental. Contrariamente al tradicional dualismo de corte "clásico" entre Parlamento y gobierno, característico de las monarquías constitucionales y los sistemas de gobierno presidencialistas, en la práctica parlamentaria de la República Federal de Alemania también se impuso hasta cierto punto este "nuevo dualismo" entre mayoría gubernamental y (grupos parlamentarios de la) oposición. Dicho proceso se vio favorecido, de un lado, por el hecho de que los miembros del gobierno por regla general son diputados del Bundestag y participan en las sesiones internas de los grupos parlamentarios, pero ante todo por la cristalización de un sistema bipolar de entre tres y cinco partidos con representación en el Bundestag.

No obstante, sería erróneo extrapolar esquemáticamente las nociones del modelo de la democracia mayoritaria o competitiva británica al sistema político de Alemania. Las razones estriban en la existencia habitual de coaliciones de gobierno, la posición preponderante de la Corte Constitucional Federal, el sistema federal y, en medida creciente, también el desplazamiento de competencias hacia la Unión Europea. Todo ello determina múltiples procesos de negociación que, en parte, relativizan el sistema de competencia interpartidista.

Federalismo y papel del Bundesrat

El proceso de formación de la voluntad y toma de decisiones en la República Federal de Alemania está muy marcado por la estructura federal y el papel específico del Bundesrat. En tanto que las competencias legislativas recaen fundamentalmente en la Federación (Bund), a los Länder (Estados Federados) –y a los municipios– les corresponde en gran medida la ejecución de las leyes así emanadas. El Bundesrat, integrado por miembros de los gobiernos de los Länder, es por su composición y funcionamiento un órgano único a nivel mundial. No fue diseñado por el Consejo Parlamentario como segunda cámara en pie de igualdad de un órgano legislativo unitario, y desde el punto de vista constitucional sigue sin serlo hoy en día. Sin embargo, por el derecho de iniciativa legislativa, el derecho de veto (absoluto) frente al gran número de las llamadas leyes de aprobación (o federativas) y el derecho de oposición (veto relativo) en relación con todas las demás leyes federales, en términos funcionales el Bundesrat se aproxima a un órgano parlamentario. Además, dispone de importantes competencias ejecutivas.

A raíz del creciente peso político, a partir de 1969 había ido aumentando de manera notable la orientación en función de las políticas de los partidos y la formación de bloques dentro del Bundesrat. El progresivo desplazamiento de las competencias legislativas hacia la Federación con el concurso del Bundesrat por una parte debilitó a los Parlamentos de los Länder y por otra se tradujo en que los miembros de los gobiernos de los Estados Federados representados en el Bundesrat y los altos cargos de los mismos reforzaron su participación en la legislación de la Federación. Ello es extensivo a los decretos legislativos del Gobierno Federal. Un auténtico "cambio de poder" a nivel federal no solo requiere una mayoría para el propio partido o una alianza de partidos en el Bundestag, sino también en el Bundesrat. Ello tuvo como consecuencia que en las elecciones a los Parlamentos de los dieciséis Länder pasara cada vez más a primer plano la política federal. La alternancia entre fases más marcadas por las pautas de la democracia competitiva o de la democracia consensual –dependiendo de la composición partidista del Bundesrat– se revela como elemento específico del parlamentarismo federal alemán. El objetivo de las numerosas reformas constitucionales introducidas en el marco de la conocida como reforma del federalismo I en el año 2006 fue fortalecer la capacidad de actuación del Bundestag y de los Parlamentos de los Länder y mejorar la calidad de la legislación, concretamente a través de una reducción de las denominadas leyes de aprobación (leyes federativas, que por su contenido requieren necesariamente la aprobación del Bundesrat, dotado de un derecho de veto absoluto) y una transferencia o bien una atribución más clara de determinadas competencias legislativas. Tras esta reforma el Bundesrat sigue siendo un actor clave del sistema de gobierno alemán.

Los diputados

Adscripción partidista y profesionalización

El Bundestag se caracteriza por una acusada orientación en función de las políticas de los partidos y una intensa división del trabajo, que han ido en aumento andando el tiempo. Los partidos políticos tienen el monopolio fáctico de la selección de los parlamentarios. Desde la segunda legislatura (1953) todos los diputados del Bundestag consiguieron su escaño como candidatos directos por una circunscripción electoral o como candidatos incluidos en una lista de partido; casi todos eran a la vez miembros de un partido. Ello se debe no en último término al sistema electoral. Desde la 15.ª Legislatura (2002) el Bundestag se compone de un mínimo de 598 diputados, tras aprobarse previamente una disminución de su número en aras de un mejor funcionamiento. A raíz de la unidad alemana en 1990 el número de las circunscripciones electorales se había elevado de 248 a 328.

En su artículo 38 la Ley Fundamental únicamente establece el principio general de la elección de los diputados por sufragio universal, directo, libre, igual y secreto. El sistema electoral concreto, basado en la representación proporcional personalizada, aparece regulado en la Ley Electoral Federal. En virtud de la misma, mediante el denominado "primer voto" se eligen los candidatos directos en 299 circunscripciones electorales unipersonales (nueva distribución vigente desde las elecciones generales de 2002). Un número igual de escaños se cubre mediante los denominados "segundos votos" a las listas regionales de los partidos; estos últimos resultan decisivos en cuanto que son los únicos que se computan a efectos del reparto proporcional de escaños entre las fuerzas que concurren a los comicios. Si un partido obtiene (en un Estado Federado) más mandatos directos de los que le corresponderían por el resultado de los votos de lista, conserva esos mandatos. Según el régimen electoral vigente desde 2013 para el Bundestag los conocidos como mandatos adicionales o de ajuste (Überhangmandate) se compensan íntegramente a los demás partidos mediante los llamados mandatos de compensación (Ausgleichsmandate). En aplicación de este sistema de mandatos de ajuste y de compensación, el 18º Bundestag salido de las urnas en septiembre de 2013 se compone de 631 diputados.

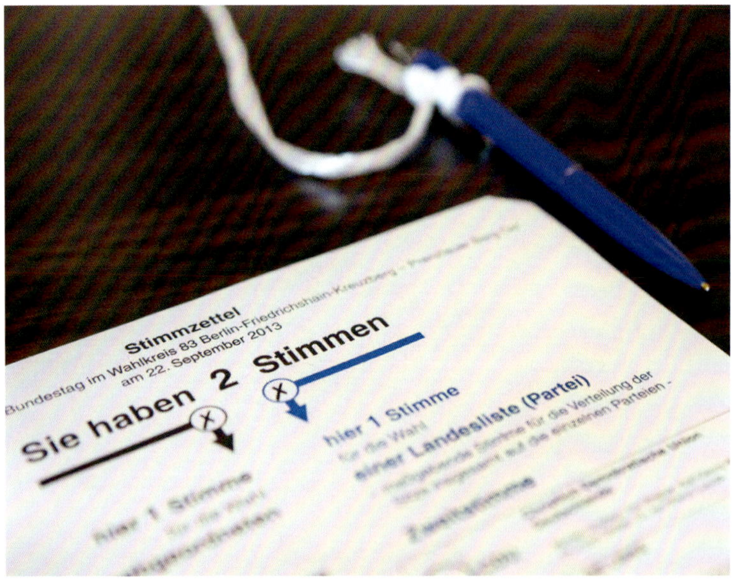

Papeletas para la elección del 18.º Bundestag Alemán. En las elecciones al Bundestag y también a muchos Parlamentos regionales los electores votan con su "primer voto" a un candidato de su circunscripción electoral. El candidato que alcanza el mayor número de primeros votos obtiene un mandato directo al Bundestag.

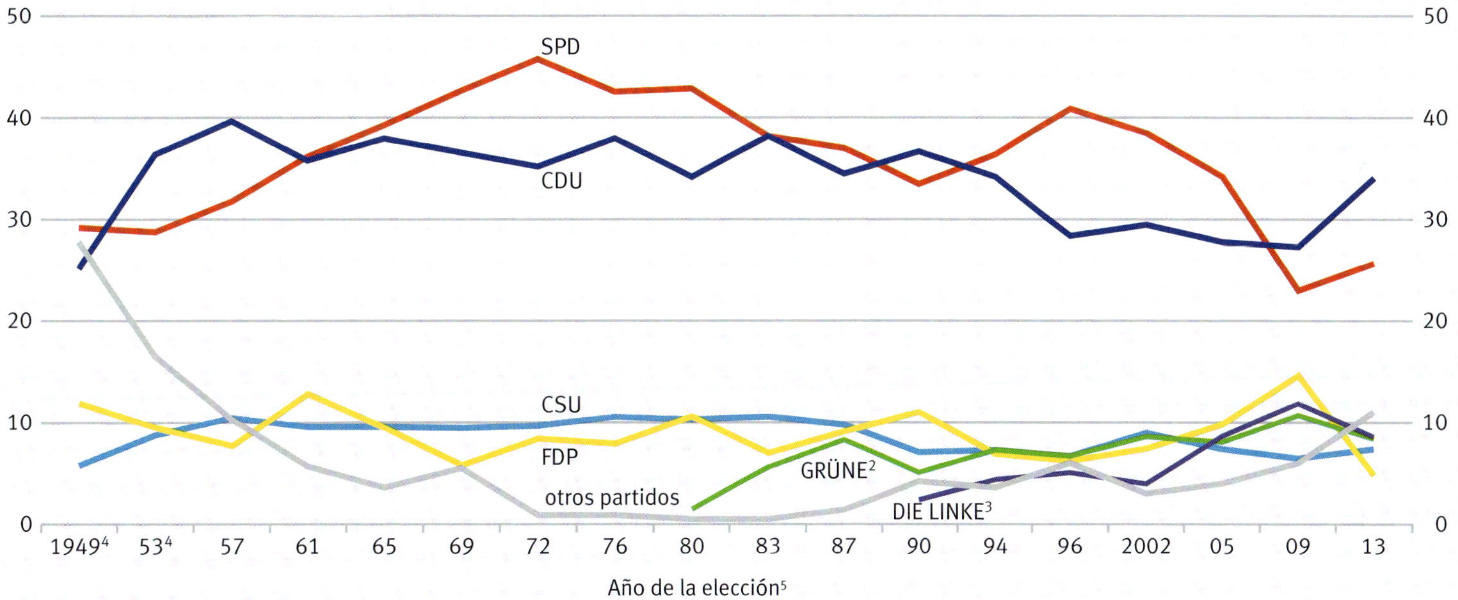

Porcentaje de segundos votos válidos (1) desde 1949: Con su "segundo voto" los electores votan a un partido y deciden así el reparto de escaños del Bundestag. Si un partido obtiene en un Land más mandatos directos a través de los primeros votos de los que le corresponderían por su porcentaje de segundos votos entran en juego los denominados mandatos adicionales o de ajuste. Desde las elecciones al Bundestag de 2013 los mandatos adicionales (mandatos de ajuste) se compensan mediante la adjudicación de "mandatos de compensación" (*Ausgleichsmandate*) suplementarios, de modo que finalmente se mantiene el reparto de escaños correspondiente a la proporción de los segundos votos obtenidos por los partidos.

1 Segundos votos desde 1953.
2 Los Verdes; 1990: Alianza 90/Los Verdes.
3 La Izquierda; hasta el 17 de julio de 2005: PDS.
4 Sin el Sarre.
5 A partir de 1990: orden territorial desde el 3 de octubre de 1990.

La denominada cláusula de bloqueo, vigente en aras de facilitar la gobernabilidad, constituye una notable restricción del principio de representación proporcional, por cuanto solo se computan a efectos del reparto proporcional de los mandatos correspondientes a las listas aquellos partidos que hayan obtenido en todo el territorio federal al menos el cinco por ciento de los segundos votos –votos de lista– o bien (como fue el caso del PDS en 1994) como mínimo tres mandatos directos en las circunscripciones uninominales, en cuyo caso se computa el porcentaje efectivamente alcanzado. Sobre todo los votantes de partidos de menor tamaño suelen dar sus primeros y segundos votos a partidos distintos, lo cual les permite expresar por ejemplo sus preferencias por una determinada coalición. Debido a la estrecha concertación del gobierno con los grupos parlamentarios que forman la mayoría, no solo el Canciller Federal, en cuanto jefe de gobierno, sino también los ministros federales suelen ser representantes destacados de sus partidos. Como sucede en la mayoría de los sistemas europeos occidentales, no tienen que formar necesariamente parte del Parlamento, pero la Constitución lo permite. Ello favorece la impronta partidista del gobierno.

Ostentar cargos locales y regionales en los partidos es una condición importante, si no indispensable, para desarrollar una carrera política, inclusive hasta llegar a ocupar un escaño en el Bundestag. Habitualmente el desempeño de funciones de responsabilidad en el seno de los grupos parlamentarios o en las estructuras de los partidos se considera requisito añadido para acceder a tareas de gobierno. Incluso tras postularse con éxito más de la mitad de los diputados mantienen sus cargos locales o regionales en el partido y aproximadamente una quinta parte sigue ejerciendo cargos electivos de ámbito local, generalmente por periodos prolongados. En el terreno de la política partidaria y asociativa buena parte de los diputados ostentan además posiciones en directivas y comisiones técnicas a nivel distrital, regional y federal. Los diputados atribuyen máxima prioridad sobre todo a la actividad en órganos técnicos del partido. Las condiciones y trayectorias de desempeño y las tareas del diputado favorecen a los candidatos con profesiones próximas a la política (abogados, docentes, profesionales del sector privado, empleados de partidos, organismos y entidades, etc.).

Con una jornada laboral semanal estimada de 60 a 70 horas los diputados del Bundestag normalmente ejercen su mandato como profesión principal. Esta carga de trabajo también se extiende por lo general a las semanas en que no tienen lugar sesiones parlamentarias. En su circunscripción electoral se espera del diputado que esté presente y se le pueda contactar y que represente en la capital federal los intereses regionales y las demandas de los ciudadanos individualmente considerados.

Según el artículo 48 de la Ley Fundamental, los diputados tienen derecho a una compensación económica adecuada que asegure su independencia. En su decisivo fallo de 1975 sobre la asignación de retribuciones la Corte Constitucional Federal entendió que el mandato, otrora honorífico, se había convertido en una profesión principal. Desde entonces las remuneraciones, denominadas “dietas”, se adaptan gradualmente. Actualmente los diputados perciben 9.082 euros al mes, a los que se suma, como parte de la retribución por razón del cargo, una asignación de unos 4.300 euros libre de impuestos. Según la sentencia antedicha de la Corte Constitucional Federal, los diputados han de decidir periódicamente por sí mismos sobre la cuantía de sus remuneraciones. A tal efecto se orientan por los sueldos mensuales de los magistrados de los tribunales superiores de la Federación. Además de sus ingresos, los diputados del Bundestag disfrutan de una generosa previsión para la vejez. Según la normativa vigente desde 2008, la indemnización por jubilación (complemento de jubilación) asciende al 2,5 por ciento de las dietas al cabo de un año de pertenencia al Parlamento y se incrementa en otro 2,5 por ciento por cada año sucesivo de pertenencia. La cuantía máxima de la indemnización por jubilación se eleva al 67,5 por ciento de las dietas y se alcanza transcurridos 27 años de pertenencia.

Desde 1969 cada diputado percibe recursos para sufragar los sueldos de sus colaboradores personales en el desempeño de sus funciones parlamentarias, que se conocen como “asistentes al diputado”; en 2015 estas aportaciones se incrementaron a 16.019 euros mensuales (sueldo bruto de los asistentes). La Administración del Bundestag remunera directamente a los asistentes contratados por los diputados, quedando excluidos los cónyuges y parientes por consanguinidad y afinidad. Del total aproximado de 4.400 asistentes empleados actualmente (en su mayoría a tiempo parcial) por diputados del Bundestag, algo más de la mitad trabajan en las respectivas circunscripciones electorales. Por otra parte, los diputados y sus asistentes pueden solicitar además la asistencia de los servicios científicos “neutrales” de la Administración del Bundestag, que fueron creados en 1970–1971 y cuentan con cerca de sesenta peritos, si bien la dotación de personal apenas ha aumentado hasta la fecha. Están integrados en la dirección “Ciencia y Relaciones Exteriores”, que incluye las subdirecciones “Servicios Científicos”, “Relaciones Internacionales” y “Peticiones e Instancias”. La Administración del Bundestag está compuesta por unos 2.900 empleados y abarca, además de la mencionada, la dirección “Parlamento y Diputados”, con las subdirecciones “Servicios del Parlamento” y “Servicios Estatutarios”, la dirección “Información y Documentación” y la dirección Central. Los despachos de los diputados y los grupos parlamentarios están adecuadamente equipados con recursos TIC.

También se financian con cargo al presupuesto federal los servicios auxiliares de los grupos parlamentarios, que cuentan con unos 900 colaboradores, aunque en este caso los asesores técnicos trabajan fundamentalmente para las direcciones de los grupos parlamentarios y los directores de los equipos y grupos de trabajo. Los grupos parlamentarios de la oposición, que perciben un complemento específico, dependen de ellos en mayor medida que los grupos parlamentarios que sostienen al gobierno, en tanto que estos pueden recurrir mucho más a la burocracia ministerial de la Federación.

Al día siguiente de su elección como primera Canciller Federal el 22 de noviembre de 2005 se cuelga una foto de Angela Merkel en el restaurante "KanzlerEck" junto a los retratos de los anteriores jefes de gobierno. De izqda. a dcha. arriba.: Konrad Adenauer (CDU), Ludwig Erhard (CDU), Kurt-Georg Kiesinger (CDU), Willy Brandt (SPD); de izqda. a dcha. abajo: Helmut Schmidt (SPD), Helmut Kohl (CDU), Gerhard Schröder (SPD).

Estructura profesional y de intereses

El porcentaje de diputados con estudios superiores ronda el 90 por ciento. Aproximadamente un tercio de los diputados del Bundestag procede de la función pública, correspondiendo dentro de la misma cerca de la tercera parte a las profesiones docentes. Los empleados del sector privado, autónomos y profesionales liberales representan casi dos quintos de los diputados, siendo el porcentaje de estos tres grupos profesionales mucho más alto en los grupos parlamentarios de la CDU/CSU y el FDP (en este último caso hasta 2013, año en que dejó de tener representación parlamentaria) que en los demás. Esto vale especialmente para los autónomos de la industria, el comercio y la artesanía, así como de la agricultura. En el Bundestag es escasa la presencia de trabajadores y amas de casa.

Los datos sobre la estructura profesional y la actividad en entidades y asociaciones remiten a evidentes diferencias en el perfil de intereses dentro de los grupos parlamentarios y las comisiones. Permiten suponer discrepancias en la percepción de los problemas según las entidades y asociaciones y asimismo oportunidades de incidencia privilegiadas. En las funciones a nivel de sindicatos predominan los miembros del Grupo Parlamentario del SPD, mientras que los representantes de los intereses de los empresarios, de las pymes autónomas y los profesionales liberales se encuentran principalmente en las filas de la CDU/CSU. Algunas entidades y asociaciones se hacen representar sistemáticamente por parlamentarios de determinados grupos. A su vez los grupos parlamentarios siguen distintas orientaciones en sus "contactos hacia el exterior".

El porcentaje de mujeres ha aumentado constantemente desde la década de los ochenta, situándose en la actualidad en el 36,8 por ciento (marzo de 2016). Esta evolución viene determinada no en último término por las cuotas de género establecidas por los partidos para la designación de candidatos a las elecciones al Bundestag. Las mujeres también están representadas con cerca de un tercio en los altos cargos parlamentarios, pero existen notables diferencias entre los distintos órganos y grupos.

Posibilidades de actuación individual de los diputados

Al constituirse el Bundestag los diputados se unen en grupos parlamentarios por partidos. Para formar un grupo parlamentario, el Reglamento del Bundestag exige al menos el cinco por ciento de los miembros del Bundestag, actualmente por tanto 31 diputados, los cuales además deben pertenecer a un mismo partido o bien –como quedó establecido adicionalmente en 1969 en interés de la CDU y la CSU– a partidos que, teniendo similares objetivos políticos, no compitan entre sí en ningún Land (Estado Federado). La CDU y la CSU ya venían constituyéndose en grupo parlamentario ininterrumpidamente desde 1949 pero a partir de dicha adición al Reglamento pueden hacerlo sin la aprobación del pleno.

Por lo común los diputados solo pueden ejercitar (eficazmente) sus derechos como miembros de un grupo parlamentario. La Corte Constitucional Federal, si bien ha subrayado la significación real de los grupos parlamentarios en la democracia parlamentaria como "factores determinantes de la formación de la voluntad política", no ha considerado necesario fijar su estatuto jurídico. A su vez, la nueva Ley sobre los grupos parlamentarios, que entró en vigor en 1995 y es parte integrante de la Ley reguladora del régimen jurídico de los miembros del Bundestag Alemán (Estatuto del Diputado), también se conforma con fijar los derechos y tareas esenciales.

A partir de la cuarta legislatura el Bundestag solo contó con tres grupos parlamentarios, de los cuales respectivamente dos formaron sucesivas coaliciones de gobierno. Desde la entrada de los Verdes en el Bundestag (1983) la oposición siempre estuvo formada –a excepción de la duodécima legislatura

Los Verdes obtuvieron por primera vez representación parlamentaria en las elecciones al Bundestag de 1983. Los flamantes diputados llamaron la atención por su vestimenta informal (deportivas, vaqueros, jerséis de punto) y sus frecuentes reuniones al aire libre, amén de introducir una bicicleta como medio de transporte oficial. En mayo de 1993 se produjo la fusión con el movimiento de los derechos civiles de la desaparecida RDA Alianza 90, que dio lugar al nuevo partido Alianza 90/Los Verdes.

(1990–1994)– por dos grupos parlamentarios, que también competían entre sí. Esta constelación marcaría, entre otros factores, el desarrollo y la intensidad de los procesos de toma de decisiones de los grupos parlamentarios. Además, en la 14.ª Legislatura (1998–2002) alcanzó el estatuto de grupo parlamentarios el opositor PDS, que desde 1990 ya estaba representado en el Bundestag como "agrupación", con más o menos los mismos derechos. A raíz del "cambio de poder" en octubre de 1998, por primera vez desde la década de los cincuenta una coalición de gobierno (SPD, Alianza 90/Los Verdes) se vio confrontada en el Bundestag con partidos de oposición situados tanto a su derecha como a su izquierda (CDU/CSU, FDP; PDS). En las elecciones al Bundestag del año 2002 el PDS no superó la barrera del cinco por ciento. Desde ese momento la coalición de gobierno entre el SPD y Alianza 90/Los Verdes ya solo tuvo como oposición a los dos grupos parlamentarios "burgueses" de la CDU/CSU y el FDP y a dos diputadas del PDS no adscritas a ningún grupo que habían obtenido mandatos directos. En el 16.º Bundestag salido de las urnas en 2005 los grandes grupos parlamentarios de la CDU/CSU y el SPD sostuvieron una coalición de gobierno, mientras que los grupos parlamentarios pequeños del FDP, Alianza 90/Los Verdes y La Izquierda (anteriormente PDS) formaron la oposición. Tras las elecciones al Bundestag de 2009 se formó una nueva coalición "burguesa" entre la CDU/CSU y el FDP, mientras que la oposición estuvo formada por los tres grupos parlamentarios del SPD, Alianza 90/Los Verdes y La Izquierda. La nueva constelación de partidos tuvo como consecuencia que los procesos de votación parlamentarios se hicieran más difíciles. Aunque antes de los comicios de 2013 todas las formaciones se habían mostrado contrarias, en el otoño de aquel año, tras prolongados sondeos y arduas negociaciones, volvió a formarse una gran coalición entre la CDU/CSU y el SPD. Por primera vez el FDP quedó fuera del Bundestag. Por otra parte los grupos parlamentarios de la oposición, Alianza 90/Los Verdes y La Izquierda, solo obtuvieron el 20 por ciento de los escaños, lo que dio lugar a laboriosas negociaciones para ajustar los derechos parlamentarios de las minorías.

Los derechos de las minorías parlamentarias del Bundestag fueron ampliándose progresivamente, en particular desde la reforma parlamentaria de 1969–1970. No existen derechos específicos de la oposición. El fortalecimiento de la oposición se realizó esencialmente a través de una ampliación de los derechos de los grupos parlamentarios, con lo cual se responde a las condiciones de un Parlamento pluripartidista.

El Reglamento del Bundestag reconoce los siguientes derechos a los diputados individualmente considerados:

– presentar enmiendas en deliberaciones a nivel de comisión y en la segunda lectura de los proyectos de ley, así como en la primera y única lectura tratándose de otros tipos de propuestas;

– colaborar en comisiones;

– dirigir preguntas individuales al gobierno para que responda de palabra o por escrito;

– participar en debates y votaciones;

– presentar declaraciones sobre los debates (contestación a alusiones y rectificaciones) y las votaciones (aclaraciones sobre el sentido del voto) y fuera del orden del día (sobre hechos materiales o personales) y hablar sobre cuestiones reglamentarias;

– consultar toda la documentación obrante en poder del Bundestag o de sus comisiones;

– solicitar modificaciones del orden del día tras la apertura de las sesiones plenarias, pero antes de entrarse en el orden del día respectivo;

– solicitar la división de una pregunta en una votación.

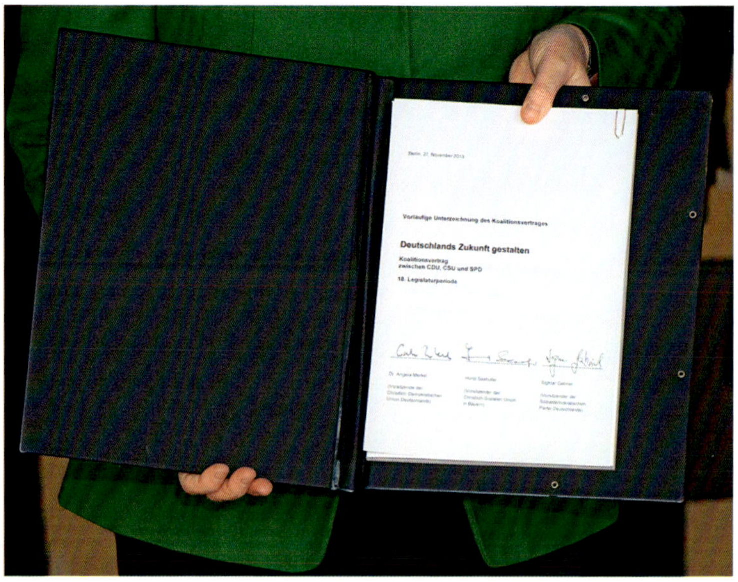

El 27 de noviembre de 2013 los jefes de los tres partidos de la coalición de gobierno –de izqda. a dcha. Sigmar Gabriel (SPD), Angela Merkel (CDU) y Horst Seehofer (CSU)– firman el acuerdo de gran coalición tras arduos sondeos y una votación interna de los miembros del SPD.

Estas facultades de hecho se ven restringidas por los reglamentos de los grupos parlamentarios y la práctica parlamentaria. Ello afecta sobre todo a la participación en los debates, que en gran medida está sujeta a los reglamentos de los grupos parlamentarios o las instrucciones de los gerentes (coordinadores) de los mismos. Las enmiendas individuales de los diputados apenas tienen incidencia. Las mociones no concertadas con el grupo por lo general se consideran una infracción de la exigencia de solidaridad dentro del grupo.

Los diputados no pueden ejercer un derecho de iniciativa individual. En el marco de la reforma parlamentaria de 1969–1970 se fijó un quórum del cinco por ciento de los miembros del Bundestag para el ejercicio de la mayor parte de las facultades de presentación de mociones y demás derechos parlamentarios de las minorías. Salvo las mociones de enmienda, todas las iniciativas (denominadas propuestas) requieren el apoyo de un grupo parlamentario o del número de diputados correspondiente. Según la normativa vigente, diversos derechos de minoría solo pueden ejercerse si las mociones respectivas cuentan con el apoyo de como mínimo el 25 por ciento de los diputados. Entre los mismos se cuentan algunos tan importantes como la creación de comisiones de investigación o comisiones de encuesta o la celebración de audiencias públicas en las comisiones con competencia primaria. Sin embargo, para la 18.ª legislatura se introdujo una adición al Reglamento del Bundestag con el objeto de asegurar que los grupos parlamentarios de la oposición puedan ejercer conjuntamente estos derechos minoritarios a pesar de que juntos solo disponen de 127 de un total de 631 mandatos. Así, para conseguir que se constituya una comisión de investigación actualmente basta el apoyo de 120 diputados (sean del grupo que sean).

Si un diputado quiere tomar la iniciativa, lo primero que tiene que hacer es buscar el respaldo de su propio grupo parlamentario. Para ello a su vez debe ajustarse a las complejas estructuras de toma de decisiones y los multietápicos (y a menudo enrevesados) procesos de trabajo e información. Debe tener en cuenta el reparto de competencias dentro de la estructura jerárquica del grupo parlamentario y las sensibilidades de los responsables de las áreas funcionales respectivas. Sus posibilidades de participación e influencia dependen, entre otras cosas, de su status dentro de la jerarquía del grupo parlamentario, su respaldo en las instancias del grupo y el partido y, no en último término, de si es "competente" para un asunto determinado.

Estructura y toma de decisiones de los grupos parlamentarios

El Bundestag y sus grupos parlamentarios siguen en su organización una estricta división del trabajo. Estas estructuras basadas en la división del trabajo se desarrollaron para responder adecuadamente a la diversidad y complejidad de las tareas legislativas y de control. A tal efecto, la distribución de competencias de las comisiones técnicas especializadas y los respectivos grupos técnicos de trabajo de los grupos parlamentarios se basa en gran parte en la estructura ministerial del Gobierno Federal. A medida que fue aumentando la especialización técnica también creció la necesidad de coordinación. La concertación de los enfoques para abordar un sinnúmero de actividades muy diversas es una tarea tan necesaria como difícil. En los procesos internos de toma de decisiones de los grupos parlamentarios participan, junto a los presidentes y la dirección (ejecutiva), con especial protagonismo los grupos y equipos de trabajo y asimismo infinidad de órganos informales de coordinación y asesoramiento antes de poderse tomar una decisión definitiva en el órgano rector respectivo ("asamblea").

Las estructuras y la formación de la voluntad de los grupos parlamentarios presentan coincidencias esenciales, pero a la vez notables diferencias, siendo determinante en gran medida el tamaño de los propios grupos, aunque, por supuesto, su funcionamiento también viene dado por su papel bien como grupos del gobierno o de la oposición.

Las sesiones ordinarias de los órganos de los grupos parlamentarios tienen lugar los lunes y los martes de las semanas de sesiones. Por tanto anteceden a las sesiones de las comisiones del Bundestag (miércoles) y del pleno (miércoles a viernes).

Grupos de trabajo y equipos de trabajo

En los grandes grupos parlamentarios del SPD y la CDU/CSU las unidades básicas de mayor actividad son los grupos de trabajo, integrados respectivamente por los miembros del grupo parlamentario pertenecientes a cada una de las comisiones del Bundestag. En cambio, los grupos parlamentarios pequeños, a saber, Alianza 90/Los Verdes y La Izquierda, mantienen el sistema de equipos de trabajo, lo cual viene determinado ya por el sustancialmente menor número de diputados. Los equipos de trabajo de estos grupos parlamentarios cubren respectivamente las áreas temáticas de varias comisiones parlamentarias.

En los grandes grupos parlamentarios se han cristalizado sistemas de especialización para cumplir tareas de ponente. Los diputados de los distintos grupos de trabajo en la mayoría de los casos atienden determinados ámbitos técnicos de su competencia durante toda la duración de la legislatura y entonces fungen habitualmente como ponentes de su grupo parlamentario en la comisión respectiva. Esta especialización añadida dentro de los propios grupos de trabajo se ha convertido en un elemento distintivo de los procesos de toma de decisiones. Los grupos parlamentarios esperan de sus diputados noveles que antes de nada se familiaricen con áreas específicas y se acrediten como ponentes. En los grupos parlamentarios de menor tamaño no se puede desarrollar sistemas de especialización para ponentes con un grado similar de diferenciación porque cada diputado tiene que ocuparse de campos mucho más amplios, con la consiguiente carga de trabajo. Por otra parte, los diputados individuales disponen de mejores posibilidades para afianzar (públicamente) su perfil y adquirir una visión de conjunto sobre las materias relevantes para su labor.

En lo que respecta a la dirección e integración de los grupos de trabajo en la labor del grupo parlamentario en su conjunto se observan considerables diferencias entre la CDU/CSU y el SPD. Los presidentes de los grupos de trabajo son portavoces de los mismos hacia el exterior y ante los demás órganos del grupo parlamentario. Pero mientras en el grupo parlamentario del SPD fungen a la vez como portavoces delegados (vocales) en la comisión respectiva del Bundestag, en la CDU/CSU las funciones están separadas. En este caso la función de portavoz delegado recae en el presidente adjunto del grupo de trabajo, cuya tarea consiste en coordinar el trabajo del grupo parlamentario en la comisión.

La labor de los grupos y equipos de trabajo se centra en la preparación de las sesiones de las comisiones parlamentarias y de los debates plenarios en las semanas de sesiones, así como el examen de sus propias iniciativas y dictámenes e informes sobre las propuestas del gobierno, de otros grupos parlamentarios y de otros órganos del propio grupo parlamentario. Por último, en los grupos de trabajo y los equipos de trabajo de los grupos parlamentarios integrantes de la mayoría gubernamental también se analizan los proyectos del gobierno. Cuando está previsto un debate plenario sobre un tema competencia del grupo de trabajo se designan oradores para que intervengan en representación del grupo parlamentario.

Grupos de interés y alas de los grupos parlamentarios

En el grupo parlamentario de la CDU/CSU existen además seis "grupos sociológicos", a saber el grupo de los trabajadores, el grupo de las pymes (PKM), el grupo de las mujeres, el grupo de los jóvenes, el grupo de los desplazados, los repatriados y las minorías alemanas y el grupo de política local. La influencia de estos grupos está garantizada institucionalmente: eligen sus propios órganos de dirección y disponen de recursos humanos y materiales con cargo al presupuesto del grupo parlamentario. Los presidentes de los "grupos sociológicos", al igual que los de los grupos de trabajo a nivel de comisión, forman parte de la presidencia del grupo parlamentario. El peso de estos grupos varía mucho y equivale aproximadamente al que tienen las llamadas "asociaciones" existentes dentro del partido, con las que están estrechamente engarzados en términos de personal y organización. El grupo de los trabajadores y el PKM desempeñan un papel muy importante en el proceso de formación de la voluntad. Estos dos grupos de interés organizados del grupo parlamentario se reúnen periódicamente en las semanas de sesiones del Bundestag.

En el grupo parlamentario del SPD no se han formado grupos de interés organizados, pero sí "alas políticas" (corrientes) claramente delimitadas. Tradicionalmente se identifican como tales la llamada "Parlamentarische Linke" (Izquierda Parlamentaria) y el "Seeheimer Kreis" (Círculo de Seeheim, por el lugar de celebración de sus reuniones), que ocupa el centro-derecha del grupo parlamentario. Junto a estos existe la "Netzwerk Berlin" (Red Berlín), agrupación fundada tras las elecciones generales de 1998 que en su día aglutinó a diputados jóvenes autodefinidos como reformistas pragmáticos. En los encuentros periódicos de estos grupos se examina la "estrategia" para la siguiente sesión del grupo parlamentario, pero también se debaten temas de fondo específicos.

Grupos regionales

Dentro de sus respectivos grupos parlamentarios, los diputados de la CSU/CSU y del SPD –y con carácter menos formalizado también los de los grupos parlamentarios más pequeños– se agrupan en grupos regionales en función de sus Länder de procedencia. Especial peso tiene el grupo regional de la CSU bávara. Desde 1976 se adoptan al comienzo de cada legislatura "acuerdos sobre la continuidad de la formación de un solo grupo parlamentario entre la CDU y CSU", que garantizan un notable grado de autonomía organizacional al grupo regional de la CSU. Ambos grupos solo eligen conjuntamente al presidente del grupo parlamentario; este tiene un "primer suplente", que es el presidente del grupo regional, elegido por los diputados de la CSU. El "Primer Gerente Parlamentario", designado por la CDU, únicamente puede desempeñar sus funciones en permanente coordinación con su "suplente" de la CSU, que simultáneamente es el Gerente Parlamentario del grupo regional de la CSU. Los restantes cargos del grupo parlamentario son elegidos conforme a la relación de fuerzas entre la CDU y la CSU.

Los diputados de la CDU procedentes de los distintos Länder también forman sus respectivos grupos regionales. Tienen menos peso que el grupo regional de la CSU, pero su influencia en la toma de decisiones del grupo parlamentario no debe subestimarse en absoluto. La "tesitura" en los grupos regionales opera como "sismógrafo" para la dirección del grupo parlamentario y en las etapas de participación en el gobierno también es seguida con suma atención por el propio Canciller Federal (jefe del gobierno).

Volker Kauder
(CDU/CSU)
Presidente del Grupo Parlamentario
desde 2005

Thomas Oppermann
(SPD)
Presidente del Grupo Parlamentario
desde 2013

Dietmar Bartsch
(La Izquierda)
Presidente del Grupo Parlamentario
desde 2015

Katrin Göring-Eckardt
(Alianza 90/Los Verdes)
Presidenta del Grupo Parlamentario
desde 2013

Anton Hofreiter
(Alianza 90/Los Verdes)
Presidente del Grupo Parlamentario
desde 2013

Sahra Wagenknecht
(La Izquierda)
Presidenta del Grupo Parlamentario
desde 2015

Los diputados del SPD de los respectivos Länder de procedencia forman igualmente grupos regionales, si bien estos, vistos en conjunto, desempeñan un papel menor en la formación de la voluntad del grupo parlamentario. No obstante, sí que tienen un peso considerable en la provisión de cargos dentro de los órganos y en no pocas cuestiones de política regional. Los diputados de los Länder orientales coordinan su trabajo de distintas maneras. En el grupo parlamentario del SPD existe desde 2002 un "grupo regional Este" constituido por los diputados de seis Estados Federados.

Dirección de los grupos parlamentarios

Formalmente los principales órganos rectores (electorales y decisorios) de los grupos parlamentarios son las "asambleas". Sin embargo, sus acuerdos se elaboran en las distintas etapas del proceso de toma de decisiones, jerárquicamente estructurado. Así lo conlleva la complejidad de los temas políticos, la premura de tiempo y el tamaño de los grupos parlamentarios. Por eso en la mayoría de los casos el examen de un asunto en una sesión del grupo va precedido de procedimientos de coordinación subdivididos en varias fases, con la finalidad de posibilitar una concertación y trabajo de fondo óptimos, lo cual, no obstante, solo se logra en parte. A este propósito juegan un importante papel la presidencia (ampliada), que se reúne los lunes, y la presidencia ejecutiva. Estos órganos son los que ejercen la dirección política y la gerencia de los grupos parlamentarios.

El ajetreo y la premura de tiempo en las semanas de sesiones les reportan notable influencia a los "Gerentes Parlamentarios" en cuanto gestores-coordinadores del grupo parlamentario. Tal es el caso sobre todo de los Primeros Gerentes Parlamentarios, responsables de la planificación del trabajo y el desarrollo de las sesiones plenarias, así como de las sesiones del grupo parlamentario.

En los grandes grupos parlamentarios de la CDU/CSU y el SPD, la presidencia ejecutiva está compuesta por el presidente del grupo y sus suplentes (once o nueve personas respectivamente), así como los Gerentes Parlamentarios (cinco o cuatro) y en el caso de la CDU/CSU además los dos asesores jurídicos y el portavoz de los grupos regionales de la CDU. Los presidentes adjuntos son competentes para las áreas de trabajo de, por lo general, varios grupos de trabajo y desempeñan funciones tanto de coordinación como de impulso. La presidencia del grupo parlamentario de la CDU/CSU también incluye a los (actualmente) 21 portavoces de los grupos de trabajo y de los seis "grupos sociológicos", así como 15 vocales electos. En el grupo parlamentario del SPD forman la presidencia los miembros de la presidencia ejecutiva y (actualmente) otros 25 miembros electos. Solo una parte de los portavoces pertenece a la presidencia del grupo parlamentario. No existe unanimidad sobre si la preferencia de una representación más amplia en el seno del grupo parlamentario contrarresta las dificultades de coordinación que ello genera.

La presidencia de los grupos parlamentarios pequeños tiene una composición similar a la presidencia ejecutiva de los grandes, con la especificidad de que el grupo parlamentario de Alianza 90/Los Verdes tiene dos presidentes. Las presidencias de los grupos parlamentarios de La Izquierda y Alianza 90/Los Verdes están integradas por el/los presidentes y presidentes adjuntos y por los Gerentes Parlamentarios. La coordinación política (Alianza 90/Los Verdes) o la dirección (La Izquierda) de los actualmente cinco equipos de trabajo corresponde a los presidentes adjuntos de los grupos parlamentarios. La vicepresidenta del Bundestag perteneciente al grupo parlamentario de Alianza 90/ Los Verdes forma asimismo parte de la presidencia de su grupo; en el caso del grupo parlamentario de La Izquierda, también forman parte de la presidencia los presidentes del partido con acta de diputado.

Ninguno de los grupos parlamentarios elige su cúpula por toda la duración de la legislatura, pero las oportunidades de incorporarse a la dirección en el transcurso de la misma son escasas. La presidencia del grupo parlamentario y previamente, según los casos, la presidencia ejecutiva se ocupan de los preparativos de las sesiones plenarias y de las sesiones del grupo parlamentario, así como de las propuestas de los grupos de trabajo o de los equipos de trabajo. Los órdenes del día de las sesiones de la presidencia en la mayoría de los casos se corresponden aproximadamente con los de las sesiones del grupo parlamentario del día siguiente (cuya preparación es su principal función). Un aspecto sobresaliente es la decantación de intereses concurrentes entre los grupos de trabajo. Las propuestas por lo general solo tienen visos de ser aceptadas si existen acuerdos previos entre los grupos de trabajo. Por lo demás, en las sesiones de estos órganos se analizan problemas de actualidad y asimismo se mantienen debates de fondo sobre asuntos de calado, lo cual implica tomar importantes decisiones preliminares y marcar pautas políticas. No obstante, esto vale en mayor medida para los (grandes) grupos parlamentarios que forman respectivamente la oposición. La presidencia ejecutiva es entre tanto el principal órgano de dirección de los dos grandes grupos parlamentarios.

Órganos informales de coordinación de los grupos parlamentarios y órganos de coalición

A los órganos previstos en los reglamentos de los grupos parlamentarios se suman diversos órganos de coordinación. Por ejemplo, entre los portavoces delegados de las distintas comisiones se celebran conversaciones periódicas para analizar los órdenes del día. Además, se reúnen para concertar procedimientos y contenidos. En el grupo parlamentario de la CDU/CSU también tiene una importante función la reunión de los presidentes de los grupos de trabajo y los miembros de la presidencia ejecutiva que se celebra antes de la sesión del grupo parlamentario. Lo mismo es extensivo a las consultas de portavoces delegados del grupo parlamentario del SPD, que desde 2005 tienen lugar igualmente los martes al mediodía y a las cuales asisten los portavoces de los grupos de trabajo (vocales) y el Primer Gerente Parlamentario. De manera similar a la "reunión de mediodía" del grupo parlamentario de la CDU/CSU, su tarea consiste en mejorar la coordinación y desahogar la sesión del grupo parlamentario, pero la dirección del grupo parlamentario también puede utilizarlas, sobre todo en las etapas de participación en el gobierno, como instrumento adicional de dirección política.

Además existen diversos órganos informales de coordinación. Junto a los consejos de ministros, denominados reuniones del gabinete, desde la década de los setenta también aparece –al menos en algunas fases– como centro fáctico de decisión el comité de coalición (antes de 1998: "Gran Conversación de Coalición" o "Gran Ronda de Coalición"), aunque formalmente sus acuerdos solo tienen carácter de recomendaciones. Los niveles de gobierno, grupo parlamentario y partido participan en este órgano con sus máximos representantes. Tal como se describe en los acuerdos de coalición desde 1998 con idénticos términos, este órgano "delibera sobre asuntos de importancia fundamental que han de ser concertados entre los socios de la coalición y consensúa posiciones en caso de conflicto".

En la etapa de la coalición de gobierno entre cristianodemócratas y liberales de 1982 a 1998 la Gran Ronda de Coalición se reunía periódicamente durante las semanas de sesiones todos los martes por la mañana antes de la sesión del grupo parlamentario y antes de la reunión del gabinete de los miércoles. En cambio, el "comité de coalición" de ocho miembros expresamente establecido en el acuerdo de coalición de la primera coalición de gobierno entre socialdemócratas y verdes (1998) no estaba concebido como una institución con un calendario fijo de reuniones y, en efecto, únicamente fue convocado a intervalos mayores. En los acuerdos de coalición de 2002, 2005 y 2009 se recuperó el sistema de encuentros periódicos, mientras que en el acuerdo de coalición de 2013 no se menciona el tema. De hecho se celebraron

Wir stecken bis zum Hals
im Kapitalismus.
Heiner Müller
DIE LINKE.

reuniones irregulares ad hoc. Si durante el gobierno de socialdemócratas y verdes el comité de coalición vio temporalmente reducida su importancia, desde comienzos de la Gran Coalición en 2005, con sus condiciones específicas, y también en la coalición entre la CDU, la CSU y el FDP de 2009 a 2013 volvió a desempeñar un importante papel. Aparte del comité de coalición, también se adoptan decisiones importantes en las reuniones restringidas de los presidentes de los partidos o de los presidentes de los partidos y los grupos parlamentarios (incluidos, según los casos, el presidente del grupo regional de la CSU). A efectos de la coordinación del trabajo parlamentario de la coalición de gobierno desempeña asimismo un notable papel la reunión de los altos cargos de los grupos parlamentarios (presidentes, Primeros Gerentes Parlamentarios) que se celebra en las semanas de sesiones.

Además tienen lugar numerosos encuentros de trabajo preparatorios en forma de "conversaciones de coalición" entre los responsables y expertos de las diferentes áreas políticas. Por tanto, los niveles de gobierno y de grupo parlamentario están imbricados entre sí en varios planos y de diversas formas. La posición privilegiada de los líderes del gobierno, del grupo parlamentario y del partido –a menudo con una doble función– se refuerza y asegura mediante la participación en los principales órganos de coalición.

Las asambleas de los grupos parlamentarios

Las asambleas de los grupos parlamentarios son los órganos electorales y decisorios centrales de los grupos parlamentarios. Por principio, en su seno todos los diputados tienen oportunidad de informarse sobre la política del gobierno y del grupo parlamentario en su conjunto y de ejercer influencia en la misma. Al comienzo de las sesiones de los grandes grupos parlamentarios se sitúa como primer o segundo punto del orden del día el Informe Político del presidente. En el caso del grupo parlamentario más grande de la coalición de gobierno este puede ir acompañado además de un informe del Canciller Federal (jefe del gobierno). En sus informes abordan hechos políticos significativos, ponderan y valoran conflictos en el seno del propio partido (grupo parlamentario) y entre los socios de la coalición de gobierno y toman posición sobre los debates con los adversarios políticos. Además refrescan las directrices políticas. Los informes van seguidos por lo común de un debate, que en ocasiones puede ser muy pormenorizado.

En sus asambleas los grupos parlamentarios por supuesto también se ocupan de los preparativos de las sesiones plenarias de la semana en curso. A este propósito se establece asimismo formalmente quién ha de intervenir en nombre del grupo parlamentario en los respectivos puntos de los órdenes del día, solventándose generalmente por anticipado las posibles discrepancias. Los proyectos de ley y otras propuestas de calado son objeto de detallados y a menudo también controvertidos debates. En los grupos parlamentarios que sostienen al gobierno el foco de atención suele centrarse en las iniciativas legislativas y declaraciones programáticas del gobierno, en tanto que en la oposición ocupan el primer plano las iniciativas emanadas de sus grupos o equipos de trabajo (proposiciones de ley, interpelaciones, preguntas, enmiendas). En ocasiones son los propios ministros competentes por razón de la materia quienes informan sobre los proyectos gubernamentales, dado el caso conjuntamente con un ponente del grupo parlamentario. Por principio, naturalmente todos los diputados tienen derecho a manifestarse sobre todos los temas en la sesión del grupo parlamentario. En la práctica el protagonismo de los debates recae en los principales especialistas de los grupos y equipos de trabajo y de los grupos de interés y, claro está, en los miembros del gobierno y algunos líderes del grupo parlamentario y del partido.

Doble página anterior: Aspecto de las salas de sesiones de los distintos grupos parlamentarios: arriba a la izqda. CDU/CSU, debajo La Izquierda, arriba a la dcha. SPD, debajo Alianza 90/Los Verdes.

La nueva presidencia del 18.º Bundestag Alemán al término de la sesión constituyente. En el centro el presidente del Bundestag Norbert Lammert (CDU/CSU), de izqda. a dcha. las vicepresidentas y vicepresidentes Johannes Singhammer (CDU/CSU), Claudia Roth (Alianza 90/Los Verdes), Edelgard Bulmahn (SPD), Ulla Schmidt (SPD), Petra Pau (La Izquierda), Peter Hintze (CDU/CSU). El número de suplentes no está predeterminado, pero desde 1994 el Reglamento del Bundestag prevé la designación de como mínimo un vicepresidente o vicepresidenta por cada grupo parlamentario.

Organización y formación de la voluntad del Bundestag

Una parte esencial de la labor del Bundestag se desarrolla no en las sesiones plenarias públicas sino muy principalmente en órganos que se reúnen a puerta cerrada. Son éstos las comisiones permanentes (cuyas sesiones no son públicas salvo excepciones tasadas), los grupos parlamentarios y los órganos rectores del Bundestag, instituciones estas últimas que, en lo fundamental, desempeñan tareas de coordinación y dirección, a saber, el presidente, la presidencia y, ante todo, la mesa de edad. Los grupos parlamentarios marcan el trabajo igualmente en el pleno del Bundestag y en estos órganos.

Constitución del Bundestag y elección de la presidencia

El Bundestag Alemán es un órgano constitucional permanentemente operativo. La legislatura, cuya duración está fijada en cuatro años, termina con la constitución de un nuevo Bundestag (artículo 39 GG). La primera sesión es presidida por su miembro de mayor edad. El presidente de edad abre la sesión con un discurso cuya finalidad es "curar las heridas" de la campaña electoral. Una vez elegido el presidente del Bundestag, aquel deja de desempeñar cualquier función.

El trabajo del Bundestag se rige por el principio de discontinuidad. Como en virtud del mismo el Reglamento solo es aplicable durante la legislatura respectiva, debe procederse a la aprobación de un Reglamento a la mayor brevedad (artículo 40 GG). Por lo común, el reglamento anterior se asume prácticamente sin modificaciones. En numerosas ocasiones las modificaciones de mayor alcance se adoptaron hacia el final de la legislatura. Son las minorías parlamentarias las que más supeditadas están a que se fijen normas de procedimiento. Con respecto a las modificaciones del reglamento u otras normas legales que afecten al régimen de funcionamiento del Parlamento la norma es procurar alcanzar un consenso o al menos una amplia mayoría parlamentaria. Por mayoría de dos tercios de los miembros presentes del Bundestag es posible apartarse del reglamento en casos concretos.

El presidente del Bundestag y sus (actualmente) seis suplentes, los vicepresidentes, son elegidos en la misma sesión constituyente del Bundestag por la duración de la legislatura, resultando elegidos, en votaciones separadas, quienes obtengan el voto de la mayoría de los miembros del Bundestag. El presidente y los vicepresidentes forman la presidencia del Bundestag. Según costumbre parlamentaria, el derecho de proponer al presidente del Bundestag corresponde al grupo parlamentario más fuerte. En conversaciones previas los grupos parlamentarios prácticamente anticipan el resultado de la elección. Hasta la fecha siempre ha resultado elegido el candidato propuesto por el grupo más fuerte, casi siempre con una mayoría superior al 75 por ciento de los diputados. Desde 1994, conforme a una modificación del reglamento, cada grupo parlamentario dispone de como mínimo un vicepresidente. Desde entonces el segundo grupo más fuerte solo ha logrado una vicepresidencia, salvo en las etapas de gran coalición de la 16.ª Legislatura (2005–2009) y la 18.ª legislatura (a partir de 2013), durante las cuales ha contado o cuenta con dos (como ya fue el caso antes de 1994). En el reglamento del Bundestag no está prevista la destitución de su presidente ni de los vicepresidentes.

Funciones del presidente y la presidencia del Bundestag

El presidente del Bundestag ostenta la representación del Parlamento. A efectos protocolarios ocupa la segunda posición del Estado, por detrás del Presidente Federal. En nombre del Parlamento, el presidente del Bundestag toma juramento al Presidente Federal, al Canciller Federal (jefe del gobierno) y a los ministros federales (artículos 56 y 64 GG). Como representante del Bundestag es el remitente y receptor oficial de toda la correspondencia entre el Bundestag por una parte y el Bundesrat y el Gobierno Federal por otra. Para ello por supuesto se sirve de la

El presidente de edad Heinz Riesenhuber (CDU/CSU) pronuncia el discurso de apertura en la sesión constituyente del 18.º Bundestag Alemán el 22 de octubre de 2013.

La dirección de las sesiones constituyentes del Bundestag corresponde al diputado de mayor edad (presidente de edad) hasta que se elige a un nuevo presidente de la Cámara. En la sesión constituyente del 18.º Bundestag Alemán, celebrada el 22 de octubre de 2013, esta función recayó en Heinz Riesenhuber (CDU/CSU), hasta el momento en que volvió a ser elegido Norbert Lammert (foto), presidente del Bundestag en las dos legislaturas anteriores.

Erich Köhler
(CDU/CSU)
1949–1950

Hermann Ehlers
(CDU/CSU)
1950–1954

Eugen Gerstenmaier
(CDU/CSU)
1954–1969

Kai-Uwe von Hassel
(CDU/CSU)
1969–1972
Vicepresidente del Bundestag
1972–1976

Annemarie Renger
(SPD)
1972–1976
Vicepresidenta del Bundestag
1976–1990

Karl Carstens
(CDU/CSU)
1976–1979

Richard Stücklen
(CDU/CSU)
1979–1983
Vicepresidente del Bundestag
1976–1979

Rita Süssmuth
(CDU/CSU)
1988–1998

Rainer Barzel
(CDU/CSU)
1983–1984

Wolfgang Thierse
(SPD)
1998–2005
Vicepresidente del Bundestag
2005–2013

Philipp Jenninger
(CDU/CSU)
1984–1988

Norbert Lammert
(CDU/CSU)
desde 2005
Vicepresidente del Bundestag
2002–2005

Administración del Bundestag (Secretaría del Parlamento, despacho de la presidencia). Está obligado a refrendar o, según los casos, ejecutar o trasladar los acuerdos del Bundestag.

De su posición como representante del Bundestag se derivan numerosas obligaciones políticas y sociales. Por ejemplo, recibe a los grupos de amistad de los Parlamentos extranjeros y a las delegaciones y visitantes tanto nacionales como extranjeros del mundo de la política, la cultura y la economía.

El presidente del Bundestag ejerce los poderes administrativos y de policía en todos los edificios, dependencias e inmuebles sometidos a la administración del Bundestag. Está al frente de la Administración del Bundestag Alemán, autoridad superior de la Federación integrada actualmente por unas 2.600 personas, si bien la administración propiamente dicha está encabezada por el "Director del Bundestag Alemán" (secretario general del Parlamento). Finalmente, el presidente también tiene que tomar algunas decisiones en cuestiones reglamentarias que en la práctica suele consultar con la presidencia y a menudo también con la mesa de edad.

El presidente dirige las deliberaciones y mantiene el orden de la Cámara. Gran parte de sus facultades, especificadas en el reglamento, se refieren a esta función. Para salvaguardar el orden puede, entre otras cosas, hacer llamadas al orden y a la cuestión y retirar la palabra a los oradores. En la práctica el presidente y los vicepresidentes se turnan aproximadamente cada dos horas en la dirección de las sesiones plenarias. Desde la década de los sesenta la presidencia ha experimentado a su vez una importante revalorización por su responsabilidad en el desarrollo de las sesiones plenarias, casi equiparable a la del presidente.

Desde el punto de vista jurídico la presidencia posee escasas facultades, concentradas en las resoluciones relativas al nombramiento y cese de funcionarios y empleados de la Administración del Bundestag. En la práctica parlamentaria la presidencia se ocupa fundamentalmente de todas las tareas y cuestiones relevantes asignadas al propio presidente o al presidente en ejercicio y resuelve no de iure sino a menudo de facto. En la mayoría de los casos se considera conveniente propiciar acuerdos amistosos y pactos, pero casi todas las cuestiones vuelven a examinarse en la mesa de edad. El "poder" efectivo del presidente depende esencialmente de la influencia que pueda hacer valer como presidente de la mesa de edad y de la presidencia. A diferencia del "speaker" inglés los presidentes del Parlamento y más aún sus suplentes, los vicepresidentes, se mantienen en activo como miembros de sus partidos y grupos parlamentarios, a veces en cargos de responsabilidad. Atienden "políticamente" sus circunscripciones, intervienen en las campañas electorales y pueden participar en las votaciones del Bundestag.

Mesa de edad y planificación del trabajo por los grupos parlamentarios

El órgano de coordinación y dirección formalmente determinante del Bundestag es la mesa de edad. Está integrada por los miembros de la presidencia y otros 23 diputados, designados por los grupos parlamentarios según la relación de fuerzas entre los mismos. El papel predominante corresponde a los "gerentes parlamentarios" de los grupos parlamentarios, por regla general todos ellos miembros de la mesa de edad.

Su principal función consiste en adoptar acuerdos sobre el orden del día y la organización de los debates de las sesiones plenarias subsiguientes. Tanto en este marco como en otros entendimientos entre los grupos parlamentarios canalizados a través de los Primeros Gerentes Parlamentarios tales acuerdos solo se materializan si previamente se logra generar un consenso entre los grupos parlamentarios. Para la mayoría de las propuestas ya se llega a un acuerdo en reuniones previas de los Primeros Gerentes Parlamentarios de los grupos parlamentarios. En la mesa de edad a continuación lo que se hace mayormente es notificar lo acordado por los gerentes en nombre de sus grupos. La finalidad de esta práctica es garantizar el mejor desarrollo

Presidentes y Presidentas del Bundestag desde 1949: resultados electorales y mandatos

Leg.	Presidente/Presidenta	Mandato	Votos emitidos	Síes	%[a]
1.	Erich Köhler, CDU/CSU	07.09.1949–18.10.1950	402	346	86,1
	Hermann Ehlers, CDU/CSU	19.10.1950–06.10.1953	325	201	61,8
2.	Hermann Ehlers, CDU/CSU	06.10.1953–29.10.1954	500	466	93,2
	Eugen Gerstenmaier, CDU/CSU	16.11.1954–15.10.1957	409[b]	204[b]	49,9[b]
3.	Eugen Gerstenmaier, CDU/CSU	15.10.1957–17.10.1961	494	437	88,5
4.	Eugen Gerstenmaier, CDU/CSU	17.10.1961–19.10.1965	504	463	91,9
	Eugen Gerstenmaier, CDU/CSU	19.10.1965–31.01.1969	508	385	75,8
5.	Kai-Uwe von Hassel, CDU/CSU	05.02.1969–20.10.1969	457	262	57,3
6.	Kai-Uwe von Hassel, CDU/CSU	20.10.1969–13.12.1972	517	411	79,5
7.	Annemarie Renger, SPD	13.12.1972–14.12.1976	516	438	84,9
8.	Karl Carstens, CDU/CSU	14.12.1976–31.05.1979	516	346	67,1
	Richard Stücklen, CDU/CSU	31.05.1979–04.11.1980	469	410	87,4
9.	Richard Stücklen, CDU/CSU	04.11.1980–29.03.1983	515	463	89,9
10.	Rainer Barzel, CDU/CSU	29.03.1983–25.10.1984	509	407	80,0
	Philipp Jenninger, CDU/CSU	05.11.1984–18.02.1987	471	340	72,2
11.	Philipp Jenninger, CDU/CSU	18.02.1987–11.11.1988	514	393	76,5
	Rita Süssmuth, CDU/CSU	25.11.1988–20.12.1990	475	380	80,0
12.	Rita Süssmuth, CDU/CSU	20.12.1990–10.11.1994	650	525	80,8
13.	Rita Süssmuth, CDU/CSU	10.11.1994–26.10.1998	669	555	83,0
14.	Wolfgang Thierse, SPD	26.10.1998–17.10.2002	666	512	76,9
15.	Wolfgang Thierse, SPD	17.10.2002–18.10.2005	596	357	59,9
16.	Norbert Lammert, CDU/CSU	18.10.2005–27.10.2009	607	564	92,9
17.	Norbert Lammert, CDU/CSU	27.10.2009–22.10.2013	617	522	84,6
18.	Norbert Lammert, CDU/CSU	22.10.2013–	625	591	94,6

[a] Porcentaje de síes para el presidente/la presidenta elegido/elegida sobre los votos emitidos
[b] en tercera ronda de votación

posible de las sesiones plenarias. Si no se consigue un acuerdo, la mayoría gubernamental tiene todavía la posibilidad de determinar en gran medida el orden del día por acuerdo mayoritario en el pleno. Esta solución, sin embargo, se considera de mal estilo parlamentario y no se pone en práctica con frecuencia. Los grupos parlamentarios que forman la coalición de gobierno, no obstante, pueden recurrir a este derecho como "medio de presión" en las negociaciones de los gerentes. De todas formas los Gerentes Parlamentarios de los grupos de la oposición pueden a su vez apoyarse en los importantes derechos que les asisten en cuanto minoría. Por ejemplo, pueden imponer que sus propias propuestas se sometan a examen a partir de transcurridas tres semanas desde su presentación aunque la mayoría parlamentaria se oponga a la deliberación.

Con cierta frecuencia la mesa de edad se ocupa de incidencias concretas en el pleno. Puede criticar decisiones, pero no anularlas. En la práctica se abordan casi todas las cuestiones reglamentarias relevantes en los debates plenarios. Si en la mesa de edad no se alcanza un acuerdo sobre la interpretación del reglamento, se acude a la Comisión de Verificación Electoral, Inmunidades y Reglamento, que resuelve "de fondo" sobre la interpretación del reglamento.

Por último, la mesa de edad es competente para tareas administrativas propias del Bundestag, tales como la distribución de dependencias, las obras de construcción o la estructura y reparto de tareas de la Administración del Bundestag. Solo a efectos del desempeño de estas tareas es un órgano decisorio que resuelve por mayoría. Para poder ejercer la multitud de funciones administrativas que tiene a su cargo, la mesa de edad ha constituido varias comisiones.

Comisiones Permanentes

El grueso de la política parlamentaria corresponde a las actualmente 23 Comisiones Permanentes (con entre 14 y 46 miembros). En la 17.ª Legislatura (2009–2013) se celebraron en total 253 sesiones plenarias, por 2.600 sesiones a nivel de comisión. Si no existieran comisiones técnicas especializadas conforme al principio de la división del trabajo, el Bundestag no estaría en condiciones de procesar adecuadamente el sinnúmero de a menudo complejas propuestas gubernamentales de todos los ámbitos de la política y de la vida. Ello es aplicable no solo a la intervención en la legislación, sino también al control del gobierno y de su gran aparato funcionarial.

Según el reglamento del Bundestag, las comisiones son "órganos deliberantes del Bundestag con carácter preparatorio", pero sus propuestas de acuerdo al pleno de hecho en la mayoría de los casos tienen carácter decisorio.

La ley Fundamental prescribe que el Bundestag debe establecer una Comisión de Asuntos Exteriores y una Comisión de Defensa (artículo 45a GG) y designar una Comisión de Peticiones (artículo 45 c GG), así como, desde 1992, nombrar una Comisión para los Asuntos de la Unión Europea (nuevo artículo 45 GG). Además, en virtud de leyes ordinarias o del reglamento de la Cámara se constituyen la Comisión de Presupuestos y la Comisión de Verificación Electoral, Inmunidades y Reglamento; todas las demás Comisiones Permanentes se crean por acuerdo entre los grupos parlamentarios.

Aproximadamente desde mediados de la década de los sesenta la estructura técnica de las Comisiones Permanentes se rige fundamentalmente por la estructura organizativa del Gobierno Federal: por cada ministerio federal existe una comisión técnica especializada para los temas de la cartera respectiva, que habitualmente se constituye por la duración de la legislatura. En el

Comisiones permanentes del Bundestag Alemán, 18.ª legislatura

No.	Nombre de la Comisión	Miembros	Miembros de los distintos Grupos Parlamentarios CDU/CSU	SPD	A. 90/Los Verdes[a]	La Izquierda	Presidente/Presidenta
1	Verificación Electoral, Inmunidades y Reglamento	14	7	5	1	1	Dr. J. Wadephul (CDU/CSU)
2	Comisión de Peticiones	26	12	8	3	3	K. Steinke (La Izquierda)
3	Comisión de Asuntos Exteriores	37	18	11	4	4	Dr. N. Röttgen (CDU/CSU)
4	Comisión de Interior	37	18	11	4	4	A. Heveling (CDU/CSU)
5	Comisión de Deportes	18	9	5	2	2	D. Freitag (SPD)
6	Justicia y Protección de los Consumidores	39	19	12	4	4	R. Künast (A. 90/Los Verdes)
7	Comisión de Hacienda	37	18	11	4	4	I. Arndt-Brauer (SPD)
8	Comisión de Presupuestos	41	20	13	4	4	Dr. G. Lötzsch (La Izquierda)
	Comisión de Revisión de Cuentas	17	8	5	2	2	B. Hagedorn (SPD)
9	Economía y Energía	46	22	14	5	5	Dr. P. Ramsauer (CDU/CSU)
10	Alimentación y Agricultura	34	17	11	3	3	A. Gerig (CDU/CSU)
11	Trabajo y Asuntos Sociales	41	20	13	4	4	K. Griese (SPD)
12	Comisión de Defensa	32	16	10	3	3	W. Hellmich (SPD)
13	Familia, Tercera Edad, Mujer y Juventud	36	17	11	4	4	P. Lehrieder (CDU/CSU)
14	Sanidad	37	18	11	4	4	Dr. E. Franke (SPD)
15	Transportes e Infraestructura Digital	41	20	13	4	4	M. Burkert (SPD)
16	Medio Ambiente, Protección de la Naturaleza, Obras Públicas y Seguridad Nuclear	36	17	11	4	4	B. Höhn (A. 90/Los Verdes)
17	Derechos Humanos y Ayuda Humanitaria	16	7	5	2	2	M. Brand (CDU/CSU)
18	Educación, Investigación y Evaluación Tecnológica	34	17	11	3	3	P. Lips (CDU/CSU)
19	Cooperación Económica y Desarrollo	21	10	7	2	2	D. Wöhrl (CDU/CSU)
20	Turismo	18	9	5	2	2	H. Brehmer (CDU/CSU)
21	Asuntos de la Unión Europea[b]	34	17	11	3	3	G. Krichbaum (CDU/CSU)
22	Cultura y Medios	18	9	5	2	2	S. Ehrmann (SPD)
23	Agenda Digital	18	7	5	2	2	J. Koeppen (CDU/CSU)

[a] Alianza 90/Los Verdes
[b] forman asimismo parte de la Comisión 15 diputados del Parlamento Europeo con derecho de voz pero sin voto

Sesión de la Comisión de Interior del Bundestag Alemán. Esta comisión permanente se ocupa de todos los aspectos relacionados con la política interior y la administración de la Federación que no están adscritos a ninguna otra comisión técnica del Parlamento.

Sesión de la Comisión de Presupuestos del Bundestag Alemán el 19 de febrero de 2014. Además de las deliberaciones de la ley de presupuestos, esta comisión es competente para supervisar la aplicación presupuestaria (control parlamentario). Según costumbre parlamentaria, la presidencia es ejercida por un miembro del grupo más fuerte de la oposición.

caso de los ministerios del Interior y de Hacienda existen dos comisiones por ministerio, asumiendo la Comisión de Presupuestos una posición especial dentro del sistema.

No se ajustan a este esquema de comisiones técnicas especializadas la Comisión de Verificación Electoral, Inmunidades y Reglamento ni la Comisión de Peticiones, que también se constituyen para toda la legislatura. Lo mismo ocurre con la Comisión para los Asuntos de la Unión Europea y las comisiones transversales de turismo, derechos humanos y ayuda humanitaria y agenda digital (ésta última desde 2014). La Comisión de Cultura y Medios representa además una novedad, en cuanto que fue constituida como consecuencia del nombramiento para este ámbito de competencias de un Secretario de Estado (delegado) directamente subordinado al Canciller Federal.

La composición y la presidencia de las comisiones responden a la relación de fuerzas de los grupos parlamentarios. La designación y separación de los miembros de las comisiones corresponde a los grupos parlamentarios. Los diputados no adscritos a ningún grupo parlamentario son nombrados miembros consultivos, con voz pero sin voto, por el presidente del Bundestag. El número, tamaño y denominación de las comisiones se fija al comienzo de la legislatura por acuerdo entre los grupos parlamentarios; si se llega a un acuerdo, la votación preceptiva que sigue en el pleno es cuestión de forma.

El número de las presidencias de comisión que corresponde a cada grupo parlamentario se rige por su fuerza parlamentaria. Sobre la selección de los miembros deciden los propios grupos parlamentarios. Qué grupos parlamentarios asumen la presidencia de qué comisiones suele determinarse por acuerdo entre los mismos. Si los grupos no se ponen de acuerdo, realizan la selección por el método de "acceso escalonado" con arreglo al orden de los cocientes que les corresponden por los resultados de los comicios. El sistema de acceso escalonado fue la excepción hasta comienzos de la década de los noventa, para luego emplearse tres veces seguidas (1994, 1998, 2002). Según la costumbre parlamentaria, los vicepresidentes de las comisiones han de pertenecer a un grupo parlamentario distinto del de los presidentes. Otra de las reglas no escritas es que la presidencia de la Comisión de Presupuestos recaiga en la oposición.

Las comisiones técnicas especializadas tienen la función de descargar al pleno en vista de la ingente cantidad de propuestas y fortalecer la competencia del Bundestag en la legislación y el control del gobierno. De ello depende a su vez la oportunidad de la oposición de presentarse como alternativa visible tanto en el pleno como ante los medios de comunicación.

Las comisiones están obligadas a realizar sin demora las tareas que se les hayan confiado. Tras la remisión a las comisiones, el pleno no puede adoptar un acuerdo hasta que la comisión con competencia primaria haya presentado el informe y la propuesta de acuerdo correspondientes. Para evitar que se demore la tramitación de las propuestas, la minoría dispone de un eficaz medio de presión. Transcurridas diez semanas desde la remisión de una propuesta, cada grupo parlamentario (o el 5 % de los diputados) puede exigir que la comisión presente un informe intermedio y asimismo la celebración de un debate plenario; esta norma tiene ante todo eficacia preventiva.

Desde 1969 las comisiones tienen la facultad de ocuparse asimismo de asuntos de su área que no les hayan sido remitidos. Este derecho de examen autónomo les ofrece la posibilidad de no limitarse a reaccionar a las propuestas sino de intervenir activamente y tratar contextualizadamente áreas temáticas de mayor envergadura. No obstante, las comisiones no tienen un derecho de iniciativa propio y tampoco pueden proponer al pleno acuerdos sobre propuestas que no les hayan sido remitidas. Sin embargo, los miembros de las comisiones pueden impulsar propuestas o consultas a través de sus grupos parlamentarios.

Las comisiones se reúnen periódicamente los miércoles de las semanas de sesiones. Además, cada grupo parlamentario tiene la posibilidad de exigir la celebración de una sesión extraordinaria durante las semanas de sesiones. El orden del día se fija en una reunión entre los portavoces delegados de los grupos parlamentarios en la comisión, a la cual también asisten el presidente y el secretario de la comisión. La reunión entre los portavoces delegados se dedica asimismo a la preparación organizativa y del contenido de las sesiones de la comisión.

El estilo de debate y trabajo de las comisiones por lo general es ecuánime y amigable. Tras la presentación condensada de un ponente o funcionario ministerial se puede mantener en el seno de la comisión un debate abierto con intervenciones por lo común sucintas.

En las comisiones del Bundestag (al igual que en los respectivos grupos de trabajo de los grupos parlamentarios) se ha impulsado la especialización y se ha desarrollado un sistema de presentación de informes para facilitar una participación detallada en las tareas legislativas y un control especializado del ejecutivo. En los grupos de trabajo de los grandes grupos parlamentarios las áreas temáticas se distribuyen entre los (actualmente) 5 a 22 miembros titulares (adscritos) de la comisión respectiva. Los diputados casi siempre atienden estas áreas temáticas durante períodos de tiempo prolongados, encargándose entonces por norma general de la presentación de informes sobre las propuestas respectivas en la comisión y en el pleno. En la práctica la designación de los ponentes suele realizarse en concertación con los portavoces delegados de los grupos parlamentarios y los diputados previstos como ponentes, cuyo consentimiento es necesario. Sobre todo en las comisiones "legislativas" de intensa actividad los grupos parlamentarios están interesados en despejar de antemano los acuerdos y los problemas de procedimiento agudos a través de conversaciones de los ponentes.

Tratándose de propuestas especialmente importantes, las comisiones constituyen subcomisiones; pueden hacerlo a menos que se oponga a ello un tercio de los miembros de la comisión.

A las comisiones asisten con regularidad –a menudo numerosos– funcionarios ministeriales de la Federación y de los Länder. Sobre los puntos del orden del día intervienen los funcionarios competentes por razón de la materia y –según la significación del tema– asimismo Secretarios de Estado Parlamentarios y ministros. Según el artículo 43, apartado 2, GG, los miembros del Gobierno Federal y del Bundesrat tienen acceso a todas las sesiones de las comisiones y deben ser oídos en cualquier momento. Lo mismo vale para los funcionarios ministeriales en cuanto delegados de aquellos. Por su parte, las comisiones pueden exigir la comparecencia de miembros del gobierno ante la comisión para que den cuenta de su gestión. Esto último, sin embargo, requiere un acuerdo mayoritario. En general, los ministros procuran mantener una relación fluida con "su" comisión.

Desde 2004 el Bundestag viene constituyendo en cada legislatura un Consejo Consultivo Parlamentario para el Desarrollo Sostenible, encargado de desempeñar una importante tarea transversal. Para este consejo consultivo integrado por (actualmente) 17 miembros rigen las normas del reglamento del Bundestag relativas a las comisiones. El consejo consultivo tiene la tarea de acompañar a nivel parlamentario la política del Gobierno Federal en materia de sostenibilidad desde una óptica suprasectorial. Su cometido consiste en promover que la actividad del legislador se atenga al principio de sostenibilidad ecológica, económica y social y que los sistemas naturales necesarios para la vida

Audiencias públicas de las comisiones sobre proyectos legislativos

Legislatura	Asuntos tratados en audiencias públicas (total)	Temas relacionados con iniciativas legislativas concretas		Proyectos legislativos (total)	Proyectos legislativos tratados en audiencias públicas	
	Número	Número	%	Número	Número	%
12.ª Leg.	177	123	69,5	800	152	19,0
13.ª Leg.	236	135	57,2	923	186	20,2
14.ª Leg.	303	183	60,4	864	222	25,7
15.ª Leg.	249	132	53,0	643	174	27,1
16.ª Leg.	372	252	67,7	905	270	29,8
17.ª Leg.	554	249	44,9	844	317	37,5

se preserven para las generaciones futuras. El consejo consultivo presenta dictámenes y recomendaciones a la respectiva comisión con competencia primaria y rinde informes al pleno. En reiteradas ocasiones se ha reclamado una consideración adecuada.

Desde 1952 las comisiones del Bundestag pueden realizar audiencias públicas ("hearings") de peritos y expertos, representantes de grupos de interés y otras personas que puedan aportar datos. Este importante instrumento de información y control se utiliza a gran escala. Paralelamente siguen celebrándose numerosas audiencias no públicas. De un tiempo a esta parte se organizan regularmente audiencias públicas en relación con la presentación o preparación de proyectos legislativos de mayor envergadura, así como para el seguimiento y desarrollo de otro tipo de proyectos (programas, lineamientos), en la mayoría de los casos por iniciativa de la oposición. Esta evolución solo ha sido posible porque en 1969 la celebración de audiencias públicas se apuntaló como derecho de las minorías parlamentarias, solución específicamente alemana sin parangón en otros países europeos. Tratándose de propuestas remitidas, la comisión con competencia primaria está obligada a hacerlo si así lo exige una cuarta parte de sus miembros o –en la 18.ª Legislatura– a solicitud de los miembros de la oposición.

Las repercusiones efectivas de las audiencias públicas son bastante diversas. Resulta esencial en qué estadio del proceso de formación de la voluntad se realizan. Aproximadamente dos tercios de las audiencias se ocupa de proyectos legislativos. En la deliberación de los proyectos de ley del gobierno a menudo los partidos del gobierno se circunscriben en mayor o menor medida a justificarlos y blindarlos frente a críticas. La situación de interrogación en principio es mucho más abierta cuando la audiencia se celebra sobre la base de informes, dictámenes periciales y mociones, así como en el marco de la competencia de examen autónomo. Tales audiencias pueden constituir (posteriormente) el fundamento de actividades legislativas. En parte juegan un importante papel en la formación de la voluntad programática de los partidos políticos y la tematización pública de cuestiones poco atendidas y asimismo hacer balance de la incidencia de las disposiciones tomadas hasta la fecha.

Gran relevancia reviste quiénes son los expertos y peritos invitados. En la práctica lo usual es que su cantidad esté limitada y el número de los mismos que deba designar cada grupo parlamentario se rija por la relación de fuerzas entre estos.

Además de las numerosas conversaciones informativas y técnicas que los grupos de trabajo y los ponentes mantienen a nivel interno con peritos y expertos de diversas entidades, los propios grupos parlamentarios celebran audiencias públicas y conferencias. Para los grupos parlamentarios que forman la oposición estos actos se han convertido (entretanto) en un instrumento profusamente utilizado para recabar información y obtener datos y para ejercer un control socialmente visible.

Por supuesto, los debates de las comisiones también proporcionan impulsos. Pero en los proyectos de ley del gobierno la inclusión de sugerencias del "otro bando" casi nunca se menciona, a no ser que convenga por razones tácticas. El proceso de toma de decisiones no solo del pleno sino también de las comisiones básicamente está marcado por la dicotomía entre mayoría gubernamental y oposición. A continuación de un debate mayormente amigable los grupos de la mayoría por norma emiten su voto en el sentido que se haya decidido previamente en el seno del grupo parlamentario. A tal efecto no solo se exige sino que en gran medida se cumple la unidad de voto. No obstante, las posiciones de los grupos parlamentarios pueden verse influidas por debates previos a nivel de comisión.

Salvedad hecha de las audiencias públicas, las Comisiones Permanentes por regla general se reúnen a puerta cerrada. Esto se considera desde un principio una de las causas de la falta de visibilidad e incidencia pública del Bundestag. Hasta la fecha apenas si se ha utilizado la posibilidad (existente desde 1969) que tienen las comisiones de decidir que determinados asuntos objeto de deliberación sean examinados en sesión pública. Tampoco se ha recurrido mínimamente a la opción, introducida en 1995, de celebrar "deliberaciones públicas ampliadas en comisión". Este sistema prevé, en lugar de un debate técnico especializado en segunda lectura como deliberación final a efectos de la aprobación de las propuestas de acuerdo e informes al pleno, un debate público conjunto de la comisión con competencia primaria y las comisiones intervinientes con competencia secundaria. En tal supuesto, a continuación en el pleno por regla general únicamente se celebra la votación formal. De esta manera se pretendía disponer de más margen y atención para debates plenarios en profundidad sobre temas de relieve.

Pleno del Bundestag

Los acuerdos del Bundestag solo pueden ser adoptados por el pleno. En el pleno de la Cámara se debate públicamente un amplísimo espectro de temas. El mayor grado de percepción de los debates en la opinión publica viene determinado especialmente por los debates generales (debates presupuestarios, debates subsiguientes a declaraciones de gobierno) y, con un impacto ya mucho menor, por los debates dedicados a áreas políticas de mayor calado y alcance, en los cuales a menudo se delibera sobre una serie de propuestas relevantes en debate conexo. En cuanto a los numerosos debates específicos de corta duración en los cuales los especialistas competentes a nivel de comisión tratan de plantear en forma concentrada la postura de cada grupo parlamentario en la comisión respectiva, en general son seguidos, en el mejor de los casos, por los círculos especializados. Este tipo de debates determina en gran medida el transcurso de las jornadas plenarias. A ello se suman en el pleno modalidades especiales de control y debate público (debates de actualidad, sesiones de preguntas al gobierno, sesiones informativas).

Los debates plenarios se celebran por muy diversos motivos. La tarea primordial del Bundestag es examinar los proyectos de ley y los proyectos de los presupuestos federales. A ello se añaden en gran número mociones autónomas, declaraciones de gobierno, interpelaciones y propuestas de acuerdo, informes gubernamentales, informes de comisiones de investigación y comisiones de encuesta y de la Comisión de Peticiones, documentos de la Unión Europea y otros expedientes.

A tales efectos es preciso distinguir

– en qué fase de deliberación se encuentra una propuesta,

– si se puede adoptar un acuerdo de fondo,

– si la propuesta ha sido presentada por el gobierno (la mayoría gubernamental) o la oposición.

La colocación, duración total y estructura de los debates se negocian entre los Gerentes Parlamentarios y se acuerdan formalmente en la mesa de edad. En no pocas ocasiones no es sino después cuando se producen "acuerdos intergrupo" entre los gerentes. Este procedimiento descarga al pleno de eternos debates procedimentales. Si no se alcanza un acuerdo y la coalición de gobierno impone su mayoría, ello provoca invariablemente sonados reproches en el pleno.

En conjunto la igualdad de oportunidades de los grupos parlamentarios opositores en los debates se mejoró a partir de finales de la década de los sesenta. En 1969 se consagró expresamente en el reglamento del Bundestag el principio de alternancia de argumentos a favor y en contra en las intervenciones y las réplicas,

13 de marzo de 2014, la Canciller Federal Angela Merkel presenta una declaración de gobierno ante el pleno del Bundestag Alemán. Los debates plenarios se celebran en conexión con proyectos de ley y declaraciones de gobierno, así como con motivo de interpelaciones y propuestas de resolución e informes de comisiones de investigación, comisiones de encuesta y de la Comisión de Peticiones.

incluida en particular la posibilidad de exponer opiniones discrepantes tras una intervención de un miembro o delegado del gobierno. La facultad de los miembros del Gobierno Federal y del Bundesrat de intervenir en cualquier momento en las sesiones parlamentarias (artículo 43 GG) puede seguir ejerciéndose pero desde la séptima legislatura se ve amortiguada en sus efectos en virtud de un acuerdo al respecto. Desde entonces, al comienzo de cada legislatura se acuerda una minuciosa clave de reparto del tiempo de intervención para la coalición de gobierno (gobierno, grupos integrantes de la coalición) y los grupos parlamentarios de la oposición. De este modo, la eventual dilatación de los turnos de intervención por parte de los oradores en todo caso repercute en sus propios compañeros de grupo. Con esta normativa se respondió a la estrecha conjunción entre gobierno y grupos integrantes de la coalición de gobierno, pero al mismo tiempo también al hecho de que la oposición no es necesariamente compacta y puede haber varios grupos parlamentarios opositores de distinto signo. Desde el inicio de la 16.ª Legislatura (2005) se acordaron para los dos grupos integrantes de la coalición de gobierno sendos contingentes de turnos de palabra. Los tiempos de intervención de los oradores del Gobierno Federal y del Bundesrat se computan a efectos de los tiempos de intervención de los grupos respectivos. En la práctica los grupos parlamentarios designan a los oradores encargados de representar sus posiciones en el pleno. A los diputados no adscritos a ningún grupo parlamentario se les asignan tiempos de intervención conforme a las directrices convenidas en la mesa de edad.

En sucesivas iniciativas de reforma invariablemente se ha reclamado que los debates sean en conjunto más dinámicos y argumentativos. En este contexto ha tenido una repercusión positiva que desde la década de los ochenta las preguntas incidentales ya no se computen a efectos del tiempo de intervención y se use la posibilidad de conceder la palabra para formular observaciones incidentales. Para aumentar el interés público por los debates plenarios en profundidad sobre temas fundamentales, en 1995 se introdujo en el marco de una reforma parlamentaria el "tiempo básico plenario" (núcleo de actividad) , que mayormente ha acreditado su eficacia. En concreto, en las semanas de sesiones los jueves por la mañana se reservan íntegramente para ese tipo de debates, de forma que no coincidan varias sesiones en distintas áreas de trabajo, y con la expectativa de que la asistencia de diputados sea lo más numerosa posible se tratan por regla general dos temas de relieve. Por lo que hace a la priorización temática y la presencia y repercusión en los medios de comunicación, las expectativas por lo menos se han cumplido en parte.

Más allá de las modificaciones de la propia estructura de trabajo y debate, el Bundestag solo tiene modestas posibilidades de influencia en el tipo y alcance de la información sobre la labor parlamentaria. De hecho, la información sobre la labor del Bundestag en los medios de referencia alemanes (diarios y semanarios) ha disminuido. El canal televisivo de actualidad y documentación Phoenix, operado conjuntamente por la ARD y la ZDF desde 1997, retransmite gran parte de los debates plenarios del Bundestag y algunas audiencias públicas, pero es sintonizado por muy pocos telespectadores. Otro inconveniente es que desde la creación de su canal temático, las programaciones básicas de las televisiones ARD y ZDF ya solo emiten en muy contadas ocasiones debates en directo desde el Bundestag y prescinden en gran medida de bloques informativos compactos sobre la actividad del pleno. Alternativamente a Phoenix, todos los debates plenarios, inclusive los no emitidos por ese canal, se pueden seguir en directo y a la carta a través de la Televisión del Parlamento en www.bundestag.de. La importancia de Internet para la proyección comunicacional y al mismo tiempo para los procesos de trabajo internos del Bundestag aumenta permanentemente. La web del Bundestag ofrece información detallada sobre los debates actuales, las sesiones plenarias y los diputados y los usuarios tienen a su disposición múltiples posibilidades de búsqueda. Además, los grupos parlamentarios y casi todos los diputados tienen sus propias páginas web. Para los procesos de trabajo y toma de decisiones de los diputados resultan asimismo relevantes la red Intranet del Bundestag y las redes Intranet de los grupos parlamentarios, que están hechas a la medida de las posiciones y prioridades temáticas respectivas y no son de acceso público.

Funciones del Bundestag

El Bundestag ejerce las funciones propias de un Parlamento en un sistema de gobierno democrático parlamentario. Estas son el nombramiento y cese del gobierno, la legislación, incluida la fijación del presupuesto, el control del gobierno y de la administración, la articulación de los intereses y posiciones políticas y la publicidad y transparencia de la formación de la voluntad política. En el terreno legislativo dispone del derecho de decisión final. Sin embargo, en la práctica las tareas del Bundestag no son susceptibles de asignarse a una sola de esas funciones por separado y además son asumidas de distinta manera por los diputados según pertenezcan a los grupos parlamentarios del gobierno o de la oposición.

Formación y disolución del Gobierno Federal

A diferencia de la mayoría de los países europeos occidentales, en Alemania primero se procede a la elección formal del jefe del gobierno por el Parlamento y luego al nombramiento del gobierno. El Bundestag elige al Canciller Federal (jefe de gobierno) sin debate y en votación secreta (artículo 63 GG). En primera votación es el Presidente Federal quien propone al candidato o candidata. Todos los Cancilleres Federales obtuvieron en su día la mayoría absoluta (la mitad más uno) necesaria en primera votación, aunque en varias ocasiones solo por escaso margen. Los Presidentes Federales propusieron en cada caso al candidato que podía reunir una mayoría parlamentaria. Si el candidato propuesto por el Presidente Federal no alcanza la mayoría absoluta en primera votación, se abre una segunda fase electoral, en la que el Bundestag puede elegir en un plazo de 14 días (a contar desde la primera votación) a otro candidato, igualmente por mayoría absoluta y sin limitación del número de votaciones. Si en dicha segunda fase de 14 días no resulta elegido un nuevo Canciller Federal, el Parlamento tiene que volver a votar inmediatamente en una tercera fase, resultando elegido en tal caso quien obtenga mayor número de votos (mayoría relativa). Tanto en la segunda como en la tercera fase el Bundestag puede elegir a un candidato propuesto, como mínimo, por una cuarta parte de los diputados del Bundestag.

En las elecciones al Bundestag los electores históricamente casi siempre han podido pronunciarse a la vez a favor o en contra de una coalición de gobierno y un (candidato a) canciller, es decir, jefe de gobierno, porque los partidos que concurren a los comicios suelen comprometerse por adelantado en ese sentido. La mayoría parlamentaria salida de las urnas a continuación se limita a cumplir la voluntad del electorado mediante la elección formal del Canciller Federal. No obstante, desde las elecciones generales de 1983 solamente la CDU, la CSU y el FDP han venido manifestándose inequívocamente sobre sus planes de coalición, en tanto que hasta el año 2002 el SPD por su parte evitó confirmar formalmente en campaña la formación de un gobierno de coalición con los verdes (Alianza 90/Los Verdes) si lo permitía el resultado electoral. En cuanto a la Gran Coalición entre la CDU, la CSU y el SPD que regiría los destinos del país de 2005 a 2009 y desde 2013, ningún partido se pronunció a favor con anterioridad a los comicios.

Tras las coaliciones de gobierno multipartidistas de las dos primeras legislaturas, el ulterior desmoronamiento de los partidos más pequeños y el desarrollo de un sistema bipolar de coaliciones de tres a cinco partidos se consolidó como “caso normal” la llamada Pequeña Coalición. Hasta la fecha el Canciller Federal en ejercicio solo ha sido desbancado como consecuencia de unas elecciones generales en tres ocasiones (Kurt-Georg Kiesinger 1969; Helmut Kohl 1998; Gerhard Schröder 2005). En los demás casos el relevo del jefe de gobierno se produjo durante la legislatura, a consecuencia de la disolución del pacto de gobierno por uno de los socios de coalición y/o la presión del propio partido. En 1998 el resultado de las elecciones al Bundestag supuso por primera vez el paso a la oposición de todos los partidos integrantes de una coalición de gobierno.

En vista de la regularidad con que se forman coaliciones de gobierno, las vastas competencias constitucionales del Canciller Federal y el margen de decisión de su partido se ven más o menos restringidos. Las decisiones sobre el programa de gobierno y la composición del gabinete con frecuencia se toman en arduas y largas negociaciones de coalición, precedidas de intensos trabajos preparatorios en grupos de trabajo, rondas de contacto entre altos representantes del gobierno, los grupos parlamentarios y los partidos y en pequeños círculos de conversación. Concluidas las consultas entre los socios de coalición sobre el contenido técnico del programa de gobierno, las presidencias y directivas y los grupos parlamentarios de los partidos participantes aprueban formalmente un acuerdo de coalición. A partir de 1998 la última decisión correspondió a los congresos de los partidos. Tras las elecciones generales de 2013 la cúpula del SPD supeditó la participación en el gobierno de gran coalición, que previamente había rechazado, a su aprobación por parte de las bases del partido mediante una consulta a los militantes, un procedimiento sin precedentes.

Oficialmente el nuevo gobierno de hecho presenta su programa a la opinión pública mediante una declaración de gobierno del nuevo Canciller Federal ante el Bundestag, la cual, con todo, se sustenta esencialmente en los acuerdos de coalición.

El Bundestag no puede intervenir de forma jurídicamente vinculante en la designación ni en la destitución de los ministros federales (si bien estos son responsables ante el Parlamento). Según el artículo 64 GG, es el jefe del gobierno quien propone los nombramientos y relevos al Presidente Federal. No obstante, un Canciller Federal difícilmente podría mantener en el cargo a un ministro cuya destitución fuera solicitada por acuerdo mayoritario del Parlamento.

En la práctica el reparto de los cargos de gobierno se fija en negociaciones entre el (candidato a) canciller y los líderes políticos de la coalición proyectada. Lo mismo vale para el formato de las carteras ministeriales, que formalmente corresponde diseñar al propio jefe del gobierno. En cambio, la provisión de plazas se deja básicamente en manos de los partidos respectivos. El Canciller (electo) solo puede intervenir decisivamente en la selección de los ministros federales y los Secretarios de Estado Parlamentarios de su propio partido. A tales efectos, sin embargo, debe velar por una adecuada representación de las corrientes del partido, los grupos de interés, las mujeres y las estructuras a nivel regional, incluidas las confesiones religiosas.

El Canciller Federal y los ministros federales no tienen que ser necesariamente diputados del Bundestag, a diferencia de los Secretarios de Estado Parlamentarios, sin bien desde finales de

El nuevo Gobierno Federal ha ocupado su banco en el hemiciclo del Bundestag Alemán tras la pertinente comunicación oficial. Primera fila desde la dcha.: Canciller Federal Angela Merkel (CDU/CSU), Ministro Federal de Economía y Vicecanciller Sigmar Gabriel (SPD), Ministro Federal de Relaciones Exteriores Frank-Walter Steinmeier (SPD), Ministro Federal del Interior Thomas de Maizière (CDU/CSU), Ministro Federal de Transportes Alexander Dobrindt (CDU/CSU), Ministro Federal de Hacienda Wolfgang Schäuble (CDU/CSU), Ministra Federal de Trabajo Andrea Nahles (SPD). Segunda fila desde la derecha: Jefe de la Cancillería Federal y Ministro Federal para Tareas Especiales Peter Altmaier (CDU/CSU), Ministro Federal de Agricultura Hans-Peter Friedrich (CDU/CSU), Ministra Federal de Defensa Ursula von der Leyen (CDU/CSU), Ministra Federal de Familia Manuela Schwesig (SPD), Ministro Federal de Sanidad Hermann Gröhe (CDU/CSU), Ministro Federal de Justicia Heiko Maas (SPD), Ministra Federal de Medio Ambiente Barbara Hendricks (SPD), Ministra Federal de Educación e Investigación Johanna Wanka (CDU/CSU). Tercera fila a la izqda.: Ministro Federal de Cooperación Económica y Desarrollo Gerd Müller (CDU/CSU).

Angela Merkel en el banco del gobierno tras prestar juramento como Canciller Federal el 17 de diciembre de 2013. En su tercera legislatura al frente del Gobierno Federal la Canciller Merkel encabeza nuevamente una gran coalición, como ya ocurrió en 2005 al ser elegida por primera vez jefa de gobierno. De 2009 a 2013 gobernaron en coalición la CDU/CSU y el FDP.

El 27 de junio de 2005 el Canciller Federal Gerhard Schröder planteó la cuestión de confianza ante el Bundestag con el propósito de forzar la celebración de elecciones anticipadas. En el debate celebrado el 1 de julio alegó como motivo la limitada capacidad de acción de su gobierno. Dos meses antes había perdido las elecciones de Renania del Norte-Westfalia el último gobierno de coalición entre socialdemócratas y verdes superviviente a nivel regional y además el SPD estaba inmerso en un conflicto a causa de la Agenda 2010. La moción solo obtuvo 151 votos afirmativos en lugar de los 301 necesarios y el Parlamento fue disuelto el día 21 de julio.

1998 rigen normas especiales para los Secretarios de Estado Parlamentarios (Ministros Adjuntos) de la Cancillería Federal. Sea como fuere, la mayoría de los ministros federales son políticos profesionales con una larga trayectoria en sus partidos y por regla general tienen el acta de diputado.

Los Secretarios de Estado Parlamentarios, cargo introducido en 1967, tienen la tarea de descargar a los ministros federales y al jefe de gobierno en la gestión de sus funciones directivas de carácter político mediante la asunción de áreas de tareas específicas así como, primordialmente, en el ámbito parlamentario. Desde la década de los ochenta su número sobrepasa con creces el de los ministros federales, a los que están adscritos. Dado que también los Secretarios de Estado Parlamentarios se consideran fundamentalmente representantes del gobierno, un porcentaje considerable de los mismos en los grupos parlamentarios gubernamentales está incluido en la disciplina de gobierno (2009: 13,8 %). Ello no obsta para que además desempeñen importantes funciones de mediación en las comisiones del Bundestag y los grupos y círculos de trabajo de los grupos parlamentarios de la coalición de gobierno.

Moción de censura, cuestión de confianza y disolución del Parlamento

En el transcurso de la legislatura el Bundestag únicamente puede provocar un cambio de canciller y de gobierno eligiendo por mayoría absoluta a un nuevo Canciller Federal (artículo 67 GG). Pero de hecho la estabilidad política de la República Federal no se basa primordialmente en esta norma sino en el desarrollo de un sistema de partidos relativamente estable. Hasta la fecha solo se ha recurrido en dos ocasiones a la presentación de una moción de censura constructiva, concretamente en 1972 (sin éxito) contra Willy Brandt y en 1982 con éxito contra Helmut Schmidt y a favor de una coalición de gobierno entre cristianodemócratas y liberales liderada por Helmut Kohl.

La moción de censura constructiva solo puede dirigirse contra el Canciller Federal (jefe del gobierno), pero el Bundestag tiene la posibilidad de exigir por acuerdo mayoritario la destitución de ministros federales individuales y reprobar expresamente la conducta de miembros del gobierno o del Gobierno Federal en su conjunto. Sin embargo, se trata de una posibilidad muy remota bajo las condiciones del sistema de gobierno parlamentario. Si una tal moción de destitución de un ministro encontrara una mayoría parlamentaria, el Canciller Federal no estaría legalmente obligado a cumplirla, pero se arriesgaría a una pérdida de confianza (añadida) por rechazar un voto mayoritario de la Cámara. Desde la fundación de la República Federal se han presentado 16 mociones de destitución contra ministros federales y 26 mociones de reprobación. Aunque ninguna obtuvo una mayoría, utilizadas con moderación sí que tuvieron repercusión en la opinión pública como instrumento de presión de la oposición.

A diferencia de la mayor parte de los demás sistemas parlamentarios de Europa occidental, la Constitución alemana dificulta enormemente la disolución del Parlamento. Durante la legislatura solo se admite por actuación conjunta del jefe del gobierno, la mayoría parlamentaria y el jefe del Estado (artículo 68 GG). De entrada existe la posibilidad de disolución del Bundestag por el Presidente Federal si el Canciller Federal solo ha sido elegido por mayoría relativa, en cuyo caso el Presidente Federal, en el plazo de los siete días siguientes a la elección, debe nombrarlo o disolver el Parlamento (artículo 63, apartado 4, GG). En el transcurso de la legislatura, en cambio, si el Canciller Federal solicita que se le exprese la confianza de la Cámara y no recibe el apoyo de la mayoría de los miembros del Bundestag, el Presidente Federal, a propuesta del Canciller Federal, puede disolver el Parlamento en el plazo de veintiún días (el derecho del Presidente Federal de disolver la cámara expira tan pronto el Bundestag elige otro Canciller Federal por mayoría de sus miembros). El instrumento de la cuestión de confianza ha dado lugar a la celebración de elecciones generales en tres ocasiones (1972; 1982; 2005). En 1982 el procedimiento resultó muy polémico desde el punto de vista jurídico-constitucional porque acababa de confirmarse una mayoría gubernamental estable (en torno al proyecto de presupuesto), pero en definitiva se consideró legítimo en términos político-constitucionales. No menos polémica resultó la disolución del Parlamento promovida por el Canciller Federal Gerhard Schröder y aprobada por el Presidente Federal Horst Köhler en julio de 2005. Para evitar tales controversias constitucionales, se ha propuesto reiteradamente que el Bundestag tenga el derecho de autodisolverse por acuerdo de las dos terceras partes de sus miembros.

Solo en dos ocasiones se recurrió a la cuestión de confianza con el propósito de asegurarse el apoyo de los grupos parlamentarios de la coalición de gobierno. En febrero de 1982 Helmut Schmidt intentó detener así el desmoronamiento de su pacto de gobierno con los liberales, que finalmente se produciría solo siete meses después. En noviembre de 2001 por primera vez un Canciller Federal vinculó la cuestión de confianza a una votación parlamentaria sobre un tema de fondo. Aunque no corría peligro la mayoría parlamentaria necesaria para sacar adelante la participación de fuerzas militares alemanas en la operación antiterrorista "Enduring Freedom" porque los grupos parlamentarios de la CDU/CSU y el FDP que formaban la oposición estaban básicamente de acuerdo, por medio de la cuestión de confianza el Canciller Federal Gerhard Schröder quiso asegurarse a la vez el apoyo de una mayoría en las filas de los grupos parlamentarios que sostenían su gobierno, y de hecho lo logró.

Otras funciones electorales del Bundestag

Además de la elección del Canciller Federal y del presidente del Bundestag y de los vicepresidentes, el Bundestag tiene otras competencias electorales. Elige al Delegado Parlamentario para las Fuerzas Armadas, al Delegado Federal para la Protección de Datos y la Libertad de Información y al presidente y los vicepresidentes del Tribunal Federal de Cuentas. Asimismo elige al Órgano de Control Parlamentario, que es competente para la supervisión de los servicios de inteligencia de la Federación.

Los miembros del Bundestag integran la mitad de los miembros de la Asamblea Federal, que normalmente solo se reúne cada cinco años y por espacio de unas horas para cumplir su única función, que consiste en elegir al Presidente Federal. La otra mitad de este órgano constitucional es elegida por los Parlamentos de los Länder conforme al sistema proporcional. Asimismo, el Bundestag elige sin debate y a propuesta de su Comisión Electoral, compuesta de doce diputados, a la mitad de las y los magistrados de la Corte Constitucional Federal por una mayoría de dos tercios de los votos emitidos. Hasta la reforma de la Ley de la Corte Constitucional Federal en junio de 2015 la elección correspondía a la propia Comisión Electoral. La elección de la otra mitad de las y los magistrados de la Corte Constitucional Federal corresponde al Bundesrat. Además existe una Comisión para la elección de magistradas y magistrados de los tribunales superiores de la Federación (Corte Federal de Justicia, Corte Federal Contencioso-administrativa, Corte Federal de Trabajo, Corte Federal de Hacienda, Corte Federal Social), compuesta por 16 ministros de los Länder (Estados Federados) y un número igual de miembros elegidos por el Bundestag. Un órgano a caballo entre el Bundestag y el Bundesrat es la Comisión Mixta (Comisión de Mediación), compuesta por 16 miembros del Bundestag y otros tantos miembros del Bundesrat, que puede convocarse cuando se plantean conflictos durante el proceso legislativo entre el Bundestag, el Bundesrat y el Gobierno Federal (artículo 77 GG). Sus reuniones se celebran a puerta cerrada.

Por último, el Bundestag envía o designa miembros para diversos órganos de gestión o control del ejecutivo (entre otros, el Consejo de Radiodifusión de la Deutschen Welle, el Consejo de Administración del Instituto de Promoción de la Cinematografía y el Consejo Consultivo de Infraestructuras Ferroviarias).

El Bundestag también está representando en varias organizaciones internacionales. Elige de entre sus miembros a 18 miembros para formar parte de la Asamblea Parlamentaria del Consejo de Europa, está representado por 13 miembros en la Asamblea Parlamentaria de la Organización para la Seguridad y la Cooperación en Europa (OSCE) y envía delegaciones a las asambleas de la Unión Interparlamentaria (UIP). Por último, en este contexto cabe mencionar también los numerosos grupos de amistad interparlamentarios.

Legislación

La competencia legislativa corresponde a los Länder, en tanto la Ley Fundamental no confiera el derecho de legislar a la Federación (artículo 70 GG). En algunas materias "clásicas" como los asuntos exteriores, la defensa y la política monetaria la Federación tiene competencia exclusiva para legislar. Por lo demás, ha agotado en buena medida el extenso catálogo de la "legislación concurrente" (artículos 72 y 74 GG), que incluso fue notablemente ampliado en virtud de diversas reformas constitucionales. Ello se justifica principalmente por la necesidad de salvaguardar unas "condiciones de vida equivalentes" en todo el territorio nacional (artículo 72 GG). En el ámbito de la legislación los Länder conservan escasas competencias, concentradas principalmente en las áreas de educación y cultura, así como en el derecho de policía y el derecho local.

En cambio, los Länder fundamentalmente son competentes para la ejecución (inclusive) de las leyes federales, que en su mayoría ejecutan como "asunto propio" (artículo 84 GG). Estas condiciones del "federalismo administrativo" marcan en gran medida el proceso legislativo de la Federación, por cuanto por una parte el legislador federal está supeditado a la retroalimentación de los Länder a la hora de calibrar la incidencia de las leyes y, por otra, el gobierno y el Parlamento procuran dictar normas lo más detalladas posibles para garantizar una ejecución uniforme de las leyes por parte de los Länder (y las entidades locales).

La progresiva unitarización del Estado federal se llevó a efecto con el concurso del Bundesrat. Por una parte debilitó a los Parlamentos de los Länder y por otra dio lugar a que los miembros de los gobiernos regionales representados en el Bundesrat y los altos cargos de su función pública reforzaran su participación en la legislación y la actividad reglamentaria de la Federación.

Las reformas constitucionales requieren una mayoría de dos tercios de los miembros del Bundestag y de dos tercios de los votos del Bundesrat (artículo 79 GG) y por tanto solo prosperan si existe un consenso con el mayor partido de la oposición y una amplia mayoría de los gobiernos regionales. Hasta 2005 se aprobaron 51 leyes de reforma constitucional con infinidad de modificaciones. Algunas reformas trascendentales (régimen financiero, leyes de emergencia) se sacaron adelante bajo las condiciones excepcionales de la Gran Coalición de 1966 a 1969, en tanto que otras revisiones significativas estuvieron precedidas por arduos debates. Tras la unificación alemana diversas tentativas para impulsar reformas constitucionales de mayor calado se vieron truncadas porque tanto en la "Comisión Constitucional Conjunta" del Bundestag y el Bundesrat, de composición paritaria, como en el Bundestag mismo fue imposible reunir la mayoría de dos tercios exigida. Las modificaciones constitucionales se circunscribieron esencialmente a la adaptación al Tratado de Maastricht (artículo 23 GG) y un cierto fortalecimiento de los derechos de los Länder. Por el contrario, las numerosas propuestas relativas a reformas de gran alcance presentadas por los partidos de la oposición (referéndum, fortalecimiento de los derechos del Parlamento y de la oposición, inclusión de elementos sociales entre los objetivos del Estado) no tuvieron éxito. En el marco de la reforma del federalismo sacada adelante por la Gran Coalición en el verano de 2006 se introdujeron las reformas constitucionales más amplias hasta la fecha. El legislador regional vio fortalecida su posición como consecuencia del desplazamiento de numerosas competencias.

Conforme al artículo 24 GG, la transferencia de derechos de soberanía a instituciones internacionales se realiza por ley ordinaria sin aprobación del Bundesrat. Desde 1992, sin embargo, la transferencia de derechos de soberanía a instituciones de la Unión Europea requiere, al igual que las reformas constitucionales, una mayoría de dos tercios del Bundestag y del Bundesrat (artículo 23 GG).

La expansión del Estado social e interventor desde la década de los años cincuenta y la evolución tecnológica de los últimos decenios trajeron consigo un considerable incremento de normativas legislativas en su mayoría muy especializadas y detalladas y, más aún, de los decretos legislativos. Según la Ley Fundamental, el principio de legalidad de la administración, siendo uno de los pilares del Estado de Derecho, va ligado a la demanda democrática de regulación legal. Según reiterada jurisprudencia de la Corte Constitucional Federal, en virtud de ello todas las decisiones esenciales deben ser tomadas por el propio legislador. Por término medio se aprueban más de cien leyes al año. En su mayor parte son leyes de modificación y adaptación, por medio de las cuales suelen reformarse varias leyes a la vez (leyes de reforma articulada); ello es una muestra visible de la estrecha interconexión de las normas jurídicas. El Gobierno Federal, un ministro federal o los gobiernos de los Länder solo pueden dictar decretos legislativos previa habilitación mediante una ley en la cual se determine el contenido, el objeto y el alcance de la autorización (artículo 80 GG). La legislación está sujeta a importantes cambios como consecuencia del surgimiento de un sistema multinivel en el cual el nivel europeo adquiere una importancia creciente.

Iniciativa legislativa y elaboración de propuestas gubernamentales

Pueden presentar propuestas legislativas al Bundestag el Gobierno Federal, el Bundesrat o un grupo parlamentario, así como el cinco por ciento de los diputados del Bundestag. Por tanto, los diputados, individualmente considerados, no tienen la capacidad de impulsar el proceso legislativo. Sin embargo, a diferencia de otros muchos sistemas parlamentarios, la tramitación parlamentaria de las proposiciones de ley emanadas del propio Bundestag por principio no difiere de la seguida en el caso de los proyectos de ley del Gobierno Federal. Las iniciativas de los diputados no coordinadas a nivel interno en los grupos parlamentarios prácticamente no tienen ninguna relevancia. Las proposiciones de ley del Bundesrat requieren un acuerdo mayoritario de este órgano constitucional.

El grueso de las propuestas legislativas está constituido por los proyectos de ley presentados por el Gobierno Federal, que dispone del aparato funcionarial correspondiente. No obstante, su porcentaje sobre el total de los proyectos legislativos ha disminuido de los dos tercios registrados en la década de los setenta a aproximadamente la mitad; esta evolución vino determinada en particular por la presencia de un partido más en el bloque opositor. El dominio gubernamental se patentiza sobre todo en el elevado porcentaje de las propuestas del gobierno y de los grupos parlamentarios del gobierno sobre las leyes aprobadas: en las últimas seis legislaturas (1990–2013) representaron por término medio el 73 y el 14,1 por ciento. Por regla general las proposiciones de ley de los grupos parlamentarios que sostienen al gobierno también son elaboradas por la administración ministerial o al menos cuentan con su participación. Por otra parte, las propuestas gubernamentales pueden haber sido elaboradas a partir de impulsos políticos surgidos en el seno de los grupos parlamentarios de los partidos integrantes de la coalición de gobierno.

Con frecuencia los impulsos decisivos para poner en marcha un proyecto legislativo no parten exclusivamente de los órganos estatales formalmente competentes en el marco de la iniciativa legislativa sino igualmente de órganos de partido, sindicatos, entidades y asociaciones del sector privado y otros grupos de interés, institutos científicos, medios de comunicación e iniciativas cívicas, de los tribunales (Corte Constitucional Federal) y las Iglesias.

El importante número de propuestas legislativas emanadas de los grupos parlamentarios de la oposición (17.ª Legislatura: 168) apenas tiene visos de éxito. En las siete legislaturas transcurridas de 1983 a 2013, de un total de 1.777 proyectos legislativos de la oposición solo obtuvieron una mayoría parlamentaria cinco. Habida cuenta de la estrecha conexión existente en el sistema parlamentario entre los grupos parlamentarios mayoritarios y el gobierno, no debería sorprender demasiado la mínima expectativa de éxito de los proyectos legislativos de la oposición, lo cual no excluye efectos indirectos. No obstante, para los grupos parlamentarios opositores la elaboración de proyectos legislativos sí reviste interés por cuanto generalmente ven como su tarea no solo criticar la política gubernamental sino también formular alternativas. Ello es tanto más así cuando, dándose las correlaciones de fuerzas correspondientes en ambas cámaras, también pueden ejercer su influencia a través del Bundesrat.

El en principio escaso porcentaje de propuestas legislativas presentadas por el Bundesrat supera desde la década de los setenta el diez por ciento. Aproximadamente el cinco por ciento de las leyes fue impulsado por el Bundesrat.

La iniciativa de los proyectos gubernamentales suele partir de las secciones técnicas competentes de los ministerios, sobre todo tratándose de leyes de adaptación, en tanto que solo los temas de mayor alcance o políticamente controvertidos son asumidos de forma expresa por la cúpula política.

Frecuentemente ya la misma fase de desarrollo de los anteproyectos (denominados ponencias) incluye diversos procesos de información y concertación, dentro del departamento ministerial competente, con otros ministerios y a menudo también con representantes de distintas entidades y asociaciones. En este contexto también adquiere creciente importancia el asesoramiento político-científico en forma de informes y dictámenes, comisiones y audiencias. Las exigencias en materia de análisis de impacto regulatorio se elevaron mediante su inclusión en el Reglamento conjunto de los Ministerios Federales, reformado en el año 2000.

Leyes aprobadas por el Bundestag, 8.ª – 12.ª Legislatura (por promotor y comportamiento de voto)

	8.ª leg. 1976–80 No.	%	10.ª leg. 1983–87 No.	%	11.ª leg. 1987–90 No.	%	12.ª leg.[a] 1990–94 No.	%
Aprobadas por el Bundestag	354	100,0	320	100,0	369	100,0	507	100,0
Propuestas gubernamentales (GobFed)	288	81,4	237	74,1	267	72,4	346	68,3
Iniciativas del Bundesrat (BR)	15	4,2	32	10,0	15	4,1	28	5,5
Iniciativas del Bundestag (BT)	39	11,0	42	13,1	68	18,4	92	18,1
Coalición SPD-FDP	16	4,5						
Coalición CDU/CSU-FDP			31	9,7	53	14,4	59	11,2
Coalición SPD-Alianza 90/Los Verdes								
CDU/CSU	9	2,5	–	–	–	–	–	–
SPD	–	–	–	–	1	0,3	2	0,4
Alianza 90/Los Verdes[b]			–	–	–	–	–	–
La Izquierda[c]							–	–
CDU/CSU, SPD[g]	–	–					–	–
CDU/CSU, SPD, FDP	–	–	11	3,4	12	3,3	29	6,1
CDU/CSU, SPD, FDP, A. 90 /Los Verdes			–	–			2	0,4
SPD, CDU/CSU, Alianza 90 /Los Verdes								
SPD, Alianza 90 /Los Verdes, FDP								
Propuestas intergrupales[d]	14	4,0	–	–	2	0,5	–	–
Propuestas independientes[h]								
Agrupación de iniciativas (GobFed/BT, GobFed/BR, BT/BR)	12	3,4	9	2,8	19	5,1	41	8,1
Aprobadas en votación nominal	17	4,8	23	7,2	26	7,0	31[e]	6,1
Aprobadas por unanimidad	218	61,6	50	15,6	64	17,3	170[f]	33,5
Leyes promulgadas	339		320		366		493	

Leyes aprobadas por el Bundestag, 13.ª – 17.ª Legislatura (por promotor y comportamiento de voto)

	13.ª leg. 1994–1998		14.ª leg. 1998–2002		15.ª leg. 2002–2005		16.ª leg. 2005–2009		17.ª leg. 2009–2013	
	No.	%	No.	%	No.	%	No.	%	No.	%
Aprobadas por el Bundestag	566	100,0	559	100,0	400	100,0	616	100,0	553	100,0
Propuestas gubernamentales (GobFed)	403	71,2	394	70,5	281	70,3	488	79,2	434	78,5
Iniciativas del Bundesrat (BR)	36	6,4	22	3,9	17	4,3	19	3,1	17	3,1
Iniciativas del Bundestag (BT)	102	18,0	108	19,3	85	21,3	89	14,4	88	15,9
Coalición SPD-FDP										
Coalición CDU/CSU-FDP	79	14,0							71	12,8
Coalición SPD-Alianza 90/Los Verdes			93	16,6	–	19,0			–	–
CDU/CSU	–	–	–	–	–	–	–	–	–	–
SPD	1	0,2	–	–	–	–	–	–	–	–
Alianza 90/Los Verdes[b]	1	0,2	–	–	76	–	–	–	–	–
La Izquierda[c]	–	–	–	–	–	–	–	–	–	–
CDU/CSU, SPD[g]	3	0,5	–	–	–	–	70	11,3	–	–
CDU/CSU, SPD, FDP	12	2,1	–	–	–	–	4	0,6	3	0,5
CDU/CSU, SPD, FDP, A. 90 /Los Verdes	5	1,1	7	1,3	5	1,3	8	1,3	10	1,8
SPD, CDU/CSU, Alianza 90 /Los Verdes			2	0,5	3	0,8	2	0,3	–	–
SPD, Alianza 90 /Los Verdes, FDP			1	0,4	1	0,3	–	–	–	–
Propuestas intergrupales[d]	–	–	3	0,5	–	–	2	0,3	2	0,4
Propuestas independientes[h]	1		2				3	0,5	2	0,4
Agrupación de iniciativas (GobFed/BT, GobFed/BR, BT/BR)	25	4,4	35[i]	6,2	17	4,3	18	2,9	14	2,5
Aprobadas en votación nominal	43[e]	7,6	41	7,3	23	5,8	40	6,5	44[e]	8,0
Aprobadas por unanimidad	159[f]	28,1	210[f]	37,6	s. d.	s. d.	s. d.	s. d.	s. d.	s. d.
Leyes promulgadas	552		549		385		612		543	

[a] a partir de la 12.ª Legislatura: Bundestag de la Alemania unida

[b] hasta 3.10.1990: Los Verdes.

[c] hasta la 15.ª Legislatura inclusive: PDS; a partir del 4.10.1990 representación en el Bundestag en virtud de la unificación; 12.ª Legislatura: Grupo PDS/LL; en la 15.ª Legislatura sin fuerza de Grupo Parlamentario.

[d] se entiende por intergrupales las iniciativas de todos los Grupos Parlamentarios (y agrupaciones intraparlamentarias).

[e] no se incluyen las votaciones nominales en la Comisión Mixta (procedimiento de mediación).

[f] incluido elevado porcentaje de las numerosas leyes de aprobación de tratados internacionales adoptadas desde la 12.ª Legislatura.

[g] en la 16.ª Legislatura la CDU/CSU y el SPD formaron la Gran Coalición.

[h] iniciativas de diputados no integrados en ningún Grupo Parlamentario.

[i] incluidos ocho proyectos de ley basados en recomendaciones de comisiones parlamentarias.

Nota: La diferencia en la adición de las cifras con la suma total se explica por agregaciones y desagregaciones de proyectos de ley.

El anteproyecto aprobado por la dirección del ministerio competente se traslada formalmente a todos los ministerios intervinientes para que evacuen sus informes. Además, bajo determinadas condiciones se procede asimismo a informar “oficialmente” a los círculos técnicos, entidades y asociaciones y a los ministerios de los Länder y entidades locales participantes, así como a las secretarías de los grupos parlamentarios. Una vez consideradas las enmiendas que eventualmente procedan y efectuado el examen jurídico a cargo del Ministerio Federal de Justicia, el anteproyecto se cursa como propuesta gubernamental a la Cancillería Federal y se somete a deliberación en la siguiente sesión del gabinete (consejo de ministros). Tratándose de proyectos de relieve, a menudo las pautas políticas no se fijan en el gabinete sino en la comisión de la coalición de gobierno.

El Bundesrat puede emitir en un plazo de seis semanas un (primer) dictamen sobre los proyectos gubernamentales aprobados por el gabinete, y de hecho en la mayoría de los casos tales dictámenes son muy detallados. A continuación el Gobierno Federal remite el proyecto de ley (sin modificaciones) acompañado del dictamen del Bundesrat y su propia toma de posición con respecto a las eventuales objeciones del Bundesrat (denominada réplica) al Bundestag; solo en casos excepcionales (tasados) se prescinde de la remisión.

Deliberación parlamentaria de los proyectos de ley

Los proyectos de ley remitidos al Bundestag se examinan generalmente en tres deliberaciones (lecturas); solo las leyes de aprobación relativas a tratados internacionales (artículo 59 GG) requieren dos lecturas. Por lo común, la fecha de deliberación del proyecto de ley, la celebración de un debate plenario y la duración del mismo se acuerdan en la mesa de edad y en consultas entre los grupos parlamentarios a través de sus Gerentes Parlamentarios. Si los grupos parlamentarios del gobierno fijan el procedimiento por acuerdo mayoritario, ello choca sistemáticamente con las protestas de la oposición.

En la primera lectura de proyectos legislativos con cierta relevancia política en la mayoría de los casos también se celebra un debate plenario. Ello lleva a los grupos parlamentarios a pronunciarse con antelación, tanto a nivel interno como en público. Sin embargo, a diferencia de algunos otros sistemas parlamentarios, no se celebra una votación sobre la materia y tampoco se procede a fijar con carácter vinculante para las comisiones los principios que han de regir el proyecto legislativo.

Al término de la primera lectura el proyecto legislativo se traslada a una comisión con competencia primaria y por regla general también a varias comisiones con competencia secundaria. Tratándose de proyectos de ley del gobierno, en general tiene competencia primaria la comisión que se corresponde con el ministerio del cual proceda el proyecto de ley. Por lo regular el pleno se atiene a las propuestas de remisión de la mesa de edad o a los acuerdos adoptados posteriormente entre los grupos parlamentarios. Si un grupo no está de acuerdo con la propuesta de remisión o rechaza la remisión en sí, debe votarse formalmente en el pleno. Desde luego, determinar qué comisión tiene la competencia primaria con respecto a un proyecto no es una mera formalidad y en ocasiones incluso puede ser determinante. Porque, aunque tenga que tomar en cuenta las opiniones de las demás comisiones intervinientes con competencia deliberante, lo cierto es que la decisión final recae en la comisión con competencia primaria.

En general se puede afirmar que los grupos parlamentarios de la mayoría gubernamental están en disposición de ejercer su influencia en la formulación de los proyectos de ley del gobierno con tanto mayor éxito cuanto antes inicien sus gestiones en ese sentido. Cuando un proyecto de ley pasa a las comisiones, la posición de los grupos parlamentarios en gran medida ya está establecida.

En las deliberaciones a nivel de comisión se introducen modificaciones en cerca de las dos terceras partes de los proyectos legislativos, las cuales obviamente solo raras veces tienen por finalidad poner en tela de juicio los objetivos políticos de los proyectos. A menudo se trata de adaptaciones cuya necesidad se comprueba en el curso de la tramitación y propuestas del Bundesrat a las cuales se ha sumado el Gobierno Federal.

Durante la fase de examen en comisión los grupos parlamentarios de la oposición tienen escasas posibilidades de influir de modo directo en los proyectos de ley del gobierno (de su mayoría parlamentaria), pero estas mejoran decisivamente cuando los gobiernos de los Länder próximos a sus posiciones políticas disponen de la mayoría en el Bundesrat. Pero incluso bajo tales condiciones las modificaciones de los proyectos de ley como consecuencia de mociones "opositoras" a nivel de comisión son más bien infrecuentes.

Hasta qué punto el gobierno (su mayoría parlamentaria) está dispuesto a hacer concesiones a los partidos de la oposición lo pone de manifiesto ante todo en su aceptación de las recomendaciones del Bundesrat en la "primera vuelta", a más tardar al preparar el trabajo a nivel de comisión en los órganos de los grupos parlamentarios y de la coalición de gobierno. Teniendo en cuenta las opciones de la mayoría gubernamental a la hora de desarrollar los proyectos legislativos gubernamentales, estos a menudo ya se adecuan con anticipación para pasar la "criba del Bundesrat" o bien se renuncia del todo a la propuesta respectiva. Por tanto, desde esa perspectiva el proceso legislativo puede adquirir rasgos propios de la democracia consensual.

Las deliberaciones finales en el pleno no pueden tener lugar sino a partir del segundo día posterior a la distribución de la propuesta de acuerdo y del informe de la comisión investida de competencia primaria, a no ser que los grupos parlamentarios decidan de mutuo acuerdo renunciar a dicho plazo. En los numerosos proyectos legislativos examinados como "propuestas financieras", es decir, todas aquellas propuestas que, por su importancia fundamental o su volumen financiero, puedan repercutir considerablemente en las finanzas públicas de la Federación o de los Länder y no sean propuestas presupuestarias en sentido estricto, debe contarse además con un informe de la Comisión de Presupuestos antes de procederse a su deliberación final. Tratándose de propuestas financieras de miembros del Bundestag, el Gobierno Federal tiene asimismo la oportunidad de exponer su criterio sobre la materia. La propuesta solo puede incluirse en el orden del día una vez que haya tenido entrada el criterio del gobierno o transcurrido un plazo de cuatro semanas.

En la práctica la segunda y tercera lecturas de los proyectos legislativos habitualmente se reúnen bajo un punto del orden del día. En la mayoría de los casos se celebra un debate general, durante el cual también se puede entrar en enmiendas y propuestas de resolución. Para poder prescindir de ello se requiere el acuerdo de todos los grupos parlamentarios. No obstante, no pocas veces el tiempo de examen solo basta para mantener un breve debate técnico dentro de una ronda de debate.

Tras el debate general se celebran las deliberaciones individuales y las votaciones de la segunda lectura. Se vota por separado cada disposición individual o bien todas las partes del proyecto de ley en bloque en la versión de la comisión, así como las enmiendas y, dado el caso, la resolución propuesta por la comisión. Todos los diputados pueden presentar enmiendas. Pero en la práctica son un instrumento casi exclusivo de los grupos parlamentarios. La oposición suele presentarlas para visibilizar públicamente sus criterios previamente desestimados en el seno de la comisión, pero por norma son rechazadas. Las deliberaciones en segunda lectura a menudo tienen cierta complejidad procedimental. Los diputados poco avezados se guían por los especialistas y “apoderados de voto”. La tercera lectura y la votación final suelen celebrarse inmediatamente después. Si todas las partes de un proyecto legislativo son rechazadas en segunda lectura, no tiene lugar una tercera deliberación.

Procedimiento en el Bundesrat y sanción

Una vez aprobadas por el Bundestag, el presidente del Bundestag traslada las leyes sin demora al Bundesrat. Si los gobiernos de los Länder, representados en el Bundesrat, tienen objeciones, el Bundesrat puede exigir por mayoría de sus votos la convocatoria de la Comisión Mixta (Comisión de Mediación) con arreglo al artículo Art. 77 GG, lo cual hasta la fecha (de la primera a la decimoséptima legislatura) ha ocurrido en 894 casos, en su mayoría en relación con “leyes de aprobación”. No debería sorprender demasiado que fundamentalmente se haya recurrido a este mecanismo cuando las correlaciones de fuerzas en el Bundestag y en el Bundesrat eran distintas. También el propio Gobierno Federal y el Bundestag han acudido ocasionalmente a la Comisión Mixta. La Comisión Mixta, compuesta por 16 miembros del Bundestag y otros tantos del Bundesrat, se reúne a puerta cerrada. La mayoría de las veces se acuerdan en su seno modificaciones que a continuación por regla general son aceptadas por el Bundestag y el Bundesrat.

Tratándose de “leyes de oposición”, que no requieren la aprobación del Bundesrat, en caso de no llegarse a un acuerdo en el seno de la Comisión Mixta el Bundesrat puede oponerse a la ley aprobada por el Bundestag en un plazo de dos semanas, en cuyo caso el Bundestag a su vez puede invalidar por mayoría absoluta el veto (relativo) del Bundesrat, que es exactamente lo que suele ocurrir. En cambio, las leyes que deben tramitarse como “leyes de aprobación” –también denominadas leyes federativas–, entre otros casos por afectar especialmente a los intereses de los Länder, al requerir necesariamente la aprobación expresa del Bundesrat en cuanto cámara de representación territorial únicamente salen adelante si este órgano levanta su veto (absoluto). Aunque el Bundesrat puede rechazar asimismo con carácter inmediato las leyes federativas, casi nunca actúa de ese modo. En la fase posterior a la aprobación por el Bundestag solo puede conseguir modificaciones si acude a la Comisión Mixta. Si la propuesta de la Comisión Mixta para modificar o anular un acuerdo de ley es aceptada por el Bundestag, le corresponde al Bundesrat resolver sobre la aprobación.

La Ley Fundamental establece taxativamente qué leyes requieren la aprobación del Bundesrat. Contrariamente a las expectativas del Consejo Parlamentario, ya desde finales de la década de

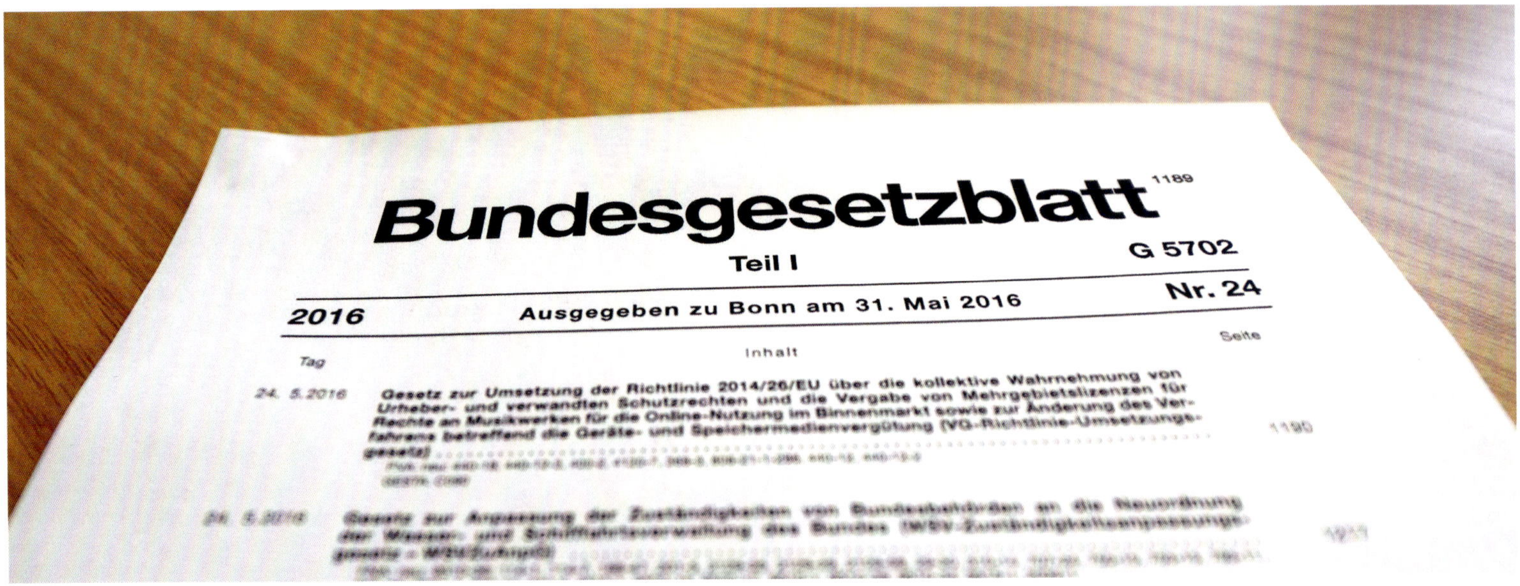

los cincuenta el porcentaje de las leyes de aprobación superó con creces el cincuenta por ciento. Ello fue posible –aunque no se pretendiera– en particular por lo dispuesto en el artículo 84 GG, en virtud del cual se requiere la aprobación del Bundesrat para aquellas leyes federales que contengan disposiciones relativas a su ejecución por las autoridades de los Länder, algo que sucede con frecuencia. Las modificaciones constitucionales más amplias en el marco de la llamada Reforma del Federalismo I, implantada en el año 2006 (en especial el artículo 84 GG), trajeron consigo una notable reducción del porcentaje de las leyes de aprobación (17.ª legislatura 2009–2013: 38,3 %). No obstante, queda por ver si esta evolución también se mantendrá cuando diverjan las mayorías partidarias en el Bundestag y el Bundesrat.

Para poder entrar en vigor, las leyes deben ser sancionadas (firmadas) sin demora por el Presidente Federal y publicadas en el Boletín Oficial Federal. Por razones políticas el Presidente Federal no puede negarse a firmar una ley; por razones jurídicas solo puede hacerlo si una ley se ha adoptado en contra de las normas constitucionales.

Aprobación de tratados y acuerdos del Parlamento sobre misiones militares en el extranjero

La creciente imbricación entre la política interior y la política exterior determina asimismo la labor del Bundestag. La política exterior es cada vez más amplia y más compleja. Bajo las condiciones de la globalización y la europeización, va mucho más allá de las áreas clásicas de la política de paz, seguridad y comercio exterior y abarca cada vez más cuestiones otrora puramente internas. Hoy en día prácticamente todos los ministerios del Gobierno Federal y las comisiones técnicas correspondientes del Parlamento se ocupan con competencia primaria o secundaria de los tratados internacionales, que siempre requieren la aprobación del Bundestag (leyes de aprobación de tratados internacionales).

Para que una ley tenga vigencia tiene que haber sido publicada en el Boletín Oficial Federal (BGBl.), editado por el Ministerio Federal de Justicia en Bonn y distribuido por la editorial Bundesanzeiger Verlag. El boletín oficial de la República Federal de Alemania es heredero de la Reichsgesetzblatt, gaceta que se editó de 1871 a 1945, y se publica desde la promulgación de la Ley Fundamental (BGBl. 1949, página 1).

El papel del Bundestag se vio fortalecido por un fallo de la Corte Constitucional Federal de 1994 en virtud del cual todas las misiones de fuerzas armadas alemanas en el extranjero requieren, con carácter previo, la aprobación constitutiva del Bundestag. En tanto que se renunció a reformar la Ley Fundamental en esta materia, el Bundestag, tras diez años de experiencia práctica sin base legal, aprobó a finales de 2004 la conocida como Ley de intervención del Parlamento. Desde la sentencia de la Corte Constitucional Federal el Bundestag ha adoptado más de cien acuerdos de autorización de misiones de fuerzas armadas alemanas en el extranjero, de los cuales aproximadamente dos tercios corresponden a prórrogas. A pesar de los a menudo enconados debates previos, en la mayoría de los casos el Bundestag dio su aprobación por una amplia mayoría.

Examen parlamentario de documentos de la UE e influencia en la legislación de la Unión Europea

La evolución de la Comunidad Europea trajo consigo un extenso desplazamiento de competencias legislativas hacia el plano comunitario (CE/UE). En época más reciente este proceso ha sido impulsado ante todo por el Acta Única Europea (1986–1987), el Tratado de Maastricht, mediante el cual se fundó la Unión Europea (1992–1993), el Tratado de Ámsterdam (1997) y el Tratado de Lisboa, que entró en vigor el 1 de diciembre de 2009. Los recortes de competencias de los Parlamentos nacionales como consecuencia de dicho proceso de comunitarización generaron un grave déficit democrático, que, no obstante, se amortiguó a partir del Acta Única Europea mediante un considerable aumento de las competencias del Parlamento Europeo en el ámbito legislativo y el refuerzo de los derechos de información y participación de los Parlamentos nacionales de los Estados miembros.

El de por sí ingente número de “propuestas relativas a la Unión Europea” cursadas al Bundestag ha seguido creciendo ininterrumpidamente durante los últimos diez años. El Bundestag recibe cada año unos 25.000 documentos sobre asuntos relacionados con la UE. Con frecuencia resulta difícil valorar la

v. Marschall
CDU/CSU

La Comisión para los Asuntos de la Unión Europea examina todos los temas relacionados con la política europea, incluidos en el pasado la introducción del euro, la supresión de las fronteras interiores, las negociaciones de adhesión con potenciales candidatos a la integración o también el paraguas de rescate del euro. En los últimos años esta comisión ha adquirido una importancia aún mayor debido también al Tratado de Lisboa.

importancia política y los efectos (recíprocos) de cada documento comunitario. El grueso lo constituye la "legislación" de la UE, dentro de la cual debe distinguirse entre los reglamentos, las directivas y las decisiones. Los reglamentos son actos legislativos de alcance general, obligatorios en todos sus elementos y directamente aplicables en cada Estado miembro de la UE. Las decisiones son vinculantes para los Estados miembros, empresas e individuos a los que designan como destinatarios. Las directivas obligan al Estado miembro destinatario en cuanto al resultado que deba conseguirse, dejando, sin embargo, a las autoridades nacionales la elección de la forma y de los medios (artículo 288 del Tratado de Funcionamiento de la Unión Europea). La transposición de las –a menudo detalladas– directivas por medio de leyes (y reglamentos) de los Estados miembros acarrea dificultades en no raras ocasiones. Aproximadamente las dos terceras partes de la leyes vigentes en Alemania son actos jurídicos europeos. Además, un alto porcentaje de las leyes federales está influido por impulsos europeos.

El Gobierno Federal debe informar al Bundestag sobre los asuntos vinculados con la Unión Europea "en detalle y con la menor dilación" (artículo 23, apartado 2, GG). Además, en la Ley sobre la cooperación del Gobierno Federal y el Bundestag Alemán en los asuntos de la Unión Europea (EUZBBG, por sus siglas en alemán) se especifica que la información debe ser "continua" y, por norma, trasladarse por escrito. La información se extiende en particular a la formación de la voluntad del Gobierno Federal, la preparación y transcurso de las deliberaciones en el seno de los órganos de la Unión Europea, las opiniones del Parlamento Europeo, de la Comisión Europea y de otros Estados miembros de la Unión Europea, así como a las decisiones adoptadas. Ello vale también para todos los órganos preparatorios y grupos de trabajo (§ 3). Los tratados internacionales y acuerdos intergubernamentales son asimismo asuntos de la Unión Europea si guardan "relación de suplementariedad u otra relación de proximidad con el derecho de la Unión Europea" (§ 1).

Antes de participar en los actos normativos de la Unión Europea, el Gobierno Federal debe dar al Bundestag la oportunidad de expresar su parecer y "tener en cuenta" las tomas de posición del Bundestag en las negociaciones (artículo 23, apartado 3, GG). Ese tipo de posicionamientos sigue siendo inusual. Con todo, se observa una intensa actividad de control e influencia sobre el Gobierno Federal a través del gran número de resoluciones presentadas por las comisiones parlamentarias en relación con documentos de la UE. Para poder utilizar de forma competente el creciente cúmulo de documentos fue necesario incorporar nuevas estructuras organizativas. Con la ampliación de la subdirección Europa (anteriormente División Europa) de la Administración del Bundestag y la implantación del sistema formalizado de "priorización" en 2008 se mejoraron sustancialmente las herramientas para que los diputados y los grupos parlamentarios del Bundestag pudieran participar adecuadamente en las decisiones de la política europea. Desde entonces la remisión de documentos de la Unión a las comisiones se rige por nuevas reglas, con las cuales se quiere hacer hincapié en la concentración en proyectos de relevancia política.

Queda por ver hasta qué punto la reordenación en cuestión dará lugar a un fortalecimiento permanente que legitime el papel del Bundestag dentro del proceso de formación de la voluntad política en el ámbito de la política europea.

La Comisión para los Asuntos de la Unión Europea juega un papel específico en relación con la política europea. Está integrada (actualmente) por 34 diputados del Bundestag y a ella pertenecen asimismo 15 diputados alemanes del Parlamento Europeo, los cuales tienen voz pero no voto. La Comisión para los Asuntos de la Unión Europea es competente para las cuestiones básicas de la integración europea y, en cuanto comisión transversal, se ocupa en especial de los proyectos europeos que afectan a varias áreas políticas distintas. Por último, actúa –típicamente con competencia deliberante– como comisión técnica para asuntos europeos en la tramitación de propuestas con incidencia en la política de integración. Por el contrario, la transposición de directivas de la UE ya aprobadas es asunto de las comisiones técnicas competentes por razón de la materia.

Control parlamentario y comunicación

El proceso de formación de la voluntad política lleva aparejados múltiples controles, cuya eficacia depende en gran medida de si son transparentes y activan la reflexión y la respuesta ciudadana.

Junto a la revisión posterior de la acción del ejecutivo ha adquirido gran importancia el control previo y corriente. Para que sea eficaz, el control parlamentario no puede ponerse en marcha para cuando el Gobierno Federal, con su gran aparato funcionarial y en coordinación con las grandes entidades y asociaciones, ya tenga perfilados o incluso rematados los proyectos de ley y otros planes.

Los grupos parlamentarios opositores y gubernamentales controlan de distinta manera. Los instrumentos de control formales y públicamente eficaces son utilizados en su gran mayoría por los grupos parlamentarios de la oposición. En las cinco legislaturas que van de 1994 a 2013 más del 95 por ciento de las interpelaciones y aproximadamente el 99 por ciento de las preguntas parlamentarias al Gobierno Federal fueron planteadas por los grupos de la oposición. Este tipo de demandas de información tiene por objeto recabar datos objetivos pero principalmente también evidenciar las intenciones y carencias de la política gubernamental y someterlas a crítica. Además, le brindan a la oposición la posibilidad, asiduamente utilizada, de exponer y argumentar posiciones alternativas. El criterio decisivo de su eficacia es la resonancia pública.

En cambio, los grupos parlamentarios que sostienen al gobierno raras veces recurren a los instrumentos de control formalizados para ejercer control de forma efectiva. Por regla general lo que les importa es proporcionar así al gobierno la oportunidad de presentar su política desde una perspectiva favorable.

Comparecencia de miembros del gobierno

El Bundestag y sus comisiones pueden exigir la comparecencia del Canciller Federal y de cada uno de los ministros federales (artículo 43 GG). Estos están obligados a responder a las preguntas de los diputados. El derecho de exigir la presencia del gobierno ante el Parlamento se contrapesa con el derecho del gobierno y del Bundesrat de participar y ser oídos en cualquier momento en las sesiones del Bundestag y sus comisiones. Las mociones de comparecencia ante el pleno pueden ser presentadas por un grupo parlamentario o el cinco por ciento de los diputados, pero la comparecencia solo puede ser acordada por mayoría, lo cual restringe su eficacia como medio de control parlamentario.

Desde que existe el Bundestag se han presentado cien mociones de comparecencia, casi todas ellas impulsadas por la oposición; al fin y al cabo el Bundestag acordó 23 comparecencias. El interés esporádico de los grupos parlamentarios opositores por las comparecencias obligatorias se funda en que, si se da el caso de que sus miembros competentes por razón de la materia no asisten a debates plenarios sobre temas políticos esenciales, el gobierno se ve en el trance de tener que justificarse y quedar expuesto a la crítica pública. La eficacia indirecta, preventiva, de las comparecencias obligatorias como instrumento al cual acudir ocasionalmente no es menos importante que la resonancia pública y el éxito efectivo.

Número de preguntas e interpelaciones, sesiones de preguntas, debates de actualidad, turnos de preguntas al Gobierno Federal

	1.ª L. 1949–53	2.ª L. 1953–57	3.ª L. 1957–61	4.ª L. 1961–65	5.ª L. 1965–69	6.ª L. 1969–72	7.ª L. 1972–76	8.ª L. 1976–80	9.ª L. 1980–83
Interpelaciones	160	97	49	35	45	31	24	47	32
Preguntas	355	377	411	308	488	569	480	434	297
Preguntas orales	392	1069	1536	4786	10733	6966	12925	11826	4971
de las cuales urgentes	–	–	2	33	198	135	74	49	13
Preguntas escritas	–	–	–	–	–	4107	5572	11641	9413
Sesiones de preguntas	16	44	96	178	223	176	168	135	79
Debates de actualidad	–	–	–	2	17	8	20	9	12
Sesiones informativas/turnos de preguntas al Gobierno Federal	–	–	–	–	–	–	8	–	–

	10.ª L. 1983–87	11.ª L. 1987–900	12.ª L. 1990–94	13.ª L. 1994–98	14.ª L. 1998–02	15.ª L. 2002–05	16.ª L. 2005–09	17.ª L. 2009–13	1.ª–17.ª L.
Interpelaciones	175	145	98	156	101	65	63	54	1377
Preguntas	1006	1419	1382	2070	1813	797	3299	3629	19134
Preguntas orales	7028	4034	4160	3540	3299	2515	2703	6164	88702
de las cuales urgentes	41	39	55	34	83	37	111	107	1011
Preguntas escritas	15836	16117	16661	14905	11838	11069	12789	20141	150093
Sesiones de preguntas	142	107	121	79	68	52	67	71	1822
Debates de actualidad	117	126	103	103	141	71	113	131	973
Sesiones informativas/turnos de preguntas al Gobierno Federal	3	32	44	41	61	42	59	69	358

Preguntas y debates de actualidad

El derecho a formular preguntas se cuenta entre las "clásicas" competencias de control del Parlamento y de los diputados. El Reglamento del Bundestag (GOBT) contiene disposiciones específicas sobre las interpelaciones y las preguntas en sentido estricto, los debates de actualidad, las sesiones de preguntas y las preguntas individuales por escrito, así como los turnos de preguntas al Gobierno Federal (sesiones informativas). Estos instrumentos sirven, por una parte, para recabar información que los diputados precisan para su labor legislativa y de control en las comisiones y en el pleno y, por otra, asimismo para ejercer "inmediatamente" el control del gobierno (de su mayoría), por cuanto abren la posibilidad de enfrentarse críticamente a la política del gobierno ante la opinión pública y presentar alternativas, obligando a la mayoría gubernamental a justificar su posición.

Entre los medios de información y control con incidencia pública integrados en el quehacer diario del Parlamento sobresalen las interpelaciones (Große Anfragen). Las interpelaciones y preguntas (en sentido estricto) al Gobierno Federal pueden ser presentadas por un grupo parlamentario o el cinco por ciento de los diputados. El presidente del Bundestag traslada la interpelación al Gobierno Federal y le insta a que comunique si tiene intención de contestar y, en caso afirmativo, cuándo tiene previsto hacerlo. Una vez recibida la contestación, la interpelación se incluye en el orden del día, debiendo ser debatida si así lo exige un grupo parlamentario o el cinco por ciento de los diputados. Si el Gobierno Federal rehúsa contestar a la interpelación o rehúsa hacerlo dentro de las tres semanas siguientes, el Bundestag puede incluirla en el orden del día para someterla a debate. La interpelación debe ser debatida si así lo exige un grupo parlamentario o el cinco por ciento de los diputados.

Las interpelaciones son especialmente apropiadas para mover al gobierno a posicionarse políticamente sobre asuntos de envergadura, tanto con carácter fundamental como en detalle. Lo decisivo para la eficacia de este instrumento es que los grupos parlamentarios pueden forzar la celebración de un debate plenario en un plazo de tres semanas. Como es de esperar, en cuanto instrumento de control y comunicación las interpelaciones son utilizadas principalmente por los grupos parlamentarios opositores. En la mayoría de los casos se refieren a temas políticos de gran alcance.

En cambio, las preguntas en sentido estricto (Kleine Anfragen) solo se contestan por escrito, para lo cual se dispone de un plazo regular de 14 días. No pueden incluirse en el orden del día como temas objeto de deliberación. Estas preguntas brindan la oportunidad de obtener en pocas semanas una respuesta a una demanda de información y urgir al gobierno a tomar posición. Son presentadas casi exclusivamente por los grupos parlamentarios opositores.

Además de lo anterior, todo diputado tiene el derecho de dirigir al Gobierno Federal preguntas individuales breves para su respuesta oral o por escrito. En las semanas de sesiones se celebra asimismo una sesión de preguntas de dos horas de duración (anexo 4 del GOBT). Los diputados hacen un amplio uso de su derecho de pregunta. Eso sí, también las actividades para las sesiones de preguntas hasta cierto punto se coordinan en el seno de los grupos parlamentarios.

Los diputados individuales recurren como instrumento propio mucho más a las preguntas dirigidas al Gobierno Federal para su respuesta por escrito que a las preguntas orales. Las primeras representan cerca del 80 por ciento del total de las preguntas presentadas en el Parlamento (17.ª Legislatura: 20.141 de 26.305); a ello se añade que también una parte de las preguntas pensadas para las sesiones de preguntas solo se responde por escrito, entre otros, por motivos de tiempo.

Los diputados recaban datos concretos, pero en la mayoría de los casos las preguntas tienen por meta mover al gobierno a explicitar y clarificar su valoración de procesos políticos y declaraciones conexas, así como sus intenciones y planes de actuación en marcha.

Turno de preguntas al Gobierno Federal

Desde hacía décadas venía criticándose que el Gobierno Federal no informara sobre el desarrollo y los contenidos de los consejos de ministros (sesiones del gabinete) primeramente al pleno del Bundestag sino en el marco de la Conferencia Federal de Prensa o que buscara la comunicación con la opinión pública a través de entrevistas individuales de los miembros del gabinete. Para reducir la ventaja publicitaria del Gobierno Federal en los medios de comunicación, derivada, entre otros, de este factor, se reclamó durante años que el Gobierno Federal informara regularmente al Parlamento y finalmente en 1990, ya con experiencia acumulada, se consiguió incluir en el Reglamento del Bundestag un "turno de preguntas al Gobierno Federal", también conocido como sesión informativa (anexo 7 del GOBT).

El turno de preguntas al gobierno se celebra periódicamente los miércoles a continuación del consejo de ministros y tiene una duración prevista de treinta minutos. Al inicio de la sesión informativa un miembro del gobierno puede tomar la palabra por espacio máximo de cinco minutos si así lo exige, lo cual ocurre la mayoría de las veces. Los diputados pueden plantear preguntas no solo en relación con el consejo de ministros precedente sino sobre cualquier ámbito de responsabilidad del gobierno, si bien en la práctica la sesión suele dedicarse en su mayor parte o incluso por entero a un asunto examinado en el consejo de ministros precedente. Además existe la queja de que las respuestas a menudo son superficiales y elusivas. Hasta ahora este formato de preguntas no ha satisfecho suficientemente las expectativas depositadas en el mismo, por lo que se estudia reformarlo.

Debates sobre declaraciones de gobierno

El término "declaración de gobierno" evoca de entrada una exposición extensa del programa de gobierno ante el Parlamento al comienzo de la legislatura o tras una remodelación gubernamental. Sin embargo, el Canciller Federal, en cuanto jefe del gobierno, y los ministros federales también presentan declaraciones de gobierno a lo largo de la legislatura con el propósito de dilucidar temas concretos de especial alcance. Este tipo de declaraciones son un importante instrumento de comunicación pública y aplicación de la política gubernamental. Según el artículo 43 GG, el gobierno tiene la facultad de emitir declaraciones ante el Bundestag en cualquier momento. En la última legislatura (2009–2013) se presentaron en total 51 declaraciones de gobierno. Por temas, destacan las relaciones internacionales y la política

A la izqda.: Omid Nouripour (Alianza 90/Los Verdes) y Gregor Gysi, presidente del Grupo Parlamentario de La Izquierda, durante sus discursos en la sesión extraordinaria sobre la situación de Irak el 1 de septiembre de 2014. Arriba: El presidente del Grupo Parlamentario del SPD, Thomas Oppermann, pronuncia un discurso durante la sesión extraordinaria del Bundestag Alemán sobre el resultado del referéndum sobre la permanencia de Gran Bretaña en la UE el 28.6.2016.

exterior, de seguridad y europea, así como las relaciones económicas. Aproximadamente un tercio de las declaraciones de gobierno se dedica a asuntos de política interna. Las declaraciones de gobierno son útiles para acreditar la "capacidad de respuesta" del gobierno, subrayar la presencia y aceptación internacionales y fijar pautas para los temas políticos y asimismo marcar los tiempos para su examen en el pleno. A través de las mismas la mayoría de gobierno puede asegurarse una ventaja operativa con proyección comunicacional.

En la mayoría de los casos las declaraciones de gobierno dan lugar a un "gran" debate, con frecuencia de varias horas de duración, en el cual participan principalmente figuras destacadas de los grupos parlamentarios y miembros del gobierno. A la declaración de gobierno responde regularmente el presidente del mayor grupo parlamentario de la oposición o uno de sus suplentes. Las declaraciones de gobierno y los debates plenarios son seguidos con gran atención por los medios de comunicación. Además, las declaraciones de gobierno son un instrumento de que dispone el Canciller Federal para aglutinar a socios de coalición reticentes y corrientes internas en torno a una línea de actuación política conjunta. Este imperativo de "cerrar filas" hacia afuera es tanto más poderoso cuanto que a menudo también deben votarse propuestas de acuerdo o resolución (véase más abajo). La votación puede realizarse inmediatamente después del debate y en no pocas ocasiones es nominal. Algunas propuestas de resolución se remiten a las comisiones, es decir, vuelven a ocupar al pleno en un momento posterior.

Debates de actualidad

La modalidad del debate de actualidad, introducida en 1965, permite al Bundestag abordar temas de interés actual y general en un plazo breve de tiempo y someterlos a una discusión política con intervenciones breves.

En los debates de actualidad el tiempo de intervención de los diputados está limitado a cinco minutos para facilitar un intercambio "vivo" de argumentos. Al prescindirse de mociones y decisiones de fondo, se trata de que el proceso de discusión se mantenga lo más abierto posible. Los debates de actualidad duran como máximo una hora.

Este tipo de debates se celebra por acuerdo de los grupos parlamentarios en la mesa de edad o si así lo exige un grupo parlamentario (o el 5 % de los diputados). Hasta 1980 una minoría parlamentaria solo podía imponer la celebración de un debate de actualidad si no se daba por satisfecha con una respuesta de un representante del gobierno a una pregunta oral, posibilidad que sigue existiendo hoy en día. La frecuencia de los debates de actualidad celebrados desde entonces (1983–2013: 905) vino motivada a partir del cambio de poder de 1982–1983 por la concurrencia de dos grupos parlamentarios opositores y el gran interés del grupo parlamentario de Los Verdes en este instrumento de control por su fácil activación y su visibilidad.

Declaraciones de gobierno

Legislatura	1.	2.	3.	4.	5.	6.	7.	8.	9.	10.	11.	12.	13.	14.	15.	16.	17.	1.–17.
Canciller Federal	25	7	4	7	16	14	20	19	13	25	24	19	16	32	13	16	26	296
Ministros Federales	2	8	4	3	8	11	18	3	3	24	14	16	30	28	10	18	25	225
Total	27	15	8	10	24	25	38	22	16	49	38	35	46	60	23	34	51	521

Sesión de preguntas con intervención del Ministro adjunto para Europa Michael Roth el 19 de marzo de 2014. Todos los miércoles de las semanas de sesiones se celebran en el Bundestag sesiones de preguntas de las 13.30 a las 15.30 horas en las que los parlamentarios plantean preguntas al Gobierno Federal para su contestación oral. Las preguntas tienen que obrar en poder del presidente del Bundestag a más tardar a las 12 horas del viernes anterior; las preguntas de notorio y urgente interés público (preguntas urgentes) pueden presentarse hasta las 12 horas de la víspera. Todos los diputados del Bundestag pueden plantear un máximo de dos preguntas por semana de sesiones; además el autor de la pregunta y cualquier otro diputado pueden formular otras dos preguntas adicionales una vez que se haya respondido verbalmente a la pregunta inicial y siempre y cuando estén relacionadas con ella.

Los temas son múltiples y abarcan prácticamente todos los campos de la política. Con frecuencia se debaten sucesos actuales dentro y fuera del país, decisiones espinosas y declaraciones políticas. Los medios de comunicación informan sobre los debates de actualidad de forma sistemática y, en términos comparativos, detenida. Con todo, las oportunidades de canalizar un discurso político fecundo solo se aprovechan en parte. Para temas con respecto a los cuales todos los grupos parlamentarios coinciden en señalar la necesidad de debate también se recurre crecientemente al formato del "debate acordado", que tampoco se supedita a la presentación de propuestas de acuerdo concretas.

Mociones de fondo

Un recurso muy utilizado para ejercer el control y tomar la iniciativa en el plano político son las mociones de fondo, presentadas en forma de mociones autónomas o propuestas de resolución, con las cuales es posible encauzar la adopción de un "simple" acuerdo parlamentario. Por tanto, además de la participación en las tareas legislativas, los grupos parlamentarios disponen de un medio añadido para poner en marcha decisiones del Parlamento. Un acuerdo de este tipo no es obligatorio para el gobierno, pero sí se considera políticamente vinculante. La inmensa mayoría de las mociones autónomas se ocupa de cuestiones políticas de fondo. Como el reglamento de la Cámara no pone cortapisas en cuanto a su contenido, se pueden utilizar en infinidad de casos.

Las propuestas de resolución les brindan a los grupos parlamentarios la posibilidad de tomar posición sobre informes y declaraciones del gobierno, interpelaciones, proyectos de ley y otras propuestas, inclusive por escrito, y llevar adelante la adopción de un acuerdo. Al igual que otras propuestas, las mociones y propuestas de resolución deben llevar la firma de un grupo parlamentario (o el 5 % de los diputados). Desde que el Parlamento cuenta con la presencia de dos grupos opositores (1983), el número de mociones autónomas y propuestas de resolución ha aumentado considerablemente. En la 17.ª Legislatura (2009–2013) el 88 por ciento de las 1.918 mociones de los grupos parlamentarios y el 94 por ciento de las 383 propuestas de resolución procedieron de la oposición. Los grupos parlamentarios de la oposición tienen escasas posibilidades de reunir una mayoría para sacar adelante mociones de fondo, pero estas son un instrumento indispensable para ejercer control e influencia con visibilidad ante la ciudadanía.

Cada una de estas dos variantes de moción tiene su propia función específica dentro del proceso de formación de la voluntad parlamentaria. Las mociones se pueden incluir en el orden del día independientemente de los asuntos objeto de deliberación. Si así lo exigen los proponentes, la moción debe incluirse en el orden del día si han transcurrido como mínimo tres semanas desde la distribución del impreso parlamentario respectivo. De este modo los grupos parlamentarios minoritarios pueden conseguir que se celebren debates sobre temas de su elección, y de hecho lo hacen con frecuencia.

Tanto las mociones como las propuestas de resolución (propuestas no de ley) pueden remitirse a las comisiones, algo que ocurre con cierta frecuencia con las propuestas de resolución relacionadas con interpelaciones o declaraciones de gobierno.

Las mociones de fondo son, sobre todo para los grupos parlamentarios de la oposición, un instrumento de peso a la hora de presentar pautas y programas alternativos. De este modo la mayoría gubernamental se ve obligada no solo a tratar la materia en el debate mismo sino a definirse públicamente en la votación.

Informes del Gobierno Federal

Desde mediados de la década de los sesenta revisten notable importancia como instrumento de información y control los informes que el Gobierno Federal dirige al Bundestag. En la mayoría de los casos los informes gubernamentales se evacuan a instancia del propio Bundestag; a menudo se fija su periodicidad. La presentación de informes entra en juego cuando con ocasión del examen de proyectos de ley u otras propuestas a nivel de comisiones u órganos de los grupos parlamentarios se comprueba la existencia de déficits de experiencia e información o la ausencia de alternativas de planificación en cuanto a los contenidos.

Aproximadamente la mitad de los informes se ocupa de normativas y programas específicos, debiéndose distinguir este tipo de informes de aquellos otros que se centran sectorialmente en el ámbito de competencias de un ministerio determinado o afectan a amplias áreas políticas de carácter supraministerial, como por ejemplo el Informe Agrario, el Informe Social, el Informe Ambiental, el Informe de Subvenciones y el Informe de Derechos Humanos.

Dado que los informes gubernamentales solo pueden ordenarse por acuerdo mayoritario, la oposición dispone de escasos resortes para ejercer presión en este terreno. La presión sobre el gobierno y la administración ministerial puede provenir sobre todo de la obligatoriedad (y periodicidad) de los informes. Algún provecho puede sacar la oposición más que nada de los informes emanados de comisiones gubernamentales "independientes", cuyo estatuto y obligación de informar están blindados. Si bien en estos casos el gobierno puede emitir su opinión, lo cierto es que está obligado a publicar tales informes (sin alteraciones). Así, por ejemplo, el Gobierno Federal se ve confrontado regularmente con el informe anual del "Consejo de Expertos Evaluadores para el Desarrollo Macroeconómico".

La mayoría de los informes por áreas políticas y transversales pero también muchos informes de medidas son objeto de grandes debates plenarios. Algunos informes han desatado intensas discusiones en la opinión pública.

Examen parlamentario de los presupuestos y control financiero

A primera vista la configuración de los presupuestos es asunto del Parlamento: el Presupuesto es aprobado anualmente mediante una ley del Parlamento (Ley de Presupuesto); los debates presupuestarios son objeto de gran atención dentro del Parlamento y en la opinión pública; la Comisión de Presupuestos se considera la más influyente del Bundestag. Pero de hecho es indiscutible que los presupuestos tienen una impronta muy fuerte del ejecutivo, como lo demuestran un somero repaso a la práctica y las propias normas constitucionales sobre la materia.

La presentación del proyecto de presupuesto y del plan presupuestario corresponde exclusivamente al Gobierno Federal. Una vez aprobado en consejo de ministros, el Gobierno Federal traslada el plan presupuestario en forma de ley (ley de presupuesto y plan presupuestario) al Bundesrat y simultáneamente –para evitar desfases temporales– al Bundestag (artículo 110 GG).

Dentro de lo posible, el proyecto de presupuesto ha de presentarse con antelación suficiente para que la primera deliberación tenga lugar inmediatamente después de concluido el receso estival, concretamente en la primera mitad del mes de septiembre, y la segunda y tercera lecturas del Bundestag, así como la llamada segunda vuelta en el Bundesrat, puedan concluirse antes del receso navideño. Entremedias se sitúan las intensas deliberaciones de la Comisión de Presupuestos. El Bundestag se ha atenido a este calendario casi siempre, algo que solo es posible porque los miembros de la Comisión de Presupuestos ya están informados antes de la remisión oficial del proyecto de presupuesto.

Al discurso del Ministro Federal de Hacienda dedicado a la presentación del proyecto le sigue un debate de varios días de duración en el que el mayor peso lo tiene el debate general protagonizado por los líderes políticos. Terminado el debate presupuestario, el proyecto de ley de presupuesto y el borrador del plan financiero se remiten a la Comisión de Hacienda. Las comisiones técnicas especializadas (competentes por materias) únicamente pueden emitir dictámenes; la mayoría hace uso de esta posibilidad.

El sistema de deliberación y presentación de informes de la Comisión de Presupuestos es similar al de otras comisiones, pero también presenta algunas particularidades, a saber, la especialización, que en su caso es aún más acusada, y la extraordinaria intensidad de los contactos informativos y de trabajo de los ponentes y los portavoces delegados con la burocracia ministerial.

Tras la remisión formal del proyecto de presupuesto a la Comisión de Presupuestos se mantienen en los ministerios conversaciones de detalle en las que participan, además del ponente y los ponentes adjuntos, altos funcionarios del respectivo departamento ministerial con competencia técnica y del Tribunal Federal de Cuentas. Antes de que la Comisión de Hacienda se ocupe de la materia, las partidas presupuestarias individualizadas y las propuestas de los ponentes se examinan en los grupos de trabajo y círculos de trabajo de los grupos parlamentarios implicados por razón de la materia y en las comisiones técnicas especializadas, que someten propuestas de modificación en dictámenes técnicos. El proceso concluye con una “sesión aclaratoria” de la Comisión de Presupuestos, en la cual han de adoptarse todos los acuerdos pendientes hasta ese momento.

Por lo menos las modificaciones de mayor envergadura usualmente solo pueden sacarse adelante en la comisión si las apoyan tanto los grupos parlamentarios mayoritarios en la comisión y el Parlamento como el gobierno. Aunque los miembros de la Comisión de Presupuestos tengan una visión específica de su papel, también aquí rigen las condiciones de funcionamiento propias de un Parlamento estructurado en grupos políticos. Por lo general, en la Comisión de Presupuestos la mayoría gubernamental saca adelante las decisiones previas adoptadas en el seno de sus grupos parlamentarios.

Contrariamente a la comprensión tradicional de su papel, el Bundestag también participa en la ejecución presupuestaria. El principal instrumento de control de seguimiento de la Comisión de Presupuestos es la denominada "anotación de bloqueo" específica, mediante la cual en casos excepcionales se puede determinar que una consignación de gastos requiera la aprobación del Bundestag. Esta posibilidad de influencia se utiliza en medida creciente, sobre todo en programas de adquisiciones que comprometen recursos presupuestarios de ejercicios subsiguientes.

En principio todos los grupos parlamentarios están de acuerdo en que la soberanía presupuestaria que le corresponde al Bundestag exige un control efectivo de la ejecución del presupuesto pero justamente en este terreno hay una gran discrepancia entre realidad y objetivos. Para poner remedio a esta disfunción se creó (como subcomisión de la Comisión de Presupuestos) una comisión de auditoría, que obviamente necesita asistencia técnica a gran escala. Pero esta tarea a todas luces no se puede atender con las disponibilidades de los servicios parlamentarios auxiliares. En este orden de cosas el Bundestag depende fundamentalmente de la colaboración del Tribunal Federal de Cuentas, institución formalmente independiente que de un tiempo a esta parte ha asumido un número creciente de funciones asesoras para el Parlamento y el gobierno. Eso sí, a pesar de la deseada proximidad al Bundestag (Comisión de Presupuestos), desde el punto de vista legal el Tribunal Federal de Cuentas no es un "órgano auxiliar" del Bundestag. Según la Constitución, el Tribunal Federal de Cuentas, cuyos miembros gozan de independencia judicial, debe informar directamente todos los años, además de al Gobierno Federal, también al Bundestag y al Bundesrat (artículo 114 GG).

Comisiones de investigación

Según el artículo 44 GG, el Bundestag tiene el derecho y, a petición de una cuarta parte de sus miembros, el deber de constituir comisiones de investigación, encargadas de reunir las pruebas necesarias en sesiones públicas. Así pues, el Bundestag es uno de los pocos Parlamentos europeos occidentales en los que una minoría cualificada puede exigir formalmente la creación de una comisión de investigación. Este tipo de comisiones puede ocuparse de cualesquiera hechos que entren dentro de la responsabilidad del Gobierno Federal así como del Bundestag. En el marco de la competencia federal pueden constituirse igualmente para esclarecer hechos (carencias, deficiencias) en ámbitos extraestatales.

En la práctica parlamentaria el grueso de la labor de este órgano parlamentario corresponde inequívocamente a la investigación de carencias y deficiencias en el ámbito del Gobierno Federal y la administración. Eso sí, en varios casos las investigaciones también se realizaron con la intención de impulsar mejoras (por ejemplo en el caso de las comisiones de investigación "Flick", "Transnuklear", "Coordinación comercial", "Política de visados como riesgo de seguridad", "BND", "Grupo terrorista NSU", "NSA").

Las comisiones de investigación del Bundestag Alemán tienen como misión fundamental el control parlamentario del gobierno. Se dedican al esclarecimiento de hechos de interés público y rinden informe de su labor al Parlamento. Su constitución y atribuciones están reguladas en el Art. 44 de la Ley Fundamental y en la ley específica sobre la materia (PUAG), adoptada en 2001.

Comisiones de investigación

Leg.	Comisión de investigación	Solicitante	Constitución Fecha	Constitución Sesión	Informe final (impreso BT)	Presidente
1.	Comprobación de las importaciones	BP	02.02.1950	34	I/1596	Herbert Kriedemann (SPD)
	Comprobación del consumo de combustible	SPD	10.02.1950	37	I/4675	Gerhard Schröder (CDU/CSU)
	Comprobación de adjudicaciones en el área de Bonn	SPD	02.03.1950	44	I/2275 I/3626	Walther Hasemann (FDP)
	Desastre en la mina Dahlbusch	KPD	22.06.1950	71	– [a]	Heinrich Imig (SPD)
	Cuestión de la capitalidad (Comisión Spiegel)	Intergrupal	05.10.1950	89	I/2274	Johannes Semler (CDU/CSU)
	Robo de documentos en la Cancillería Federal	CDU/CSU	11.10.1951	167	– [b]	Walter Menzel (SPD)
	Anomalías en la Administración Federal	SPD	11.10.1951	167	– [b]	Matthias Hoogen (CDU/CSU)
	Anomalías en el Servicio Exterior	SPD	24.10.1951	170	I/3465	Max Becker (FDP)
	Empleo de inválidos en servicios administrativos federales	SPD	10.09.1952	228	I/4609	Maria Probst (CDU/CSU)
2.	Caso John	SPD	16./17.09.1954	43	II/3728	Gerd Bucerius (CDU/CSU)
	Normas refundidas de derecho imperial y federal	CDU/CSU	28.01.1955	65	II/1404 II/3703	Matthias Hoogen (CDU/CSU)
	Organismo de importación y almacenamiento de aceites	SPD	23.02.1956	130	II/3596	Herbert Kriedemann (SPD)
4.	Comisión FIBAG	SPD	21.03.1962	21	IV/512 IV/639	M. Hoogen (CDU/CSU)
	Caso de escuchas telefónicas	SPD	23.10.1963	91	IV/2170	H. Schmitt-Vockenhausen (SPD)
5.	Comisión HS-30[c]	FDP	16.03.1967	99	V/4527	H.-J. v. Merkatz (CDU/CSU)
	Servicios de inteligencia	SPD	13.11.1968	194	V/4208	M. Hirsch (SPD)

Comisiones de investigación

Leg.	Comisión de investigación	Solicitante	Constitución Fecha	Sesión	Informe final (impreso BT)	Presidente
6.	Comisión Pan-International	CDU/CSU	01.10.1971	139	VI/3830	W. Rawe (CDU/CSU)
7.	Comisión Steiner/Wienand	CDU/CSU	15.06.1973	43	7/1803	F. Schäfer (SPD)
	Comisión Guillaume	CDU/CSU	06.06.1974	105	7/3246	W. Wallmann (CDU/CSU)
8.	Caso de intervención de una conversación telefónica con F. J. Strauß	CDU/CSU	26.01.1978	69	8/3835	W. Althammer (CDU/CSU)
9.	Caso Rauschenbach	CDU/CSU	09.10.1981	57	– [d]	H.-J. Jentsch (CDU/CSU)
10.	Caso Flick (donaciones)	SPD	19.05.1983	8	10/5079	M. Langner (CDU/CSU)
	Contrainteligencia durante el mandato del Ministro Zimmermann	SPD	03.10.1985	162	10/6584	G. Jahn (SPD)
	Inmobiliaria Neue Heimat	CDU/CSU, FDP	05.06.1986	219	10/6779	H. G. Hüsch (CDU/CSU)
	Planos de submarinos	Los Verdes, SPD	10.12.1986	255	– [d]	W. Penner (SPD)
11.	Planos de submarinos	SPD, Los Verdes	02.04.1987	8	11/8109	H. Eylmann (CDU/CSU)
	Escándalo nuclear “Transnuklear”	CDU/CSU, FDP, SPD, Los Verdes	21.01.1988	55	11/7800	H. Bachmaier (SPD)
12.	Coordinación comercial	SPD, Alianza 90/ Los Verdes	06.06.1991	28	12/3462 12/3920 12/4500	F. Vogel (CDU/CSU)
	Agencia Fiduciaria (Treuhandanstalt)	SPD	30.09.1993	179	12/8404	O. Schily (SPD)
	Infección VIH	SPD, CDU/ CSU, FDP	29.10.1993	186	12/6700 12/8591	G. Scheu (CDU/CSU)
13.	Plutonio	Alianza 90/Los Verdes, SPD, CDU/ CSU, FDP	11.05.1995	35	13/10800 13/10852 [e] 13/10909 [e]	G. Friedrich (CDU/CSU)
	Patrimonio de la RDA	SPD	28.09.1995	58	13/10900	V. Neumann (SPD)

Leg.	Comisión de investigación	Solicitante	Constitución Fecha	Constitución Sesión	Informe final (impreso BT)	Presidente
14.	Donativos ilegales a la CDU	SPD, Alianza 90/ Los Verdes	02.12.1999	76	14/9300	V. Neumann (SPD)
15.	Fraude electoral	CDU/CSU	20.12.2002	17	15/2100	K. U. Benneter (SPD)
	Política de visados como riesgo de seguridad	CDU/CSU	17.12.2004	32	15/5975	H.-P. Uhl (CDU/CSU)
16.	Comisión BND	FDP, La Izquierda, Alianza 90/Los Verdes	07.04.2006	33	16/13400	S. Kauder (CDU/CSU)
	Crisis HRE[f]	FDP, La Izquierda, Alianza 90/Los Verdes	26.03.2009	214	16/14000	Dr. H.-U. Krüger (SPD)
17.	Gorleben	SPD, La Izquierda, Alianza 90/Los Verdes	26.03.2010	35	17/13700	Dr. M. Flachsbarth (CDU/CSU)
	Grupo terrorista "Nationalsozialistischer Untergrund"	CDU/CSU, SPD, FDP, La Izquierda, Alianza 90/Los Verdes	26.01.2012	155	17/14600	S. Edathy (SPD)
18.	NSA	CDU/CSU, SPD, FDP, La Izquierda, Alianza 90/Los Verdes	20.03.2014	23	–[g]	Dr. P. E. Sensburg (CDU/CSU)
	Operación Spade	La Izquierda, Alianza 90/Los Verdes	02.07.2014	45	18/6700	Dr. E. Högl (SPD)
	Grupo terrorista "Nationalsozialistischer Untergrund" II	CDU/CSU, SPD, La Izquierda, Alianza 90/Los Verdes	11.11.2015	135	–[g]	C. Binninger (CDU/CSU)
	Operaciones Cum-Ex	La Izquierda, Alianza 90/Los Verdes	19.02.2016	157	–[g]	Dr. H.-U. Krüger (SPD)

[a] la comisión no celebró una sesión final
[b] formalmente el procedimiento no se concluyó
[c] HS-30: tipo de blindado
[d] La comisión no concluyó su labor hasta el final de la legislatura.
[e] informes divergentes del Grupo Parlamentario del SPD (13/10852) y del grupo del PDS (13/10909)
[f] sobre la situación de riesgo del Hypo Real Estate Holding AG en otoño de 2008
[g] no concluida en el momento de la presentación

Desde el año 2001 existe por primera vez una ley reguladora de la materia. Hasta entonces el Bundestag había venido fijando sucesivamente normas de procedimiento para cada legislatura por separado.

Los informes dirigidos al pleno del Bundestag, que las comisiones de investigación están obligadas a presentar en todo caso, por lo general no contienen únicamente comprobaciones fácticas sino a la par valoraciones políticas y a menudo también propuestas de mejora (por ejemplo en el plano legislativo). Ello no implica ningún riesgo. La habitual conexión de las comisiones con los órganos de los grupos parlamentarios también existe en el caso de las comisiones de investigación, de modo que en gran medida queda asegurado el cumplimiento de las “directrices de grupo”. Otros órganos no están sujetos a las comprobaciones, valoraciones ni recomendaciones de las comisiones de investigación, aunque un voto mayoritario en cualquier caso tiene notable peso frente al ejecutivo. En la práctica las comisiones de investigación casi siempre son instrumentos de la pugna política, fundamentalmente entre la mayoría gubernamental y los grupos parlamentarios de la oposición, lo cual por supuesto no excluye propósitos orientados al bien común.

Como instrumentos de control con incidencia pública que son, las comisiones de investigación en la mayoría de los casos son exigidas y puestas en marcha por partidos opositores: de las 43 comisiones de investigación constituidas hasta la fecha, 31 fueron solicitadas por un grupo parlamentario de la oposición; en cinco casos el impulso procedió de un grupo parlamentario integrante del gobierno y en siete conjuntamente de grupos del gobierno y la oposición. Ahora bien, en la investigación misma las trincheras no siempre discurren entre mayoría gubernamental y grupos opositores.

La composición de las comisiones de investigación responde igualmente a la relación de fuerzas de los grupos parlamentarios y sus miembros son nombrados y destituidos por estos. También la presidencia se determina en función de esa correlación.

Una novedad significativa de la Ley reguladora de las comisiones de investigación estriba en la posibilidad de designar un comisionado de investigación. La comisión de investigación tiene el derecho de designar un comisionado en cualquier momento, pero debe hacerlo necesariamente si así lo solicita una cuarta parte de sus miembros. El comisionado de investigación es “independiente” en el marco de su delegación y sale designado en el plazo de tres semanas por la amplia mayoría de dos tercios de los miembros presentes. Su función consiste en realizar exhaustivas investigaciones preliminares para descargar a la comisión. El trabajo de los comisionados de investigación designados desde 2007 en varias comisiones de investigación ha sido valorado como muy útil por todos los grupos parlamentarios.

La práctica de las pruebas está diseñada como derecho de la minoría parlamentaria. Ha de procederse a la práctica de pruebas si las solicita una cuarta parte de los miembros de la comisión de investigación. La práctica de pruebas abarca la toma de declaración a testigos y peritos, la consulta de documentación y la recabación de información, dictámenes e informes. Sin embargo, en el pasado ha habido reiteradas controversias entre la (minoría de la) comisión y el gobierno, así como entre las comisiones de investigación y los tribunales por la negativa a facilitar determinada documentación. Por regla general la práctica de pruebas requiere un enorme despliegue de medios. Por ejemplo, la comisión de investigación del caso "Flick" tuvo que examinar más de 100.000 páginas de documentación. La mayor parte del tiempo dedicado a la investigación se ocupa en la toma de declaración a testigos y peritos.

El Bundestag no tiene autoridad para constituir comisiones de investigación en materia de defensa. En este ámbito las competencias se transfirieron a la Comisión de Defensa del Parlamento. Si esta comisión decide investigar un asunto, tiene también las facultades de una comisión de investigación. A petición de la cuarta parte de sus miembros está obligada a iniciar una investigación sobre un asunto determinado (artículo 45a GG). Hasta la fecha la Comisión de Defensa ha recurrido a esta posibilidad en contadas ocasiones.

El informe de la comisión de investigación se aprueba por mayoría. Mientras que la parte del informe relativa a las "constataciones" a menudo es apoyada igualmente por los grupos parlamentarios opositores, en sus votos particulares estos reflejan valoraciones y propuestas políticas diferentes. Una notable excepción fue la Comisión de Investigación de la 17.ª Legislatura (2009–2013) sobre la banda terrorista de extrema derecha NSU (Clandestinidad Nacionalsocialista), porque en este caso hubo una clara voluntad de consenso de las fuerzas políticas a la hora de fijar las conclusiones y propuestas. Equipadas como están con eficaces instrumentos de control, las comisiones de investigación desde luego que pueden analizar las consecuencias de las decisiones políticas e impulsar innovaciones en los ámbitos administrativo y legislativo.

Para la eficacia pública de la acción de control resulta clave que la ciudadanía tenga la oportunidad de formarse un juicio sobre la base de una información objetiva y causal por parte de los medios de comunicación.

La Comisión de Peticiones

La Comisión de Peticiones del Bundestag funge como órgano de control sui géneris. La Ley Fundamental establece que toda persona tiene el derecho de presentar individual o colectivamente, por escrito, peticiones y quejas a las autoridades competentes y a los órganos de representación del pueblo (artículo 17 GG). Este derecho se ejerce en considerable medida. En los últimos años la Comisión de Peticiones ha recibido una media de 15.000 a 18.000 peticiones al año, sin contar las numerosas peticiones masivas y colectivas, que se presentan con una lista de firmas. Las peticiones masivas son instancias presentadas en gran número, cuyo texto coincide en su totalidad o en sus partes esenciales. Desde 2005 las peticiones también pueden presentarse por vía telemática mediante un formulario en red (epetitionen.bundestag.de, solo en alemán).

Sesión pública de la Comisión de Peticiones en el edificio Paul Löbe. Esta comisión es competente para estudiar las peticiones y quejas dirigidas al Parlamento. Dispone de diversas competencias para esclarecer hechos relevantes, incluida la citación y audiencia de testigos y peritos. Se ocupa de peticiones individuales y colectivas y también de "instancias" públicas.

Muchas de las quejas dirigidas al Bundestag tienen que ver con casos extraordinarios no contemplados en las leyes y disposiciones administrativas, así como con actos u omisiones de la administración considerados injustos o perjudiciales. En tales supuestos las peticiones a los Parlamentos pueden constituir un último recurso, porque no están sometidas a reglas procedimentales ni plazos de presentación. De ahí que la función de las instancias parlamentarias de petición se considere popularmente como un "paño de lágrimas de la nación".

El derecho de petición ofrece a los particulares asimismo la posibilidad de presentar "instancias", es decir, dirigirse a la representación del pueblo con sugerencias y propuestas –sobre todo en materia de legislación–. Los ciudadanos hacen uso asiduo de esta posibilidad. Aproximadamente las dos quintas partes de las peticiones son instancias relacionadas con leyes federales. Esta faceta del derecho de petición "orientada al bien común" adquirió importancia creciente desde la aparición de las iniciativas cívicas en la década de los setenta. El procedimiento de petición se fue perfeccionando con el paso del tiempo y su efectividad se apuntaló legalmente.

Según el artículo 45 c GG, las peticiones dirigidas al Bundestag son competencia de la Comisión de Peticiones. El presidente del Bundestag está obligado a remitírselas en todo caso. A su vez la Comisión de Peticiones debe recabar el parecer de las comisiones técnicas especializadas cuando las peticiones se refieran a materias que sean objeto de sus deliberaciones; en la práctica se trata fundamentalmente de proyectos legislativos.

El Gobierno Federal y las autoridades de la Federación deben facilitar a la Comisión de Peticiones los documentos e informaciones necesarios para preparar sus acuerdos sobre las quejas, así como permitirle el acceso a sus instalaciones. Es significativo que la comisión pueda ejercer este derecho de forma directa frente a las autoridades federales. Las nuevas facultades solo se han aprovechado parcial y modestamente. Ello se debe por un lado a la sobrecarga de los diputados y por otro a que las facultades solo pueden ser utilizadas por una mayoría dentro de la comisión.

Los trabajos preparatorios del servicio de apoyo con que cuenta la comisión en la administración del Bundestag (Subdirección Peticiones e Instancias) tienen una relevancia considerable. Aunque se dediquen en cuerpo y alma a la Comisión de Peticiones, los diputados que la integran se topan pronto con sus límites, por cuanto habitualmente también forman parte de otra comisión técnica especializada, que suele concentrar el grueso de su labor. La comisión solo delibera y decide pormenorizadamente sobre casos temática o políticamente difíciles, en tanto que todas las peticiones restantes se votan en bloque, siendo este un

Desde 2005 las peticiones también se pueden presentar por vía telemática (en línea).

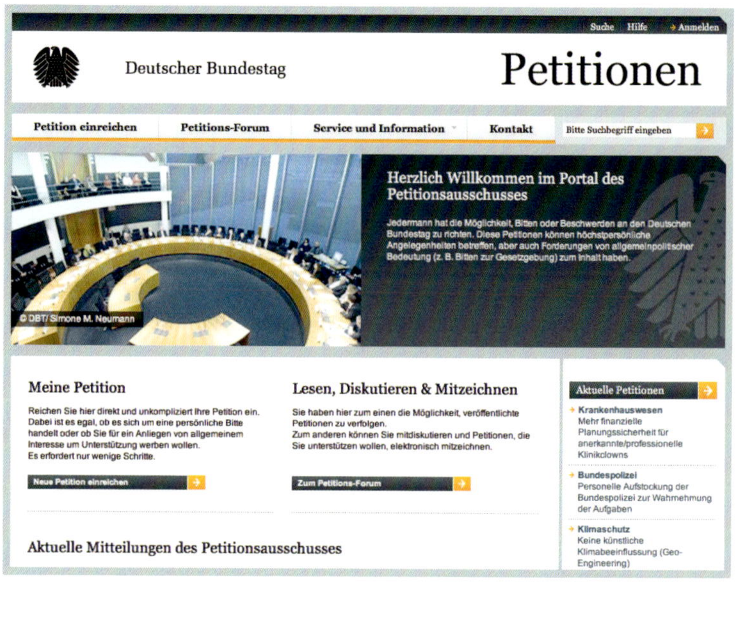

acto puramente formal. La Comisión de Peticiones informa al Bundestag sobre las peticiones por ella examinadas mediante compendios mensuales acompañados de propuestas de acuerdo. Casi siempre se votan en bloque y sin debate. Además, la Comisión de Peticiones rinde al Bundestag anualmente un informe escrito en el cual se exponen los puntos esenciales de su labor.

Pero aparte de lo anterior el Bundestag tiene el derecho de remitir peticiones al gobierno y la administración y por tanto dispone de un medio de control "adicional", en absoluto ineficaz. Una petición puede ser trasladada al Gobierno Federal para su estimación, cuando las demandas del peticionario estén justificadas y el caso exija una intervención correctora, o para su consideración, cuando la instancia del peticionario dé motivo para solicitar una nueva revisión del asunto y tratar de hallar soluciones para corregir la situación dada. También puede remitírsele en forma de documentación técnica, para lograr que la petición sea incluida en la elaboración de proyectos legislativos, o trasladársele en forma de remisión simple, para señalar especialmente a su atención las demandas del peticionario. Por lo demás, las peticiones pueden enviarse a los grupos parlamentarios del Bundestag Alemán para su conocimiento, por considerarse que la petición es idónea a efectos de impulsar una iniciativa parlamentaria, y a uno o varios de los Parlamentos de los Estados Federados o al Parlamento Europeo, por verse afectada su competencia.

Las peticiones también son importantes a efectos de "evaluación" (seguimiento), pues a menudo revelan carencias legislativas. Estas formas directas de retroalimentación e impulso por parte de los ciudadanos son valiosas e indispensables. Especial significación reviste el gran número de peticiones colectivas y masivas. Grupos de ciudadanos activos se unen para dirigir conjuntamente a la Comisión de Peticiones y al Parlamento peticiones sobre todo tipo de temas, predominantemente del ámbito legislativo. Con la normativa específica aprobada en 2005 se recalcó aún más el peso político y el propósito de las peticiones colectivas y masivas. En concreto, las peticiones a las cuales se adhieran en un plazo de cuatro semanas un mínimo de 50.000 personas son examinadas por la comisión en sesiones públicas en las que se da voz a los peticionarios, un procedimiento que entre tanto se practica con frecuencia. Para ello se requiere por supuesto el consentimiento de los peticionarios y además que la comisión no se oponga por una mayoría de dos tercios de los miembros presentes. Desde 2005 existen asimismo las denominadas Peticiones Públicas, un sistema participativo que permite presentar, firmar y debatir peticiones a través de la web del Bundestag. En el año 2008 esta herramienta fue simplificada y se le dio carácter permanente. Entre tanto el uso de estas posibilidades se ha generalizado. Sumando las peticiones masivas y las adhesiones a peticiones colectivas y Peticiones Públicas, en el año 2010 aproximadamente 1,8 millones de personas se dirigieron al Bundestag para apoyar una petición.

El Delegado Parlamentario para las Fuerzas Armadas, Hans-Peter Bartels (SPD), conversa con soldados durante una visita a las tropas alemanas de la NATO Response Force (NRF) 2015 en Münster. En su función como órgano auxiliar del Bundestag en el ejercicio del control parlamentario en el ámbito de la Bundeswehr (Fuerzas Armadas Federales) el Delegado se ocupa de la protección de los derechos fundamentales de los soldados y la vigencia de los principios de la conducta militar en las tropas.

El Delegado Parlamentario para las Fuerzas Armadas

Siguiendo el modelo del "ombudsman" escandinavo, en 1956 se creó la figura del Delegado Parlamentario para las Fuerzas Armadas (artículo 45b GG) como órgano auxiliar del Bundestag para la protección de los derechos fundamentales y el ejercicio del control parlamentario en el ámbito de la Bundeswehr (Fuerzas Armadas Federales). Sus tareas están recogidas en la Ley del Delegado Parlamentario para las Fuerzas Armadas.

El Bundestag o su Comisión de Defensa pueden dar instrucciones al Delegado a efectos de que proceda a comprobar determinados hechos, pero solo han aplicado esta facultad raras veces. El Delegado actúa de oficio cuando en el ejercicio de su facultad de inspección de las tropas, por comunicaciones de diputados del Bundestag o partes de soldados o por otras vías tiene conocimiento de circunstancias que permitan suponer la existencia de violaciones de los derechos fundamentales de los soldados o de los principios de la conducta militar. En la práctica esta es su función primordial.

Gran importancia tienen las instancias de la tropa dirigidas al Delegado Parlamentario para las Fuerzas Armadas, que actualmente rondan las 6.000 al año. Todo soldado tiene el derecho de dirigirse al Delegado individualmente y sin necesidad de respetar la vía jerárquica. Por tanto, el Delegado Parlamentario para las Fuerzas Armadas es una instancia adicional de petición y queja. Al igual que la Comisión de Peticiones, el Delegado Parlamentario para las Fuerzas Armadas está obligado a presentar anualmente al Bundestag un informe global (memoria anual) por escrito, que habitualmente es objeto de un debate plenario. El Delegado y sus colaboradores participan regular y activamente en las sesiones de la Comisión de Defensa y mantienen estrechos contactos con los miembros de los órganos correspondientes de los grupos parlamentarios.

Los Delegados Parlamentarios para las Fuerzas Armadas

Nombre	Partido	Mandato	Resultado electoral (síes en %)
Helmut von Grolmann	–	1959–1961	88,2
Hellmuth Guido Heye	CDU	1961–1964	por aclamación
Matthias Hoogen	CDU	1964–1970	59,3
Fritz Rudolf Schulz	FDP	1970–1975	53,7
Karl Wilhelm Berkhan	SPD	1975–1980	90,1
Karl Wilhelm Berkhan	SPD	1980–1985	91,6
Willi Weiskirch	CDU	1985–1990	84,5
Alfred Biehle	CSU	1990–1995	55,9
Claire Marienfeld-Czesla	CDU	1995–2000	71,1
Willfried Penner	SPD	2000–2005	77,8
Reinhold Robbe	SPD	2005–2010	51,3
Hellmut Königshaus	FDP	2010–2015	64,8
Hans-Peter Bartels	SPD	2015–	84,3

El Delegado Parlamentario para las Fuerzas Armadas es elegido en votación secreta por la mayoría de los miembros del Bundestag. Su mandato tiene una duración de cinco años y el cargo es reelegible. En el desempeño de sus funciones cuenta con la asistencia de un departamento técnico (Oficina del Delegado Parlamentario para las Fuerzas Armadas) adscrito a la Administración del Bundestag e integrado por unos cincuenta empleados.

Comisiones de encuesta

Desde 1969 se pueden constituir comisiones de encuesta para preparar decisiones sobre asuntos técnicos de gran alcance y extensión. Por su composición, competencia y funciones se trata de comisiones sui géneris. En su seno colaboran en pie de igualdad con los diputados diversos científicos y otros peritos y expertos (representantes de entidades y asociaciones). Dicha participación abarca tanto las deliberaciones como las votaciones. Hasta el momento se han constituido 36 comisiones de encuesta con el cometido de analizar procesos complejos y elaborar propuestas de futuro. Temáticamente destacan las nuevas tecnologías y sus consecuencias ecológicas, económicas y sociales. Entre los asuntos examinados en fecha más reciente cabe señalar la protección del ser humano y el medio ambiente, el futuro de los medios de comunicación, la globalización de la economía mundial, el futuro del compromiso cívico, la ética y legislación de la medicina moderna, la cultura en Alemania e Internet y sociedad digital.

El Bundestag está obligado a constituir comisiones de encuesta si así lo exige una cuarta parte de los diputados. Sin embargo, hasta ahora casi todos los acuerdos de constitución de este tipo de comisiones se han adoptado por una amplia mayoría tras alcanzarse un compromiso entre los grupos parlamentarios, precedido en ocasiones de arduos procesos de negociación.

El tamaño de las comisiones y el número de diputados se negocia entre los grupos parlamentarios caso por caso. La composición suele ser paritaria entre diputados y expertos.

Las comisiones de encuesta seguramente son la forma más intensa de asesoramiento político directo a nivel de la Federación. Sirven para canalizar un intercambio directo de información e ideas y propician procesos de aprendizaje comunicativo recíproco durante periodos de tiempo prolongados. Una condición esencial para su éxito es que los partidos y el gobierno no mantengan posiciones inamovibles desde su misma constitución. Hasta qué punto los informes de las comisiones de encuesta pueden incidir en el proceso de toma de decisiones del Parlamento también depende de si se logra sensibilizar a los demás órganos de los grupos parlamentarios y las comisiones técnicas especializadas y promover el debate público.

Evaluación tecnológica

Habida cuenta de que las comisiones de encuesta solo se constituyen por un tiempo determinado, en 1990, tras años de debate, se creó una oficina permanente de asesoramiento en materia de evaluación tecnológica (TA, por sus siglas en alemán). Su función consiste en ponderar previsoramente las oportunidades y riesgos de los procesos tecnológicos y mostrar pautas de orientación y actuación alternativas para los responsables políticos. La Comisión de Educación, Investigación y Evaluación Tecnológica encarga la confección de estudios y análisis sobre estas materias y los examina y evalúa para el Bundestag. Puede confiar estos estudios y análisis a instituciones ajenas al Bundestag. Desde 1990 esta función corresponde a la Oficina de Evaluación Tecnológica del Bundestag Alemán (TAB), que desde su fundación ha realizado más de 160 investigaciones. A través de la TAB las comisiones y los grupos parlamentarios pueden asesorarse con independencia de los grupos de interés y las administraciones ministeriales. En general se constata una creciente influencia de los informes de evaluación tecnológica sobre la toma de decisiones parlamentarias. Sin embargo, los resultados de la labor de la TAB no se trasladan suficientemente al debate público.

Sesión constituyente de la Comisión de Encuesta “Internet y la sociedad digital” en el salón de sesiones del edificio Paul Löbe el 5 de mayo de 2010. Las comisiones de encuesta están integradas por diputados de todos los grupos parlamentarios y expertos y peritos externos, todos ellos con los mismos derechos.

Comisiones de encuesta del Bundestag Alemán

Leg.	Comisión de Encuesta	Solicitante	Fecha de constitución/sesión del Bundestag	Miembros (diputados; expertos y peritos)	Presidente	Informe de la comisión
6.	Política cultural exterior	1) CDU/CSU 2) Comisión de Asuntos Exteriores	18 de marzo de 1970 39.ª sesión	5:4	B. Martin (CDU/CSU)	VI/3825 (Z)
	Consideraciones sobre la reforma constitucional	1) C.O. Lenz y CDU/CSU 2) SPD, FDP 3) Comisión de Justicia	8 de octubre de 1970 70.ª sesión	7:12[b]	F. Schäfer (SPD)	VI/3829 (Z)
7.	Política cultural exterior	intergrupal CDU/CSU, SPD, FDP	22 de febrero de 1973 17.ª sesión	5:5	B. Martin (CDU/CSU) M. Schulze-Vorberg (CDU/CSU)	7/4121
	Reforma constitucional	intergrupal CDU/CSU, SPD, FDP	22 de febrero de 1973 17.ª sesión	7:14[b]	F. Schäfer (SPD)	7/5924
	Mujer y sociedad	1) CDU/CSU 2) Comisión JFG[c]	8 de noviembre de 1973 64.ª sesión	5:5	H. Timm (CDU/CSU)	7/5866 (Z)
8.	Mujer y sociedad	intergrupal CDU/CSU, SPD, FDP	5 de mayo de 1977 25.ª sesión	5:5	U. Schleicher (CDU/CSU)	8/4461
	Futura política energética nuclear	1) SPD, FDP 2) CDU/CSU 3) Comisión FT[d]	29 de marzo de 1979 145.ª sesión	7:8	R. Ueberhorst (SPD)	8/4341
9.	Nuevas TIC	1) SPD, FDP 2) Comisión de Interior	9 de abril de 1981 31.ª sesión	9:7 9:7	C. Schwarz-Schilling (CDU/CSU) C. Schwarz-Schilling (CDU/CSU)	9/2442 (Z) 9/2442 (Z)
	Contestación juvenil en el Estado democrático	1) SPD, FDP 2) Comisión FJG[e]	26 de mayo de 1981 38.ª sesión	7:5	M. Wissmann (CDU/CSU)	9/1607 (Z) 9/2390
	Futura política energética nuclear	SPD, FDP	26 de mayo de 1981 38.ª sesión	7:8	H. B. Schäfer (SPD)	9/2001 (Z) 9/2130 (Z) 9/2438f
10.	Oportunidades y riesgos de la ingeniería genética	1) SPD 2) Los Verdes 3) Comisión FT[d]	29 de junio de 1984 78.ª sesión	9:8	W.-M. Catenhusen (SPD)	10/6775
	Valoración y evaluación tecnológica; creación de condiciones marco para el desarrollo tecnológico	1) CDU/CSU, FDP, Los Verdes 2) SPD 3) Comisión FT[d]	14 de marzo de 1985 126.ª sesión	9:8	J. Bugl (CDU/CSU)	10/5844 10/6801 (Z)

Leg.	Comisión de Encuesta	Solicitante	Fecha de constitución/sesión del Bundestag	Miembros (diputados; expertos y peritos)	Presidente	Informe de la comisión
11.	Riesgos del SIDA y vías eficaces para su contención	1) SPD 2) CDU/CSU, FDP	8 de mayo de 1987 11.ª sesión	9:8	H.-P. Voigt (CDU/CSU)	11/2495 (Z)
		3) Los Verdes 4) Comisión JFFG[g]				11/7200
	Reforma estructural del seguro público de enfermedad	1) SPD 2) Los Verdes	4 de junio de 1987 16.ª sesión	9:9	K. Kirschner (SPD)	11/3267 (Z) 11/6380
	Prevención para la protección de la atmósfera terrestre	1) CDU/CSU, FDP 2) Los Verdes	16 de octubre de 1987 34.ª sesión	11:9[i]	B. Schmidbauer (CDU/CSU)	11/3246 11/7220
		3) Comisión UNR[h]				11/8030
	Modelación del desarrollo tecnológico; valoración y evaluación tecnológica	1) Los Verdes 2) SPD 3) FDP 4) Comisión FT[d]	5 de noviembre de 1987 36.ª sesión	9:8	J. Rüttgers (CDU/CSU)	11/4606 11/4607
	Futura política educativa – Educación 2000	1) SPD 2) Los Verdes 3) Comisión BW[j]	9 de diciembre de 1987 48.ª sesión	9:8	E. Kuhlwein (SPD)	11/5349 (Z) 11/7820
12.	Protección de la atmósfera terrestre	1) CDU/CSU, FDP 2) CDU/CSU, SPD, FDP, A. 90/Los Verdes	25 de abril de 1991 23.ª sesión	13:13[k]	K. Lippold (CDU/CSU)	12/2400 (Z) 12/8300 (Z) 12/8359 (Z) 12/8600
	Protección del ser humano y del medio ambiente. Criterios de valoración y perspectivas de los procesos de producción ecológicos en la sociedad industrial	1) SPD 2) Comisión UNR[h]	14 de febrero de 1992 77.ª sesión	13:13[l]	E. Schwanhold (SPD)	12/5812 (Z) 12/8260

Comisiones de encuesta del Bundestag Alemán

Leg.	Comisión de Encuesta	Solicitante	Fecha de constitución/sesión del Bundestag	Miembros (diputados; expertos y peritos)	Presidente	Informe de la comisión
	Estudio de la historia y las consecuencias de la dictadura del SED	1) SPD 2) A. 90/Los Verdes 3) CDU/CSU, FDP 4) CDU/CSU, SPD, FDP	12 de marzo de 1992 82.ª sesión	16:11	R. Eppelmann (CDU/CSU)	12/7820
	Cambio demográfico. Retos de una sociedad envejecida para el individuo y para la política	1) SPD 2) CDU/CSU, FDP	16 de diciembre de 1992 114.ª sesión	16:11	A. Fuchs (SPD)	12/7876 (Z)
13.	Protección del ser humano y del medio ambiente. Objetivos y condiciones marco de un desarrollo sostenible	CDU/CSU, SPD, A. 90/Los Verdes, FDP	1 de junio de 1995 41.ª sesión	11:11[m]	E. Schwanhold (SPD) M. Caspers-Merk (SPD)	13/7400 (Z) 13/11200
	Cambio demográfico. Retos de una sociedad envejecida para el individuo y para la política	CDU/CSU, SPD, A. 90/Los Verdes, FDP	1 de junio de 1995 41.ª sesión	11:11[m]	W. Link (CDU/CSU)	13/1146 (Z)
	Superación de las consecuencias de la dictadura del SED en el proceso de la unidad alemana	1) CDU/CSU, A. 90/ Los Verdes, FDP 2) SPD 3) Comisión WIG[n]	22 de junio de 1995 44.ª sesión	11:11[m]	R. Eppelmann (CDU/CSU)	13/8700 (Z) 13/11000
	Futuro de los medios de comunicación	1) SPD, A. 90/Los Verdes 2) PDS 3) CDU/CSU, FDP 4) Comisión WIG[n]	7 de diciembre de 1995 77.ª sesión	11:11[m]	S. Mosdorf (SPD)	13/6000 (Z) 13/8110 (Z) 13/11001

Leg.	Comisión de Encuesta	Solicitante	Fecha de constitución/sesión del Bundestag	Miembros (diputados; expertos y peritos)	Presidente	Informe de la comisión
	Las denominadas sectas y psicogrupos	1) SPD 2) Comisión WIG[n]	9 de mayo de 1996 104.ª sesión	11:11[m]	O. Schätzle (CDU/CSU)	13/8170 (Z) 13/10950
14.	Globalización de la economía mundial. Retos y respuestas	SPD, CDU/CSU, A. 90/Los Verdes, FDP	15 de diciembre de 1999 78.ª sesión	13:13	E. v. Weizsäcker (SPD)	14/6910 (Z) 14/9200
	El futuro del compromiso cívico	SPD, CDU/CSU, A. 90/Los Verdes, FDP	15 de diciembre de 1999 78.ª sesión	11:11	M. Bürsch (SPD)	14/8900
	Cambio demográfico. Retos de una sociedad envejecida para el individuo y para la política	SPD, CDU/CSU, A. 90/Los Verdes, FDP	16 de diciembre de 1999 79.ª sesión	11:11	W. Link (CDU/CSU)	14/8800
	Abastecimiento energético sostenible bajo las condiciones de la globalización y de la liberalización	SPD, CDU/CSU, A. 90/Los Verdes, FDP	17 de febrero de 2000 87.ª sesión	13:13	K.-D. Grill (CDU/CSU)	14/7509 (Z) 14/9400
	Ética y derecho de la medicina moderna	SPD, CDU/CSU, A. 90/Los Verdes, FDP	24 de marzo de 2000 96.ª sesión	13:13	M. v. Renesse (SPD)	14/5157 (Z) 14/7546 (Z) 14/9020 (Z)
15.	Ética y derecho de la medicina moderna	SPD, CDU/CSU, A. 90/Los Verdes	20 de febrero de 2003 28.ª sesión	13:13	R. Röspel (SPD)	15/3700 (Z) 15/5050 (Z) 15/5858 (Z) 15/5980
	Cultura en Alemania	SPD, CDU/CSU, A. 90/Los Verdes, FDP	3 de julio de 2003 56.ª sesión	11:11	G. Connemann (CDU/CSU)	15/5560 (Z)
16.	Cultura en Alemania	CDU/CSU, SPD, FDP, La Izquierda, A. 90/ Los Verdes	15 de diciembre de 2005 8.ª sesión	11:11	G. Connemann (CDU/CSU)	16/7000
17.	Internet y sociedad digital	CDU/CSU, SPD, FDP, A. 90/Los Verdes	4 de marzo de 2010 27.ª sesión	17:17	A. E. Fischer (CDU/CSU)	17/12550
	Crecimiento, bienestar, calidad de vida. Caminos hacia la gestión económica sostenible y el progreso social en la economía social de mercado	CDU/CSU, SPD, FDP, A. 90/Los Verdes	1 de diciembre de 2010 77.ª sesión	17:17	D. Kolbe (SPD)	17/13300

[a] Número del impreso del Bundestag; (Z) = informe intermedio
[b] de los cuales siete representantes de los Länder designados por el Bundesrat
[c] Comisión de Juventud, Familia y Sanidad
[d] Comisión de Investigación y Tecnología
[e] Comisión de Familia, Juventud y Sanidad
[f] Informe sobre la marcha de los trabajos
[g] Comisión de Juventud, Familia, Mujer y Sanidad
[h] Comisión de Medio Ambiente, Protección de la Naturaleza y Seguridad Nuclear
[i] a partir del 7 de diciembre de 1988 once peritos
[j] Comisión de Educación e Investigación
[k] Más un diputado respectivamente por los grupos del PDS/LL y Alianza 90/Los Verdes como miembros con voz pero sin voto
[l] Más un diputado respectivamente por los grupos del PDS/LL y Alianza 90/Los Verdes y sendos peritos por ellos designados como miembros con voz pero sin voto
[m] Más un diputado por el grupo del PDS y un perito designado por el mismo como miembros con voz pero sin voto
[n] Comisión de Verificación Electoral, Inmunidades y Reglamento

Reforma parlamentaria y constitucional

Los debates de reforma acompañan al Bundestag desde sus inicios. Aunque no se materializara ninguna reforma en profundidad debido a la existencia de distintos modelos y orientaciones, el Bundestag sí que fue reaccionando a los nuevos retos y desde finales de la década de los sesenta se introdujeron varias modificaciones reglamentarias de cierto alcance. Algunas de ellas tuvieron carácter innovador y, vistas en su conjunto, representan una importante adaptación institucional. Los esfuerzos de reforma partieron fundamentalmente de la idea de que el Bundestag debía ser un Parlamento de trabajo, funcionalmente estructurado en comisiones especializadas, y a la vez un Parlamento de debate, es decir, tanto un "taller de la democracia" como un "foro esencial del discurso político".

Desde la década de los sesenta se fueron fortaleciendo significativamente los derechos de las minorías. Con ello se hizo honor a la importancia de una oposición operativa en el sistema democrático-parlamentario. El fortalecimiento de la oposición se plasmó ante todo a través de una ampliación de los derechos de los grupos parlamentarios. De ese modo el Bundestag se pertrechó adecuadamente para una evolución que desembocaría en un Parlamento de cinco o seis partidos con grupos parlamentarios concurrentes, no solo en cuanto integrantes de los bloques gubernamental y opositor respectivamente sino también entre sí, como fuerzas políticas con protagonismo propio en la Cámara. A diferencia de algunos otros Estados de la Unión Europea, las reformas procedimentales permitieron asegurar que los proyectos legislativos y otras propuestas de los grupos parlamentarios opositores por norma no fueran despachados de forma distinta a los proyectos de ley presentados por el gobierno (y su mayoría).

La reforma del federalismo puesta en marcha por la Gran Coalición en 2006 tuvo como meta consolidar la capacidad de actuación del Bundestag y de los Parlamentos de los Länder mediante un desplazamiento o una asignación más clara de las competencias legislativas y una reducción significativa de las leyes de aprobación (leyes federativas), así como mejorar la calidad de la legislación. Lo que no se ha logrado materializar hasta la fecha es la reiterada exigencia de que el Gobierno Federal se obligue a facilitar a las minorías parlamentarias las informaciones y documentaciones que le sean recabadas así como el acceso a los expedientes gubernamentales, lo cual requiere igualmente una consagración constitucional expresa.

En lo que respecta a la creciente diversidad y complejidad de las tareas estatales, inclusive al hilo de la evolución tecnológica y la europeización y globalización, el Bundestag y los grupos parlamentarios han reaccionado gradualmente, llevándose a cabo una progresiva diferenciación técnica y una ampliación de las capacidades de personal y medios informáticos y de los instrumentos de control. Las informaciones y posibilidades de interacción disponibles por medio de Internet y las redes Intranet del Bundestag y de los grupos parlamentarios han transformado de un modo no poco relevante el método de trabajo de los diputados.

El creciente interés a partir de mediados de los años sesenta por la participación y la retroacción comunicativa de los procesos de decisión políticos solo obtuvo una respuesta paulatina por parte del Bundestag. Sucesivamente se fueron introduciendo diversas disposiciones con la finalidad de mejorar la capacidad de comunicación y la transparencia del Bundestag, pero solo fueron implementadas parcialmente en el sentido previsto. Habida cuenta de la sustancial transformación operada en la estructura mediática desde la década de los ochenta, se confirma que los esfuerzos dirigidos a mejorar la percepción pública de la formación de la voluntad parlamentaria constituyen una tarea permanente con un alto grado de dificultad. Para fortalecer la función comunicacional del Bundestag se implantaron reformas que llevaban mucho tiempo sobre el tapete, como son los turnos de preguntas al gobierno (sesiones informativas) y el "tiempo básico plenario" (núcleo de actividad), pero lo cierto es que en la práctica las expectativas generadas solo se cumplieron a lo sumo en parte, sobre todo en lo que se refiere a la posibilidad de las comisiones de celebrar sesiones públicas y "deliberaciones públicas ampliadas en comisión", que hasta ahora solo se han utilizado en contadas ocasiones. Los esfuerzos por mejorar el funcionamiento práctico siguen adelante.

La conexión productiva de actividades cívicas y procedimientos parlamentarios puede propiciarse mediante nuevos foros y formas de participación ciudadana y discurso público. Las novedades regulatorias introducidas en el procedimiento de petición, entre las cuales destacan las peticiones masivas y las Peticiones Públicas, son un ejemplo positivo; implantadas en 1995, han acreditado su eficacia. En cambio, no han resultado fecundos los intentos de insertar en la Constitución mecanismos de democracia directa extensivos a procesos decisorios de fondo a nivel federal, y ello a pesar de que también en este orden de cosas se realizó un considerable esfuerzo para conectar productiva y visiblemente el nivel parlamentario con el de la ciudadanía activa. Esto vale en particular para el procedimiento trietápico de la legislación popular (propuestas populares, iniciativas legislativas populares, referendos), propuesto por primera vez en 2002 por los grupos parlamentarios de la coalición de gobierno.

Para implantar las reformas adecuadas es indispensable coordinar correctamente los distintos pasos transformadores. Además en el futuro los parlamentarios seguirán viéndose confrontados con retos difíciles. Lo que se espera e impone es una política de pautas sólidas, concebida a largo plazo y orientada al futuro, una política tanto más urgente en una época en que las interrelaciones e interacciones entre los procesos y problemas sociales, ecológicos y políticos son cada vez más multiformes, extensas y complejas.

"Al pueblo alemán". El edificio del Reichstag: historia y presente

Hans Wilderotter

Eduard von Simson, presidente del Reichstag, el Parlamento Imperial Alemán, expresó su satisfacción cuando comenzaba la sesión plenaria del 20 de octubre de 1871: "con la realización de un edificio del Reichstag provisional, liberados de diversas deficiencias de la situación anterior, ahora nos vemos en condiciones de llevar adelante nuestra tarea en estos espacios nuevos, nobles y adecuados a los fines previstos". El presidente agradeció a los arquitectos el trabajo realizado e invitó a los miembros de la asamblea a que manifestaran la aprobación de sus palabras poniéndose de pie. Y sucedió tal cual, según consta en las actas: "La asamblea se puso de pie".

Este nuevo edificio provisional se debía al mismo acuerdo del Reichstag que dio curso a la construcción del nuevo edificio definitivo, previsto en el Arco del Spree. Con ese acuerdo del 19 de abril de 1871, adoptado en la sala de plenos de la Cámara de Diputados Prusiana –lugar cedido al flamante Parlamento durante el primer período de sesiones, de mediados de marzo a mediados de junio de 1871– terminó el primer debate sobre un nuevo edificio. El Parlamento solicitó al canciller imperial la instalación de una comisión que, para preparar una nueva construcción, planificase un concurso de arquitectos y buscase un solar adecuado para la realización; y como se preveía que el nuevo edificio no iba a estar terminado sino hasta en varios años, a esta Comisión de Obras también se le encomendó que propusiera medidas para eliminar los "defectos de la actual situación provisional". La Comisión, integrada por representantes del gobierno, diputados del Reichstag y funcionarios prusianos de la construcción, propuso como solución interina que se levantara un edificio nuevo, provisional, sobre el terreno de la Real Fábrica de Porcelana de Berlín, situada en Leipziger Straße 4.

Grabado en madera del año 1872 que muestra una sesión del Reichstag en el anterior edificio de la Real Fábrica de Porcelana de Berlín en Leipziger Straße 4, sede provisoria del Reichstag hasta el año 1894.

En 1871 se convocó a un concurso arquitectónico con el fin de obtener planos adecuados para un nuevo edificio del Reichstag. El arquitecto Ludwig Bohnstedt ganó el concurso. Sin embargo, la búsqueda de un solar apropiado presentó enormes dificultades, por lo cual el proyecto, finalmente, no se pudo poner en práctica. Grabado sobre acero, coloreado, de J. Ubmach del año 1871, con reproducción de la propuesta premiada.

Una vez aprobada esta moción con una clara mayoría el 15 de junio, la última sesión antes del receso estival, los trabajos de construcción pudieron iniciarse el 26 de junio de 1871 y terminarse en tiempo y forma a mediados de octubre, puesto que se había trabajado las veinticuatro horas del día en las obras.

Con el fin de obtener un espacio para la sala de plenos, la Comisión había decidido techar la superficie del patio entre la parte frontal, la parte transversal y las alas laterales del edificio; pero de ninguna manera se utilizaron para ello las paredes que daban al patio, sino que dentro de ese patio se erigió una segunda armadura, una estructura arquitectónica propia. En cierto modo, era "un edificio dentro de otro". En la sala de plenos, la totalidad de 400 asientos para los diputados estaba dispuesta en forma de anfiteatro, o sea, en un semicírculo que se iba elevando ligeramente hacia atrás. Esta disposición de los asientos, completamente novedosa en la historia parlamentaria alemana, tomaba como referencia la Asamblea Nacional de Francia del Palais Bourbon. El semicírculo se abría frente a una pared longitudinal, en cuyo centro se situaban el estrado presidencial y el atril del orador. A su derecha e izquierda respectivamente, en un nivel inferior al del estrado presidencial pero superior al de las primeras filas de los diputados, había dos filas de asientos para el Bundesrat, la cámara de representación territorial. Los asientos estaban tapizados con cuero color marrón claro, y cada diputado disponía de un pupitre.

Terminó siendo el edificio del Reichstag para los contemporáneos de la era Bismarck; porque cuando se inauguró el nuevo edificio en la Königsplatz (Plaza Real), hoy Platz der Republik (Plaza de la República), el primer canciller imperial de Alemania ya estaba retirado desde hacía tiempo. En este edificio provisorio y frágil pensado como solución transitoria por un tiempo limitado, el Reichstag Alemán sesionó durante nada menos que 23 años.

Solar y proyecto de construcción del nuevo edificio del Reichstag: un asunto político

El largo tiempo que demandó la planificación y realización del nuevo edificio no se debía a motivos técnicos ni económicos, sino exclusivamente a razones políticas. Divergían considerablemente las opiniones de la mayoría parlamentaria por una parte y del gobierno por otra sobre cuál debía ser la posición y la importancia del Parlamento dentro del conjunto de instituciones políticas del nuevo Estado; estrechamente ligada a estos enfoques estaba la cuestión de la representatividad arquitectónica del Reichstag.

La mayoría de los diputados abogaba por un edificio que realzara la importancia del Reichstag y la hiciera visible para todo el mundo. En la opinión pública de aquél entonces, esta clase de edificios se adjetivaban como "monumentales". Esta monumentalidad, que en rigor debía limitarse a los edificios públicos, se definía entre otros atributos por el tamaño, la visibilidad y la decoración arquitectónica. Una nota del año 1877, que hace referencia a los edificios nuevos destinados a los ministerios del Imperio, transmite perfectamente este enfoque: "representar también, mediante los edificios, la dignidad y la importancia de las autoridades que los habitan". Y lo que se consideraba adecuado para las autoridades, tanto más debía valer para el Parlamento.

Contrariamente a ello, al gobierno no le seducía una representatividad tan manifiesta del Reichstag, porque no quería conceder al Parlamento un papel tan protagónico; por lo tanto, debía tratar de desplazarlo hacia la insignificancia arquitectónica. Claro

La Comisión de Obras eligió un terreno situado en la Königsplatz como solar para el nuevo edificio del Reichstag. Sin embargo, allí ya se encontraba el palacio del conde Raczynski (fotografía de 1870), era la residencia que usaba durante sus estancias en Berlín. Además, el palacio albergaba su colección de arte. Desde un principio, el conde Raczynski se negó a ceder ese terreno para la construcción, y no hubo modo de hacerlo cambiar de opinión.

que esas ideas no se expresaban abiertamente, sino que los representantes del ejecutivo, y entre ellos el mismo Otto von Bismarck, argumentaban reiteradas veces con lo que llamaban "consideraciones de gestión". La idea subyacente era que el nuevo edificio estuviese cerca de la Cancillería Imperial y de los ministerios, y que se edificara en la calle Wilhelmstraße, donde a falta de un solar de grandes dimensiones no iba a poder ser ni grande ni demasiado visible, por falta de espacios abiertos; y por ende, tampoco iba a ser monumental.

Esta estrategia se evidenció el 29 de marzo de 1871 con una información del presidente de la Cancillería, Rudolph von Delbrück, en respuesta a una interpelación del diputado liberal nacional Johannes von Miquel. Delbrück expuso que el gobierno planeaba edificar una sala de sesiones detrás del edificio situado en Wilhelmstraße 74, adquirido un año antes para las oficinas de la Cancillería de la Confederación Alemana del Norte, y que el acceso iba a tener lugar por la calle Königgrätzer Straße, hasta la que llegaba el terreno.

Varios diputados objetaron esta propuesta, y con gran énfasis se opuso Hans Victor von Unruh, subrayando que la propuesta del gobierno de ninguna manera valoraba debidamente la importancia y la posición del Reichstag. "Un edificio detrás de la Cancillería quedaría prácticamente ocultado; sería un edificio en segunda línea, con el frente principal hacia el parque Tiergarten". Podía imaginar una bella fachada hacia Königgrätzer Straße, pero tarde o temprano este edificio de entrada terminaría insertado entre otros edificios de esa calle. "Un edificio con frente a la calle, ya se lo decore con un bonito delantal o con uno menos bonito, nunca será más que una simple fachada". Seguidamente, von Unruh argumentaba: "un edificio (...) no puede exhibir un carácter monumental si no está aislado y rodeado de un espacio adecuado".

Siguiendo este enfoque, en la sesión determinante del 19 de abril de 1871, el diputado August Braun presentó una moción que decía: "La nación alemana necesita que se construya un edificio de Parlamento monumental (...)". Al fundamentar su moción, Braun aclaraba: "que el edificio del Parlamento, cuando se construya uno nuevo, no sea solamente un alojamiento provisional del Reichstag, sino que se realice verdaderamente en un estilo grandioso y monumental". Sin embargo, la resolución que se adoptó al final de este debate tuvo que suprimir el concepto de monumentalidad por razones de negociación: "La construcción de un edificio del Reichstag que esté a la altura de las tareas del Parlamento Alemán y que sea digno de representar al pueblo alemán es una necesidad urgente".

De todas maneras, la Comisión que se había instalado mediante esa resolución y que buscaba una solución transitoria, finalmente interpretó su trabajo con la amplitud suficiente para dar lugar, otra vez, al "edificio parlamentario monumental". Así, los pliegos del concurso de arquitectos presentados al Reichstag el 24 de noviembre de 1871 finalmente decían: "Los proyectos concursantes no solo deben buscar la solución más funcional para la presenta tarea, sino que también deben materializar la idea de un edificio parlamentario para Alemania en un sentido monumental". Y si un edificio monumental debía estar aislado, o sea rodeado de la mayor superficie posible de espacio libre, tal como lo había explicado el diputado von Unruh el 29 de marzo, habría que buscar un solar que reuniera esas exigencias.

La Comisión ya lo había encontrado, y ya en la primera frase del programa para convocar a un concurso de arquitectura se les informaba a los arquitectos participantes, que naturalmente debían

Una vez que estaba claro que no estaría disponible el solar preferido por la Comisión de Obras, se buscó una alternativa. Así, se llegó al terreno del complejo recreacional llamado Krolls Etablissement (litografía, alrededor de 1845). El establecimiento venía luchando con dificultades económicas, por lo cual el propietario estaba dispuesto a venderlo. Pero pese a su proximidad a la Königsplatz, una mayoría de la Comisión votó en contra de este inmueble.

saber para qué solar debían delinear sus proyectos, que el edificio se iba a construir "en el lado oriental de la Königsplatz". Luego de varios debates, el programa fue adoptado por mayoría y publicado en la semana anterior a la Navidad. Hasta el 15 de abril de 1872, la fecha límite del concurso, entraron proyectos de 101 estudios de arquitectura, y de ellos algo más de 30 del exterior, puesto que se había optado por un concurso internacional. Ludwig Bohnsted, un arquitecto de Gotha, obtuvo el primer premio, mientras que el segundo se otorgó a cuatro estudios de arquitectura respectivamente; entre ellos, a los ingleses Scott & Scott. Sin embargo, ninguna de las propuestas entusiasmó totalmente al jurado. En su informe ante los plenos del 12 de junio, el diputado Franz Duncker afirmó que podían estar satisfechos con el resultado del concurso: "Tenemos resultados bien concretos en cuanto a determinadas distribuciones en el edificio definitivo". Sin embargo, según Duncker, el concurso "por el momento aún no arrojó ningún resultado definitivo (…) ninguno de los proyectos sería apropiado para (...) realizarlo sin cambios"; según Duncker, ni siquiera convencía del todo el proyecto del ganador Bohnstedt. Había que esperar la "confección de un plan de obras definitivo". Pero ante todo, se necesitaba claridad en cuanto al "solar necesario para estos fines y su adquisición". "Antes de que podamos tener un plan de obras definitivo, necesitamos plena seguridad en cuanto al solar correspondiente".

La inseguridad en cuanto al solar previsto se debía a que la Comisión había establecido muy pronto que ése sería el lugar, tomándose a la ligera cualquier advertencia sobre posibles dificultades: porque el solar previsto para el nuevo edificio ya estaba edificado. Allí se encontraba el palacio del conde Athanasius Raczynski , que junto a una galería accesible para el público, en la que se exhibía su colección de arte, albergaba algunos atelieres de artistas y una vivienda que él utilizaba cuando paraba en Berlín. De modo que todo dependía de la disposición del conde a vender su palacio.

Sin embargo, el conde Raczynski no estaba dispuesto a vender su propiedad. Ya en agosto de 1871 había hecho pública su negativa, comunicándola en el prefacio de un catálogo sobre su exposición de pinturas. El diputado Ernst Lieber la leyó en voz alta en la sesión del Reichstag del 24 de noviembre de 1871; quería advertir a sus colegas que la pronta determinación del emplazamiento, que ya constaba en la primera frase del texto presentado por la Comisión para el concurso, podía causar problemas. El 15 de junio, cuando según el orden del día se iba a decidir sobre el edificio provisional, el diputado von Unruh, portavoz de la Comisión, ya había comunicado al pleno del Parlamento la decisión de la Comisión de construir el nuevo edificio definitivo en el lugar "donde hoy están los llamados edificios Raczynski". Por supuesto que esa noticia llegó a la prensa y al conocimiento del conde, poniéndolo al tanto de esos planes ya varios meses antes de que el Parlamento decidiera la construcción del edificio del Reichstag en su solar.

Pese a las advertencias de Ernst Lieber, el pleno adoptó el 24 de noviembre de 1871 el texto del concurso propuesto por la Comisión, que incluía la problemática determinación del emplazamiento. La situación tampoco era otra el 12 de junio del año siguiente, cuando Franz Duncker informó al Reichstag sobre los resultados del concurso; tras diversas tratativas para llegar a un arreglo con el conde durante el segundo semestre del año 1872, la aspiración de obtener "plena seguridad" en cuanto al solar tuvo que ceder ante la certeza de que no se contaba ni con un plan de obras adecuado ni con un solar correspondiente.

La Comisión salió a la búsqueda y encontró otro solar, también junto a la Königsplatz, enfrente del Palacio Raczynski en el lado occidental de la Plaza, sobre el terreno de Krolls Etablissement. Se trataba de un complejo recreacional, con gastronomía y eventos para las clases más altas. La empresa venía luchando desde hacía varios años con dificultades económicas, de modo que el propietario estaba dispuesto a venderlo de inmediato. Pero el Reichstag no quiso comprarlo; cuando la Comisión presentó su propuesta al pleno el 19 de mayo de 1873, se entabló un controvertido debate. August Reichensperger, uno de los portavoces del grupo parlamentario del Partido de Centro –quien ya había votado en contra de Kroll en sesiones anteriores de la Comisión– hizo valer argumentos estéticos, urbanísticos y financieros. Entre todas las reservas formuladas contra la propuesta de la Comisión, de levantar el edificio del Reichstag en el lado occidental de la Königsplatz, destacaba el temor de que el camino hasta allí fuese demasiado largo y que los diputados se expusieran al riesgo de acatarrarse. Cuando al final de los debates la propuesta se sometió a votación, 152 diputados adoptaron una moción en la que se rechazaba el lado occidental de la Königsplatz y se proponían otros lugares, siendo que en ninguno de ellos se podía levantar un edificio aislado. En contra de esta moción, y por ende implícitamente a favor de la que había presentado la Comisión, votaron 82 diputados.

En realidad, como puede suponerse, no se trataba específicamente de caminos largos ni de diputados acatarrados, sino de una protesta política bajo el manto de un voto contra un determinado solar. Que el grupo parlamentario del Partido de Centro votara entonces en contra del plan se debía a la llamada *Kulturkampf* o lucha de culturas, en la que el catolicismo político y su organización, el partido del Partido de Centro, se encontraba en una orilla y Bismarck junto con los liberales en la orilla opuesta. Los liberales apoyaban una serie de leyes con las que querían completar la separación entre la Iglesia y el Estado e imponer una modernización de la sociedad, en contra del Partido de Centro que, según los liberales, luchaba contra esta separación y entorpecía la modernización.

Bismarck, por lo contrario, advertía sobre el peligro que emanaba del partido del Partido de Centro para la unidad alemana afirmando que el Partido de Centro estaba manejado desde el exterior; a saber, por el Vaticano. Posiblemente haya creído en esta posibilidad; pero es muy probable que su objetivo primordial era marginar a los católicos y construir un enemigo contra el que pudieran movilizarse, en un frente común, diferentes grupos políticos con intereses totalmente heterogéneos.

De modo que el Partido de Centro no tenía ningún motivo para apoyar un proyecto tan preciado para los nacionales liberales, y menos aún cuando el futuro edificio del Reichstag se enaltecía una y otra vez, en diferentes variantes, como “monumento a la unidad finalmente conseguida”, una unidad que aquellos marginados como “enemigos del Imperio” veían más lejana que nunca. No tenían motivación alguna para favorecer la construcción de monumentos a la unidad, aún cuando así corrieran el riesgo de apoyar implícitamente los esfuerzos –del gobierno en general y de Bismarck en particular– por impedir la construcción de un edificio monumental.

La Comisión revisó los posibles solares mencionados en la resolución parlamentaria, al igual que otros 60 emplazamientos más, pero llegó a la conclusión de que solamente el lado oeste de la Königsplatz era el adecuado para un edificio monumental. El 25 de febrero de 1874 presentó este resultado al Reichstag. El hecho de que la Comisión volviera a proponer el solar que el año anterior había sido rechazado por una mayoría considerable, produjo un cierto revuelo. Al final de los debates, la propuesta de la Comisión fue sometida a votación nominal y quedó rechazada otra vez. Sin embargo, esta vez la mayoría ya no era tan amplia como en el año anterior, puesto que 130 diputados votaron en contra y 120 a favor de la moción de la Comisión.

El asunto no prosperó en los próximos tres años. El 10 de julio de 1879 se presentó al Parlamento una moción que no provenía de la Comisión, sino de Prusia por intermedio del Bundesrat. Según la moción, el terreno situado en el lado oriental de la Königsplatz, que había sido la primera elección ocho años atrás, debía ser el solar del futuro edificio del Reichstag. Tras la muerte del conde Raczynski, su hijo estaba dispuesto a vender el edificio de la Königsplatz al fisco prusiano. Sin embargo, durante el desarrollo de los debates del pleno se comprobó que, evidentemente, una mayoría del Parlamento no iba a poder ni querer dar su voto positivo a esta moción. August Reichensperger, diputado del Partido de Centro, era el que otra vez se pronunció decididamente contra la moción que, al final, fue rechazada.

El hecho de que el frente de rechazo otra vez estuviera liderado por el grupo parlamentario del Partido de Centro se explica con una constelación política completamente diferente a la del año 1873. La *Kulturkampf* había terminado, y luego de la ruptura de Bismarck con los nacionales liberales, sus anteriores socios parlamentarios, el partido del Partido de Centro quedó fortalecido; el otrora "partido enemigo del Imperio" pasó a ser "el partido del gobierno". Durante un largo tiempo, el canciller imperial había tratado de obtener el apoyo de los liberales para su viraje en la política económica, que pasaba del libre comercio a la protección aduanera. La oferta de poner a disposición el solar del lado oriental de la Königsplatz era una oferta de Bismarck, en cierto modo un regalo a los nacionales liberales, con el que esperaba ganarse el apoyo del partido. Cuando ya era evidente que este objetivo no iba a lograrse, pero que el grupo parlamentario del Partido de Centro estaría dispuesto a apoyar sus leyes junto con los conservadores, ya no había que mantener esa generosa oferta. Claro que el gobierno no podía hacerlo por él mismo, por lo cual buscó y encontró en August Reichensperger y el grupo parlamentario del Partido de Centro un nuevo aliado político y una bienvenida fuerza auxiliar.

El 13 de diciembre de 1881, más de diez años después de las primeras negociaciones sobre el nuevo edificio del Reichstag, finalmente llegó el gran momento: con una nueva iniciativa del Bundesrat, que no había partido de Bismarck (quien incluso se negó a firmar), pero que probablemente haya sido promovida por el káiser Guillermo, se presentó una nueva moción. Esta proponía la construcción de un nuevo edificio del Parlamento en la parte oriental del Königsplatz, en el solar del Palacio Racyzinski, y que se llevasen a cabo todos los pasos necesarios. La moción fue adoptada por una gran mayoría del Reichstag.

Tras la muerte del conde Raczynski, su hijo aprobó la venta de ese terreno en Berlín y así allanó el camino para la construcción del edificio del Reichstag. En febrero de 1882 se convocó a un segundo concurso, del que resultó ganador el arquitecto Paul Wallot. Grabado en madera del año 1882 según un dibujo de Gottlob Theuerkauf (1833–1911), que reproduce el diseño premiado.

En febrero de 1882 se pudo publicar un segundo concurso, esta vez limitado solamente a países de habla germana; se había invitado expresamente a los galardonados del primer concurso para que participasen. Hasta el 10 de junio, la fecha de entrega, se presentaron 188 propuestas. El jurado ya pudo dar a conocer su decisión dos semanas después: el ganador no era ninguno de los arquitectos estrella que habían participado anteriormente, sino un poco conocido arquitecto de Fráncfort llamado Paul Wallot.

Sin embargo, este triunfo no implicaba la orden de construcción inmediata ni mucho menos. Por de pronto, el arquitecto tuvo que revisar los planos teniendo en cuenta, ante todo, las objeciones críticas y las exigencias de funcionalidad formuladas por la Comisión de Obras del Reichstag. Una vez que la Academia Prusiana de Ingeniería Civil –consultada por deseo expreso del canciller– también diera su visto bueno, en el mes de diciembre la Comisión de Obras del Reichstag decidió presentar los planos al Reichstag para su aprobación.

Pero antes de que este punto pudiese ser incorporado en el orden del día, hubo un veto inesperado: el canciller imperial consideraba que la sala de plenos era demasiado elevada; los 60 escalones que había que superar para llegar a ella le resultaban demasiado numerosos. Hasta ese momento, ninguna de las instancias participantes en exámenes y peritajes había objetado este aspecto, por lo cual se sospecha que el "Canciller de Hierro" no estaba tan preocupado por su estado físico y el de los diputados, sino que más bien trataba de retrasar algo que, por lo visto, ya era inevitable. Lucius von Ballhausen, un diputado conservador liberal –que de ninguna manera era un oponente de Bismarck, a quien apreciaba, pero que venía observando muy de cerca sus tácticas dilatorias en lo concerniente al Reichstag–, resumió la situación con un comentario breve y conciso:

"Desde hace diez años prodiga a la construcción un trato dilatorio, y no parecería tener inconvenientes en seguir retrasándola". De todas maneras, se sobreentiende que cualquier objeción de tan alta autoridad tenía que ser considerada. Así, Wallot rediseñó los planos completamente y el Reichstag al fin pudo acordar el 9 de junio de 1883, "casi por unanimidad", lo siguiente: "Rogar al canciller imperial que con la participación de la Comisión de Obras Públicas dé lugar a la construcción del nuevo edificio del Reichstag, y que ésta se atenga en el mayor grado posible a las líneas maestras del proyecto diseñado por el arquitecto Paul Wallot"

Como muestra el desarrollo de los debates, la paciencia del Parlamento se había agotado. Así, el diputado Luwig Bamberger expresó en su intervención durante esos debates y refiriéndose a la última "crisis en la sala de sesiones", entre otras cosas: "Que solo ahora, luego de ya trece años de existencia del Parlamento, se puedan iniciar las obras de construcción del Reichstag, se debe a circunstancias particularmente adversas con las que este proyecto ha tenido que lidiar desde un comienzo". En cuanto a estas circunstancias adversas, mencionó el trato desfavorable que las altas autoridades le habían dado a todo este asunto: "y quisiera decirlo, que todo esto conllevaba algo simbólico; el hecho de que justamente la construcción del edificio del Reichstag, o sea de la representación interna de la nación alemana, haya recibido un trato tan frío y que haya chocado con dificultades de toda índole".

Guillermo II de Prusia (1859–1941), rey de Prusia y emperador de Alemania desde el 15 de junio de 1888 hasta el 28 de noviembre de 1918. Nació el 27 de enero de 1859 en el Kronprinzenpalais de Berlín como primogénito del príncipe Federico Guillermo de Prusia, (quien más adelante sería el emperador Federico III) y de su esposa, la princesa Victoria (Princess Royal of England). Retrato realizado en 1884 por el fotógrafo real, en Berlín.

El arquitecto, el káiser y la cúpula

Tras un nuevo rediseño, los planos definitivos estuvieron listos en octubre de 1883. La sala de plenos se situaba en el centro de la planta principal, pero estaba ligeramente desplazada hacia el este con respecto al punto de intersección de ambos ejes. Tenía una superficie de aproximadamente 600 m^2 y asientos para 400 diputados. La disposición de los asientos, el estrado presidencial, el atril del orador y las filas de asientos del Bundesrat copiaban en gran parte el modelo de la sala de plenos del edificio provisional del Reichstag. Las tribunas para la prensa y el público, que al igual que en ese edificio rodeaban la sala de plenos por tres lados, se situaban en un entrepiso.

La mitad meridional de la parte oriental del edificio albergaba los espacios para el Bundesrat, con la sala de sesiones del Bundesrat en la torre sureste; en la mitad septentrional de la parte oriental se encontraban las salas para la presidencia y para la administración del Reichstag, junto con la sala de lecturas de la biblioteca en la torre noreste. Enfrente, en la parte occidental, en la mitad septentrional –o sea, a la izquierda del portal si se estaba parado frente a la fachada principal– estaban la sala de lecturas y la sala de escritura, y en la mitad meridional el restaurante del Reichstag.

Entre la sala de lecturas, el portal occidental y el restaurante del Reichstag por un lado y la sala de plenos y los dos patios de luces por el otro, estaba el vestíbulo que consistía de tres partes y que en el programa del concurso figuraba con por lo menos 500 m^2; hoy, también lo denominamos foyer o lobby. La particular forma de este vestíbulo con dos partes rectangulares alargadas ante los correspondientes patios de luces y una imponente rotonda delante de la sala de plenos del centro se debía a una exigencia presentada por la Academia de la Construcción en su peritaje sobre el diseño de los planos de Wallot, que había sido la base de la decisión de Reichstag del 9 de junio de 1883. La Academia creía haber detectado una "desproporción entre las dimensiones de la sala y la estructura de la cúpula que la cubre y que solo sirve para una representación hacia afuera". Además, temía que la cúpula pudiera impedir que entrara suficiente luz en la sala. Por eso, propuso que se renunciase completamente a ella. En la asamblea del Reichstag del 9 de junio se suscitó un debate sobre esta crítica. Algunos participantes, como el mismo August Reichensperger –quien, en realidad, era un decidido oponente a las cúpulas–, declararon con determinación que el edificio era impensable sin ese elemento arquitectónico. En consecuencia, la Comisión de Obras del Reichstag resolvió tener en cuenta la objeción de la Academia simplemente desplazando la cúpula por encima del vestíbulo, hacia el oeste. Para eso, era necesario transformar el vestíbulo rectangular y diseñar una rotonda central.

Parece que, a más tardar a partir de 1886, el arquitecto desarrolló crecientes reparos estéticos frente a este desplazamiento, por lo que concentró esfuerzos denodados en lograr la recolocación de la cúpula sobre la sala de plenos. Estos esfuerzos implicaban procedimientos extraordinariamente trabajosos con proyectos, dictámenes, contraperitajes y otros nuevos proyectos. Sin embargo, resultó ser decisiva la aprobación del káiser, que desde el 15 de junio de 1888 era Guillermo II; sin esa aprobación, esos cambios en los planos no hubiesen sido imaginables.

Aparentemente, el joven emperador no tenía objeciones que hacer cuando visitó al arquitecto Wallot en la oficina de construcciones del Reichstag en 1888. Pero en enero del año siguiente, parece que trató de intervenir personalmente como diseñador durante una audiencia, provocando la enérgica negativa del arquitecto a tolerar estas intervenciones en sus proyectos; una negativa que produjo la molestia evidente y duradera de Guillermo II.

La cúpula, que según el arquitecto Wallot debía situarse sobre la sala de plenos, suscitó serias controversias. La Comisión de Obras pretendía que se desplazara hacia el oeste por encima del vestíbulo, pero el arquitecto se opuso con determinación a este cambio, y finalmente logró imponer el emplazamiento que había previsto desde un principio.

No obstante, el 14 de enero de 1890 la Comisión de Obras del Reichstag adoptó la decisión de que la cúpula volviese a la posición inicial. El emperador Guillermo II podría haber rechazado la resolución impidiendo la reubicación, pero no lo hizo. Según se comentaba, a Guillermo II le inquietaba ante todo la altura de la cúpula, en el sentido de que pudiera superar la de la cúpula del palacio. Diferentes cálculos y comparaciones realizadas en este contexto, incluso por el mismo emperador, otorgan una cierta plausibilidad a esta conjetura. Parece que hasta el día de hoy no se sabe a ciencia cierta cuál de las dos era más alta.

Posiblemente, lo que molestaba a Guillermo II era el material de la cúpula. Al proyectar el retorno de la cúpula a su ubicación original, Wallot naturalmente debía tener en cuenta las objeciones de la Academia, que creía haber comprobado un problema de iluminación. Paul Wallot respondió a estas objeciones con la idea de construir una cúpula de hierro y vidrio, con lo que también parece haber producido cierta inquietud en la población. Estos materiales eran usuales en estaciones de ferrocarril y salas de exposición; o sea, en construcciones netamente funcionales, pero de ninguna manera en edificios representativos. Cabe mencionar que los cálculos necesarios y el dibujo de construcción fueron realizados por el ingeniero Hermann Zimmermann, un profesional de la Autoridad Ferroviaria Imperial.

Las cúpulas eran evidentes símbolos señoriales de los tradicionales poderes de tronos y altares, elementos sobreentendidos de la arquitectura de palacios y edificios religiosos centrales. Con la misma naturalidad, las instituciones civiles las adoptaron para demostrar su aspiración y su derecho a participar del poder. Ni haría falta remitirse al Capitolio de Washington o al Palacio de Justicia de Bruselas; en un edificio de esta función y relevancia, una cúpula era un elemento tan sobreentendido que, salvo contadas excepciones, todas las propuestas para ambos concursos la habían incorporado en sus proyectos.

Por regla general, estas cúpulas estaban compuestas por segmentos cóncavos de piedra. Sin embargo, la cúpula del Reichstag utilizaba materiales de la ingeniería civil moderna, usual en las construcciones comerciales y de transporte, que claramente pertenecían a la sociedad civil del siglo XIX. Por lo tanto, esta cúpula era un claro mensaje del derecho al poder político que el Parlamento, como representante del pueblo, estaba decidido a ejercer, en oposición a la cúpula del palacio. No tanto por su mera existencia ni tampoco porque podría haber sido más alta, sino más bien porque aunaba un elemento arquitectónico del poder político tradicional con materiales modernos y una construcción actual. De esta manera, era uno de los pocos aspectos claramente no monárquicos que presentaba este edificio.

Sobre el emperador, Paul Wallot y el edificio del Reichstag circulaban diversas historias. Seguramente, la clara negativa del arquitecto hirió el orgullo del káiser Guillermo II, quien desde entonces no dejaba de expresar su animadversión hacia Paul Wallot.

Es muy probable que el edificio del Reichstag incluso haya agradado al káiser, pero no podía admitirlo ante los demás ni confesárselo a él mismo. No tanto a causa del arquitecto, sino ante todo porque el Parlamento, que él por principio despreciaba por ser el representante del pueblo, era el destinatario de ese importante edificio. Durante una visita a Roma en 1893, Guillermo II calificó al edificio del Reichstag de "colmo del mal gusto"; pero esta crítica de índole estética muy probablemente escondía una motivación política.

El edificio del Parlamento como símbolo de la monarquía

Después de más de diez años de obras de construcción, el Reichstag pasó a ocupar el nuevo edificio con su primera sesión del 6 de diciembre de 1894. En esa sesión se produjo un escándalo cuando Wilhelm Liebknecht, diputado del SPD, permaneció sentado durante los vítores al káiser que Albert von Levetzow, presidente del Reichstag, había propuesto a los diputados para agradecer el nuevo edificio. El asunto no tuvo consecuencias durante la sesión, porque el presidente no se había percatado del hecho. El 11 de diciembre, el canciller imperial informó al Parlamento que la fiscalía planeaba incoar un procedimiento penal por crimen de lesa majestad contra el diputado Liebknecht, a la vez que pedía que el Parlamento decidiera la suspensión de la inmunidad del diputado. A instancias de la Comisión de Reglamento, que llegó a la conclusión de que la conducta del diputado Liebknecht estaba cubierta por el artículo 30 de la Constitución –que decía que los miembros del Parlamento no podían ser perseguidos judicialmente por manifestaciones que hicieran en ejercicio de su función– el Reichstag rechazó la suspensión de la inmunidad del diputado Liebknecht por 168 contra 58 votos.

Medio año antes, el arquitecto había ofrecido una visita guiada VIP del edificio, de la que el 28 de mayo de 1894 participó la baronesa Hildegard von Spitzemberg con un grupo de amigos. La viuda del otrora enviado de Wurtemberg ante el Bundesrat se mostró muy sorprendida cuando tuvo que comprobar que el edificio estaba extremadamente recargado de ornamentos; le pareció realmente "ridículo", ver "ese sinnúmero de blasones, coronas y figuras alegóricas", y concluyó que esos adornos heráldicos que no representaban a un Parlamento y a la democracia, sino a condes y dinastías, no tenían demasiado sentido en el edificio de los representantes del pueblo elegidos por sufragio universal. La opinión de esta baronesa más bien conservadora coincide con el juicio del periodista August Stein, que trabajaba para el *Frankfurter Zeitung*, de orientación liberal. En el año 1898, constató de forma breve y concisa que el edificio "aunque se había construido para los representantes del pueblo", estaba provisto "únicamente de pinturas principescas y ornamentos heráldicos".

Ambas opiniones se referían tanto a las fachadas como a los espacios interiores. Los símbolos del poder monárquico, tales como coronas y cetros, estaban diseminados tanto en las salas de representación más importantes del interior como en las escaleras y los pasillos. Los nombres de los príncipes que gobernaban los diferentes Estados cuando se fundó el Imperio Alemán figuraban en reiteradas inscripciones en piedra, junto con los monogramas de los hasta entonces tres emperadores del Imperio Alemán. A ello se sumaban "innumerables blasones" en un torrente que prácticamente inundaba todo el edificio. Un crítico contemporáneo lo describió acertadamente: "Nunca se han visto tantos escudos juntos en un mismo sitio".

Esta "sociedad heráldica" estaba organizada por jerarquías, puesto que los escudos de los cuatro reinos, a saber Prusia, Baviera, Sajonia y Wurtemberg, recibieron un trato preferencial y a veces incluso se presentaban en exclusiva; asimismo, dentro de este grupo selecto, los escudos de Prusia y Baviera disfrutaban de ciertos privilegios frente a los de Sajonia y Wurtemberg.

La puesta en escena monárquica culminó con una escultura de varios metros de altura que se erigió en el centro de la rotonda del vestíbulo y representaba al emperador Guillermo I, vestido con un abrigo militar y sosteniendo un libro en la mano: la Constitución del Imperio Alemán de 1871. El mensaje que emanaba de la estatua imperial no podía ser más claro: la fundación del Imperio Alemán se debía a tres guerras libradas con éxito bajo la conducción de Prusia, y la Constitución era un regalo benevolente del rey prusiano.

Fotografía de alrededores de 1900 con el edificio del Reichstag terminado en 1894. Vista desde la Columna de la Victoria hasta la Königsplatz en dirección al Reichstag.

Primera sesión parlamentaria el 6 de diciembre de 1894 en el nuevo edificio del Reichstag. En esa oportunidad se produjo un escándalo, porque el diputado Wilhelm Liebknecht permaneció sentado durante los vítores de agradecimiento al emperador por el nuevo edificio. La fiscalía inició un procedimiento contra Liebknecht, pero el Parlamento se negó a suspender la inmunidad del diputado. En esa fecha, las paredes por encima del estrado presidencial estaban vacías. Los óleos que se ven en la imagen, se habían inventado para el grabado en madera usado para reproducir la sala en periódicos ilustrados.

Vista al norte de la sala de plenos, con palcos para visitantes. Para asegurar una buena acústica, la sala estaba revestida de madera. Directamente bajo el cielorraso había un friso con escudos, y los soportes de las tribunas estaban decorados con diez figuras alegóricas de los diferentes ámbitos de vida y actividades que se trataban en el Parlamento.

Todos los que ingresaban en la sala de plenos tenían que pasar al lado de esta escultura. Allí en la sala, les esperaba otra sorpresa. "Hay un solo espacio en el palacio del Reichstag –comentaba August Stein– que no despliega un efecto grandioso y ni siquiera serio y digno, considerando que es el único que lo merecería: la sala de plenos". Por razones acústicas, la sala estaba revestida de madera. Debajo del techo de vidrio, un friso de escudos rodeaba los cuatro costados; más abajo, en los soportes de las tribunas, había unas cariátides. Estas figuras, diez en total, representaban las diferentes esferas de actividades y de la vida con las que se relacionaba el trabajo legislativo del Parlamento. Gracias a los atributos generalmente claros de las figuras, las diferentes áreas eran fácilmente identificables. Había una figura femenina que simbolizaba el área de Transportes y sostenía con la mano un auricular de teléfono. Estas representaciones se encontraban dentro del edificio y junto a él en diversos lugares, débiles y a veces inespecíficos testimonios de un pretendido y único nexo real con las tareas del Parlamento, ya que la dama con el auricular de teléfono también se podía asignar a una central telefónica. Naturalmente, la atención se enfocaba en la pared frontal sobre el estrado presidencial y el Bundesrat. Aquí se veían tres grandes superficies de pared, limitadas y separadas unas de otras por cuatro nichos que solo a partir de 1916 eran ocupados por figuras alegóricas de las virtudes valentía, justicia, sabiduría y humildad. En todo el edificio, tanto por dentro como por fuera, el visitante se daba cita con la moderación y la prudencia, el entusiasmo y la rectitud, la beneficencia y la justicia; la sabiduría debe haber estado representada una media docena de veces. Todas ellas son cualidades maravillosas e ideales que deberían guiar la misión de los diputados. Sin embargo, son menos específicas aún que la dama con el auricular, pues ¿en qué edificio público no podrían estar presentes?

Probablemente, la impresión general que tuvo August Stein se debió ante todo a las tres paredes vacías. Desde el año 1891, se había previsto cubrir estos espacios con murales, al fresco o sobre lienzo, sobre temas de la historia alemana más reciente. En 1895, Wallot se puso en contacto con el pintor Anton von Werner, cuya representación de la "Proclamación del káiser en Versalles, 1871" era una de las obras emblemáticas del nuevo reino imperial. En bosquejos anteriores que Wallot había confeccionado del interior de la sala de plenos, se veía en el sector medio la proclamación con el káiser Guillermo I en el centro, por lo cual era lógico que tomara contacto con el artista. Se proyectaba acompañar este cuadro, de ambos lados, con otro que representara la colocación de la primera piedra del edificio del Reichstag y con un tercero que representara la colocación de la última piedra. La elección de esto motivos concordaba con la impronta monárquica del edificio del Reichstag.

El rey Guillermo I de Prusia fue proclamado emperador de Alemania el 18 de enero de 1871 en la Galería de los Espejos del Palacio de Versalles. La representación de este suceso, realizada en óleo por el pintor Anton von Werner (1843–1915), era una de las imágenes emblemáticas del nuevo reino imperial.

Colocación de la primera piedra, el 9 de junio de 1884, para el nuevo edificio del Reichstag, con numerosa presencia de militares. Los diputados quedaron relegados a un plano secundario. En el centro de la ceremonia, el emperador Guillermo I, su hijo y su nieto (que más adelante serían los emperadores Federico III y Guillermo II). Fotografía del káiser Guillermo I preparado para asestar el golpe de martillo, un momento antes de que la simbólica herramienta se rompiera en pedazos.

La proclamación del káiser en Versalles no era un asunto solamente imperial, sino también militar; se hablaba de los rasgos "imperiales castrenses" de esta ceremonia del 18 de enero de 1871. No menos monárquico-militares fueron la colocación de la primera piedra , que el emperador Guillermo I realizó el 9 de junio de 1884 en la zanja de la obra, y la colocación de la última piedra el 5 de diciembre de 1894 por Guillermo II en el sitio de la rotonda del vestíbulo donde en 1905 se erigió la gran escultura de Guillermo I. En ambas oportunidades, los miembros del Reichstag quedaron relegados a un plano secundario; para asestar los simbólicos golpes de martillo sobre la primera piedra, el presidente y el vicepresidente del Reichstag tuvieron que esperar su turno después de los generales comandantes. Lo mismo sucedió cuando se colocó la última piedra. Un periodista del *National-Zeitung* mencionó el "dorado resplandor" de las medallas militares. La primacía del mundo militar también quedó reflejada en el hecho de que el presidente conservador del Reichstag, Albert von Levetzow, apareciera ataviado con el uniforme de un mayor de la guardia territorial, lo cual fue objeto de diversas críticas al día siguiente. Así, el *Vossische Zeitung* publicó: "Pero ayer, el mayor no ejercía ninguna función... solamente la de presidente del Reichstag Alemán, el hombre de confianza de la representación del pueblo elegido por sufragio libre, por lo que hubiese deseado que también transmitiera ese honorable cargo vestido de ciudadano con libertad de pensamiento".

Finalmente, el trabajo no fue encomendado al artista Anton von Werner. El asunto no se volvió a tratar en el orden del día de la Comisión de Decoración del Reichstag hasta el año 1903. La seriedad con la que se trataban estos temas, ante todo por parte de los conservadores, se deduce de una observación hecha por el conde Lerchenfeld-Köfering; era el enviado de Baviera ante el Bundesrat, y en esa función había integrado durante muchos años la Comisión de Obras del Reichstag. Cuando en 1898 el Reichstag decidió disolver esta Comisión y reemplazarla por la de Decoración, previendo integrarla exclusivamente por miembros del Reichstag, invitó al Bundesrat a que participase, pero lo hizo por pura cortesía. El conde consideraba que el procedimiento del Parlamento era una afrenta, pero no obstante se declaró dispuesto a participar para tomar influencia, "puesto que la elección de los temas de futuros murales podría implicar una cierta relevancia política".

Diez años después de la colocación de la primera piedra por el emperador Guillermo I, el 5 de diciembre de 1894 su nieto, el emperador Guillermo II, colocó la piedra final en la rotonda del Reichstag. Otra vez predominaba claramente la presencia de militares. Grabado en madera según un dibujo de William Pape, 1894.

La comisión puso en marcha un concurso limitado a cinco artistas, que ganó el pintor Angelo Jank. Los temas eran fijados por la Comisión, donde los tres miembros del Bundesrat junto con los miembros conservadores del Reichstag tenían la mayoría, por lo cual estaba claro que los temas elegidos responderían a expectativas conservadoras. El cuadro principal debía representar una escena avalada por la historia: el emperador Guillermo I, acompañado por el príncipe heredero, el canciller Otto von Bismarck y el mariscal Helmuth von Moltke, cabalgando por el campo de batalla de Sedán.

Cuando los cuadros fueron colocados en 1908, recibieron críticas desde diversos sectores. Los críticos de derechas consideraban que el cuadro central no era lo suficientemente heroico y que el emperador Guillermo no se veía como un comandante victorioso sino más bien como un anciano cansado. Varios observadores indicaron que en el cuadro se arrastraba por la tierra una tricolor francesa y que la cabeza de un soldado francés fallecido en la batalla se encontraba en una sospechosa proximidad al casco del caballo imperial, por lo que se temían desavenencias diplomáticas. Y una gran cantidad de diputados no llegaba a comprender el sentido de que esta escena figurase en el centro de la sala de plenos de los representantes del pueblo, donde una imagen de la historia del parlamentarismo hubiese sido mucho más adecuada. Gustav Stresemann, diputado nacional liberal, imaginaba una escena de la Asamblea Nacional de 1848 en la Iglesia de San Pablo en Fráncfort. Ya dos años antes, cuando en el Reichstag se conoció la decisión de la Comisión acerca de los temas pictóricos, el diputado Waldemar von Oriola había propuesto como alternativa un suceso de la historia parlamentaria; pensaba en la delegación del Reichstag de Alemania del Norte, que el 18 de enero de 1871 había expuesto ante el rey prusiano Guillermo el deseo del Parlamento de que aceptara el título de káiser del Imperio Alemán. Esta ceremonia civil ponía de relieve el papel que jugó el Parlamento en la fundación del Imperio, pero quedó en el olvido frente al espectáculo militarista que tuvo lugar ese mismo día y que, entre otras razones por las obras de Anton von Werner, había quedado fuertemente anclado en la memoria del pueblo alemán.

En vista del cúmulo de críticas desde diversos sectores, el presidente del Reichstag decidió hacer retirar los cuadros de la sala de plenos durante el receso de Navidad de 1908. A la larga, las amplias y grises superficies murales quedaron vacías. En nada cambió esa situación que Eugen Richter, un reconocido portavoz del *Freisinnige Partei*, un partido liberal izquierdista, ya había descrito unas pocas semanas tras el ingreso en el nuevo edificio: "Los emblemas y adornos que hasta ahora se instalaron aquí, irían perfectamente en casi cualquier palacio residencial o panteón de las glorias. Pero aquí, buscamos en vano signos que realmente expresen el carácter individual de este edificio como taller de la legislación, como sede de la representación del pueblo". Cuando en la primera etapa de proyectos los diputados intercedieron a favor de un edificio de Parlamento monumental, no podían prever que terminarían ejerciendo sus tareas en un monumento a la monarquía.

Dificultades con una inscripción

La observación del diputado Richter probablemente también se refería a la inscripción "Al pueblo alemán" (en alemán: *Dem Deutschen Volke*) que podía verse claramente bajo el tímpano de la entrada principal en las numerosas reproducciones de la fachada del edificio, publicadas en los últimos años antes de su terminación. Cuando en el acto de colocación de la piedra final y recepción del nuevo edificio por el Reichstag el público se

encontró con un campo de texto vacío, la molestia general fue grande. El diputado Friedrich Payer, de la izquierda liberal, durante una de las primeras sesiones en el nuevo edificio lamentó públicamente la inscripción faltante, como clara señal de la falta de confianza política que el gobierno le tenía al Parlamento: "En las revistas ilustradas que nos enviaban a nuestros hogares, a nuestras regiones, con imágenes para informarnos sobre el futuro nuevo edificio y donde el nuevo edificio del Reichstag estaba reproducido tal como iba a ser y no como es, encontrábamos sobre el portal principal la inscripción "Al pueblo alemán". Pero cuando llegué aquí, no pude ver ese texto, y desde entonces me devano los sesos… a qué se debe, en realidad, la falta de esta inscripción". Payer sospechaba que el Bundesrat había impedido la inscripción y dio a entender claramente que esa decisión no ayudaba a fomentar la paz interior.

Pero el culpable no era el Bundesrat, ni tampoco el káiser, que estaba en la mira de los periodistas. La iniciativa de omitirlo partía de la Comisión de Obras, que ya en 1893 había discutido repetidas veces la cuestión. Contra el texto de la inscripción proyectada se argumentaba que el pueblo alemán, mediante sus representantes, había autorizado los recursos necesarios para la construcción, y que por ende no podía dedicarse el edificio a sí mismo. Seguramente, estas y una serie de otras sutilezas se debían a motivaciones políticas. A falta de alternativas apropiadas, en diciembre de 1893 la Comisión decidió con los votos de sus miembros del Reichstag que se prescindiera totalmente del texto.

Cuando el edificio se inauguró sin inscripción alguna y las publicaciones de prensa no atribuían esta omisión a la Comisión sino que la endilgaban al emperador, la Comisión se vio obligada a incluir el tema nuevamente en el orden del día. En una sesión de enero de 1895, ningún miembro de la Comisión parece haber intercedido por la propuesta original, que probablemente había sido presentada por Paul Wallot. En su lugar y como solución intermedia, acordó la fórmula "Al Imperio Alemán" (en alemán: *Dem Deutschen Reich*). Cuando este resultado le fue presentado al káiser para su aprobación, éste anotó en el margen del pliego una propuesta alternativa: "A la unidad alemana" (en alemán: *Der Deutschen Einigkeit*). Luego, el asunto se fue diluyendo hasta que quedó en el olvido.

Solo recobró actualidad 20 años después con un artículo en el *Leipziger Tageblatt* publicado puntualmente en el primer aniversario del comienzo de la guerra, el 5 de agosto de 1915. Entretanto, estaba claro que la afirmación de que el conflicto bélico pronto llegaría a su fin carecía de sostén y que las cargas que tenía que soportar la población en el frente y en su patria superaban con creces sus peores temores. Estos desarrollos degradaron la confianza de amplios sectores de la población en el gobierno y en la monarquía. Ante esa situación, según el *Leipziger Tageblatt*, la inscripción podía ser entendida como signo de reconciliación y contribución a la paz interior. El gobierno entendió la sugerencia de inmediato; una vez que estaba claro que el emperador no iba a oponer reparos si la Comisión de Decoración decidía colocar la inscripción, el asunto siguió su curso y en diciembre de 1916 se colocó la inscripción ; los caracteres fueron diseñados por el arquitecto, y tipógrafo Peter Behrens y fundidos en metal en la fundición Loevy, supuestamente con el bronce de cañones capturados a los franceses durante las guerras de liberación de 1813. Según reza en las actas, la decisión, dada a conocer por el presidente del Reichstag Johannes Kaempf al final de la sesión del 27 de agosto de 1915, fue recibida con "un fuerte aplauso".

Diversos diseños de la fachada del edificio mostraban por encima del portal principal la inscripción "Al pueblo alemán". Sin embargo, el tímpano del edificio terminado se presentó completamente vacío. Contrariamente a lo que muchos suponían, esa falta no se debía a alguna objeción del emperador, sino a la Comisión de Obras. Solo un año después de que estallara la Primera Guerra Mundial se recordó esa inscripción, revalorizándola como contribución a la paz interior de una Alemania seriamente castigada por el conflicto bélico. Finalmente, fue colocada en diciembre de 1916.

El edificio del Reichstag en el Arco del Spree, 1919 a 1933

Con el fin de la monarquía empezó una nueva etapa para el edificio del Reichstag, que hasta entonces había estado un poco al margen de las centrales del poder imperial. A partir de ese momento era el punto del que partían todos los proyectos siguientes sobre un centro político de la capital Berlín y de la República. Tal como expuso el arquitecto y urbanista Hugo Häring en una ponencia del año 1927, el edificio del Reichstag debía convertirse en el "núcleo del nuevo espacio político urbano". La ponencia de Häring era parte del programa marco de la "Gran Exposición de Arte de Berlín" que se realizó de mayo a septiembre de 1927 con una pequeña muestra especial de arquitectura sobre proyectos actuales del ordenamiento urbano de la capital. Estos proyectos incluían consideraciones sobre la remodelación y renovación de la Platz der Republik por parte de los arquitectos Peter Behrens, Hugo Häring y Hans Poelzig. Los tres proponían levantar edificios de los ministerios de la República en el Arco del Spree para crear un distrito gubernamental, con el Reichstag en su centro.

Casi simultáneamente, pero con total independencia de esta exposición, en el verano de 1927 se abrió un concurso sobre la ampliación del edificio del Reichstag. La ampliación se necesitaba con gran urgencia, puesto que hacía años que el trabajo parlamentario venía sufriendo una permanente y creciente escasez de espacio.

Más que nada, hacían falta oficinas para los diputados. En la fase de planificación no se habían previsto, por lo cual simplemente no existían en el edificio del Reichstag. Para la preparación de sesiones de grupos parlamentarios, comisiones y plenarias, para la lectura de impresos, mociones y proyectos de leyes, pero también para toda la correspondencia política, privada y oficial, los 400 diputados solamente contaban con las dos salas de lectura y la sala de escritura, si no preferían trabajar en los escritorios de sus viviendas. En el caso de diputados provenientes de otras regiones, esos escritorios se encontraban habitualmente en viviendas amuebladas que se alquilaban durante los períodos de sesiones en Berlín.

Desde los principios en 1871, estos períodos de sesiones se prolongaban cada vez más, a la vez que el mandato parlamentario honorífico de jornada parcial pasaba a ser un trabajo de jornada completa. Las dietas, que finalmente se introdujeron en 1906 como respuesta a esa situación, finalmente permitieron que un gran número de diputados dedicasen toda su energía a las tareas de su mandato. Por consiguiente, aumentó más aún la demanda de oficinas donde se pudiera trabajar antes, entre y después de las sesiones en el mismo edificio del Parlamento.

Así, el 2 de febrero de 1913 la Comisión de Presupuestos presentó a los plenos un proyecto de ampliación de la planta superior del edificio del Reichstag, con un total de 106 oficinas para dos a cuatro diputados respectivamente. En el transcurso del año 1913 se amplió el ático; pero los proyectos de mayor alcance, que no pudieron progresar durante la guerra y en los años posteriores, no volvieron a estar en el orden del día hasta el año 1925. Entretanto, el déficit de oficinas se había agravado aún más; al finalizar la monarquía, el Reichstag y su edificio pasaron a ocupar el centro del poder; un centro no solamente topográfico y simbólico, sino también político. Con la creación de la República, el Parlamento como representante del pueblo soberano tuvo que sumar tareas nuevas a las ya existentes, elevando más aún las exigencias y la carga de trabajo de los diputados cuyo número, además, en 1924 había aumentado a casi 500, o sea a unas 100 personas más que en 1894. Por eso, la Comisión de Presupuestos propuso en la sesión parlamentaria de 1925 que se volviera a comprar el terreno que se había vendido unos años antes de la guerra, situado al norte del Reichstag, para levantar en él un edificio de ampliación. El Parlamento dio curso a esta recomendación. A fines de 1925 se adquirió el terreno, que fue ampliado por algunas compras adicionales en el año siguiente.

De esta manera, para la licitación del año 1927 se contaba con un solar que tenía una forma de trapecio irregular, lo cual planteó algunas dificultades a los licitantes. Al parecer, ninguno de los 278 participantes del concurso superó estas dificultades, lo cual se evidencia con la falta de un primer premio; el jurado solamente confirió dos segundos, dos terceros y tres cuartos premios.

Antes de que la administración del Reichstag pudiera tomar una nueva iniciativa, se hicieron oír voces críticas del mundo profesional y periodístico. Las publicaciones se centraban en la exigencia de que los futuros planes de ampliación edilicia solamente se enmarcaran en un plan general de edificación para el Arco del Spree; argumentaban que la tarea solamente podía solucionarse, también en el aspecto arquitectónico, si se entendía desde un principio como parte de un foro de gobierno, de un "Foro para la República", cuyos delineamientos ya habían sido contemplados en las contribuciones de la exposición de arte realizada en 1927.

En diciembre de 1928 Martin Wagner, comisionado para obras públicas de Berlín, participó esta propuesta a Paul Löbe, presidente del Reichstag; al mismo tiempo apelaba a la responsabilidad del Parlamento, que como promotor de la construcción debía ocuparse de la representatividad arquitectónica de la democracia. En su respuesta, Löbe expresó que comprendía su inquietud, pero también señaló que el desarrollo y la realización de proyectos tan amplios requerían mucho tiempo, del que el Reichstag no disponía para solucionar sus acuciantes problemas de espacio. A modo de compromiso se acordó una especie de doble concurso, donde el objetivo principal seguiría siendo el proyecto para un edificio de ampliación; no obstante, en el marco de lo que en el programa de la licitación figuraba como un "concurso de ideas para un proyecto integral de la Platz der Republik", se dejaba "a criterio de los participantes la presentación de propuestas para el diseño completo de esta plaza".

La mayoría de los participantes de este concurso no abierto, al que solo se había invitado a los premiados y a ocho arquitectos más, no se perdieron la oportunidad de desarrollar sus visiones. La propuesta más radical era la de Hans Poelzig quien, transformando la necesidad en virtud, no solo tomó como base la forma irregular del terreno para el edificio de ampliación sino que incluso la potenció, concibiendo un edificio alto de tres lados con paredes exteriores cóncavas; de este partían nueve edificios altos para ministerios, que en disposición radial replicaban el Arco del Spree y formaban un semicírculo junto con el edificio de ampliación. Martin Wagner opinó que el diseño de Poelzig era "el único que aplicó las escalas ideales acertadas para el diseño de la plaza". Sin embargo, en la *Zentralblatt der Bauverwaltung* (Revista Central de la Administración de Obras) el arquitecto Gustav Lampmann expresó su crítica manifestando que en ese diseño el edificio del Reichstag se veía "como desplazado a un costado".

Hasta el final de la República de Weimar no se construyó ningún edificio de ampliación del Reichstag, ni tampoco se realizó ninguna de las visiones arquitectónicas para el Foro de la República en el Arco del Spree. En los dos últimos años de la República no solamente faltaba el dinero para ambos proyectos, sino también la voluntad política. La "democracia como promotora de obras" perdió la oportunidad de buscar su representatividad arquitectónica.

Evidentemente, ninguno de los críticos y publicistas que se manifestaban en estos debates sobre un Foro de la República en el Arco del Spree y ninguno de los arquitectos visionarios que presentaron sus proyectos correspondientes formuló la pregunta de si el edificio del Reichstag, con su acumulación de símbolos monárquicos, era realmente un centro adecuado para un Foro de la República. De todas maneras, habían surgido iniciativas para reducir esa abundancia, aunque con total independencia de los debates y visiones alrededor de ese Foro.

Casi en simultaneidad con los debates plenarios sobre la "Ley de Protección de la República" que se aprobó con motivo del asesinato del ministro de Asuntos Exteriores Walther Rathenau y que también contemplaba la utilización de símbolos monárquicos y emblemas nacionales, el 12 de julio de 1922 el Reichstag instaló una subcomisión que debía ocuparse de cuestiones relacionadas con la eliminación de los emblemas y símbolos en el edificio del Reichstag. Para ello, la comisión le solicitó un peritaje a Edwin Redslob, funcionario nacional para asuntos relacionados con el arte, que éste presentó poco tiempo después esgrimiendo argumentos artísticos contra la eliminación de los símbolos monárquicos: "La eliminación de estos motivos en determinados lugares sería una grosera contradicción al espíritu del conjunto y afectaría gravemente el aura general del edificio histórico". Con excepción de las coronas en las astas de las banderas, removidas a principios de diciembre de 1922, todo quedó como estaba. Hasta el fin de la República incluso permaneció firme en su sitio original, la rotonda del vestíbulo, la inmensa escultura del emperador Guillermo I. Por lo menos fue ocultada bajo enormes paños el 27 de junio de 1922, con motivo de los funerales de Walther Rathenau.

No obstante, algunos ciudadanos tomaron nota del singular contraste entre la representación democrática del pueblo por una parte y el aspecto monárquico del edificio por otra. En mayo de 1924 el escritor Joseph Roth, corresponsal berlinés del períodico liberal de izquierdas *Frankfurter Zeitung,* escribió, luego de haber visitado la sesión inaugural del efímero segundo Parlamento: "En este diciembre, el gran edificio de las artes cumplirá treinta años. Desde hace décadas está fastidiando a personas de gusto refinado y sentido democrático. En su entrada, se ve la dedicatoria "Al pueblo alemán". Pero en su cúpula, a setenta y cinco metros sobre el nivel de la calle, se eleva la corona dorada; ancha, imponente, es una carga absolutamente desproporcionada para esta cúpula y una deslegitimización de aquél lema... es infinitamente difícil no ver aquí un símbolo de los tiempos del káiser Guillermo II".

El edificio del Reichstag, 1933 a 1945

En la noche del 27 de febrero de 1933 ardió el edificio del Parlamento. En el lugar del siniestro fue detenido Marinus van Lubbe, un neerlandés de 24 años, quien confesó haber provocado el incendio. Los dirigentes del régimen nacionalsocialista sostenían que van der Lubbe había actuado por encargo de los comunistas y que el incendio era la señal que iba a desencadenar un golpe de Estado comunista. Ernst Torgler, ex presidente del grupo parlamentario comunista en el Reichstag, y los tres comunistas búlgaros Georgi Dimitrov, Blagoi Popov y Vasil Tanev fueron detenidos como supuestos autores intelectuales. El juicio contra los cinco inculpados comenzó el 21 de septiembre de 1933 ante el Tribunal del Reich en Leipzig y terminó el

Esta fotografía del Reichstag incendiado fue retocada con la incorporación de llamas y nubes de humo. Según el informe policial, el fuego ya se había controlado hacia las 0.25 h del 28 de febrero de 1933; cuando se tomó la fotografía, en realidad solo quedaban unos ligeros jirones de humo suspendidos por encima del edificio.

El 27 de febrero, poco después de las 21.00 h, se activó la alarma de fuego porque se había descubierto un foco de incendio en el restaurante. Este foco pudo ser apagado rápidamente, pero a continuación se descubrieron varios más. La sala de plenos rápidamente quedó envuelta en llamas. Las altas temperaturas impidieron que los bomberos avanzaran hasta el centro del incendio; solamente pudieron evitar su propagación. La sala de plenos (imagen de arriba) y algunas salas aledañas quedaron completamente calcinadas.

Vista aérea desde el este del edificio del Reichstag. Detrás, la Königsplatz con la Columna de la Victoria y el edificio de la Kroll-Oper; a su derecha, el edificio del Estado Mayor; delante, la Alsenplatz y el barrio Alsenviertel; abajo, a la derecha, el Arco del Spree.

23 de diciembre con la absolución de los cuatro políticos comunistas. Marinus van der Lubbe fue condenado a muerte por "alta traición en concurrencia ideal con incendio premeditado" y ajusticiado el 10 de enero de 1934.

Hoy ya no existen dudas de que la afirmación de que Marinus van der Lubbe había actuado por encargo de los comunistas carece de todo fundamento. La cuestión de si había actuado por propia iniciativa o si habían participado instigadores y coautores nacionalsocialistas se discutió arduamente durante mucho tiempo y aún no se ha podido aclarar.

La afirmación de que los mismos nacionalsocialistas habían inducido al atentado incendiario ya se empezó a sostener y a divulgar poco después del siniestro. Naturalmente, no dejaba de tener una cierta lógica, en vista de que el incendio les venía como anillo al dedo a los nacionalsocialistas que ya estaban en el poder. Ya el 28 de febrero de 1933, a modo de reacción frente al supuesto golpe comunista, se promulgó con la firma de Paul von Hindenburg, presidente del Reich, el decreto de urgencia "Para la protección del pueblo y del Estado", que dejaba sin efecto los derechos fundamentales y de libertad de la Constitución. Este "Decreto del Incendio del Reichstag" no solo sirvió de base para la detención de numerosos políticos comunistas y de otros sectores de la oposición en los días y semanas siguientes al incendio, sino que, a largo plazo, también ofreció una buena posibilidad para proceder contra críticos del régimen, con todos los recursos y sin ningún control propio de un Estado de derecho.

A este paso radical hacia la instalación de la dictadura le sucedió el 23 de marzo de 1933 la *Ermächtigungsgesetz* (Ley de plenos poderes) mediante la cual el Parlamento, que había sido elegido el 5 de marzo, prácticamente se autoderrocó trasladando sus competencias al gobierno del Reich, cuyo canciller en funciones era Adolf Hitler. Estaba claro que este Parlamento no podía sesionar en la calcinada sala de plenos del edificio del Reichstag. Luego de la sesión inaugural del 21 de marzo, en la llamada "Jornada de Potsdam" celebrada en la Garnisonkirche (Iglesia de la Guarnición) de Potsdam, el nuevo Parlamento se reunió en la *Krolloper*, en el lado occidental de la plaza que, en marzo de 1933, fue rebautizada con el nombre de Königsplatz. Hasta abril de 1942, la sala de teatro de este edificio presenció un total de 18 eventos llamados sesiones del Reichstag que, a todas luces, no podrían calificarse como verdaderas sesiones parlamentarias.

Si bien el pleno ya no podía sesionar en el edificio del Reichstag después del incendio, una buena parte de las salas habían quedado indemnes. La gran biblioteca del Reichstag con sus más de 300 000 tomos permaneció y siguió funcionando en el edificio hasta 1940, al igual que las oficinas de la administración del Reichstag. Las salas intactas más grandes se alquilaban para eventos. Entre los más espectaculares se pueden mencionar las dos exposiciones de propaganda "El bolchevismo sin máscara" del invierno de 1937, y "El judío eterno" del invierno de 1938/39; ambas atrajeron grandes masas de público.

El fuego del Reichstag había devastado completamente la sala de plenos. Por eso, el 5 de marzo de 1933 los diputados, que acababan de ser elegidos, se reunieron en la Kroll-Oper. Ese establecimiento albergó hasta abril de 1942 un total de 18 sesiones del Reichstag que, sin embargo, ya nada tenían en común con verdaderas sesiones parlamentarias.

Con los proyectos de Albert Speer, arquitecto que Hitler nombró "Inspector general de obras para la capital del Reich" en enero de 1937, el edificio del Reichstag obtuvo un nuevo protagonismo transitorio. El centro del proyecto para convertir a Berlín en la *Welthaupstadt Germania* (Capital Mundial Germania) estaba ocupado por un bulevar de 7 km de longitud y 120 m de ancho, el "eje norte-sur" que terminaba en el Arco del Spree; allí, llegaba hasta un inmenso edificio cuadrado con 315 m de cada lado; sobre él, se asentaba una cúpula de 290 m de altura. Este pabellón iba a dominar la gigantesca Königsplatz, ya debidamente ampliada para grandes desfiles, y en cuyo lado occidental se proyectaba la construcción de un "palacio del Führer" que estaría situado justo enfrente del edificio del Reichstag, pero superando con creces su tamaño.

En vista de las dimensiones proyectadas, el edificio del Reichstag habría quedado totalmente relegado. No obstante, parece que por de pronto se proyectaba arreglar y ampliar el edificio a instancias de Hitler. Si bien estas consideraciones no prosperaron más allá de un proyecto, su realización exigió la evacuación de quienes lo estaban usando. A partir de 1939 cambiaron los planes y se proyectó la construcción de un nuevo edificio del Reichstag que se uniría por el norte al entonces viejo edificio y que por el otro lado estaría unido con el "gran pabellón"; la sala de plenos del nuevo edificio iba a superar los 2000 m^2. En el contexto de estos proyectos, Hitler aparentemente rechazó la propuesta de Speer de demoler el edificio del Reichstag, argumentando que debía conservarse como monumento histórico porque en él los nacionalsocialistas habían luchado con éxito contra la República. Para poder comenzar con la realización de estos planes, a partir de 1938 se realizaron numerosas demoliciones en el Arco del Spree, que continuaron hasta 1942. Del resto, se ocuparon los bombarderos británicos.

Los bombardeos también dañaron el edificio del Reichstag, en cuyos sótanos antiaéreos se había instalado a partir del otoño de 1943 un departamento de obstetricia del hospital Charité. Sin embargo, las últimas embestidas provinieron del Ejército Rojo, que el 29 de abril de 1945 sometió al edificio del Reichstag a fuertes ataques de artillería. El testimonio más famoso de esta "lucha por el Reichstag" es indudablemente la imagen del fotógrafo soviético Yevgueni Jaldéi, que muestra un soldado del Ejército Rojo enarbolando la bandera roja en el techo del edificio del Reichstag como señal de victoria. Se trata de una escena reconstruida el 2 de mayo, una vez finalizados los combates. La gran difusión y notoriedad de esta fotografía, muchas veces reproducida e incluso impresa en sellos de correo, se debe a que desde la óptica del Ejército Rojo el edificio del Reichstag era, por excelencia, el símbolo material de la dictadura nacionalsocialista. Pero en realidad, en vista de la eliminación de la democracia parlamentaria por esa dictadura y de los estragos del incendio y de la guerra, la ruina de este edificio que solo conservaba sus paredes exteriores era un símbolo prácticamente insuperable de aquella democracia fallida.

Bajo el régimen nacionalsocialista se proyectaba convertir a Berlín en la "Capital Mundial Germania", con un "eje norte-sur" de 7 km de longitud y 120 m de ancho que conducía hasta el "Gran Pabellón", un gigantesco auditorio con un ancho de 315 m y una cúpula de 290 m de altura. La Inspección General de Obras, bajo la dirección de Albert Speer, realizó los bocetos del "Gran Pabellón" y la maqueta que se ve en esta fotografía.

Poco antes de que terminara la guerra, el Ejército Rojo entró en Berlín, y el 29 de abril sometió al Reichstag a fuertes ataques de artillería. Esta famosa fotografía de Yevgueni Jaldéi, que muestra dos soldados del Ejército Rojo enarbolando la bandera roja, tuvo amplia difusión en la Unión Soviética. Sin embargo, la escena fue reconstruida y fotografiada el 2 de mayo, cuando ya habían terminado los combates.

Después de la guerra, los alemanes sufrieron enormes necesidades; así, los pobladores de Berlín hasta llegaron a plantar patatas en el suelo del parque Tiergarten. Al fondo se ven el monumento conmemorativo soviético y el edificio del Reichstag, destruido. Fotografía del año 1945.

El edificio del Reichstag como símbolo de unidad durante la división de Alemania

Al terminar la guerra, el edificio del Reichstag era una ruina. La reconstrucción era impensable, por lo cual no debe haber sorprendido a nadie que el diario *Tägliche Rundschau* publicara en diciembre de 1947, que la Autoridad Central de Construcciones y Vivienda del gobierno de Berlín planeaba "usar el edificio del Reichstag como lo que terminó siendo: una cantera extraordinariamente cómoda y rica en materiales". Sin embargo, a medida que la confrontación entre las potencias de ocupación iba dando lugar a la división de Alemania y de la ciudad que estaba separada en cuatro sectores, aumentaban las voces que exigían la reconstrucción del edificio del Reichstag por razones políticas. La ruina fue ganando protagonismo; entre otras cosas, como fondo arquitectónico de las reiteradas manifestaciones contra bloqueos y división que se realizaron a partir del verano de 1948 en la Platz der Republik. Era el emblema de las protestas y de la esperanza de que se restableciera la unidad de Alemania. Jakob Kaiser, desde 1949 ministro federal de Asuntos para toda Alemania, expresó esa relevancia simbólica en un discurso que pronunció durante la manifestación del primero de mayo de 1950 ante el edificio del Reichstag, enlazándola con la exigencia de su reconstrucción: "El edificio del Reichstag que tenemos ante nosotros se fue convirtiendo a lo largo de los últimos años en un símbolo de solidaridad de todos los berlineses. Hoy, está más claro que nunca: este edificio de los alemanes tiene que ser reconstruido y ampliado cuanto antes para alojar el Bundestag, el Bundesrat y el Gobierno Federal". En un debate de plenos del Bundestag Alemán del 20 de junio de 1951 sobre la celebración de sesiones del Bundestag en Berlín, el ministro subrayó su demanda argumentando: "se trata de crear un símbolo más de nuestro optimismo, de que creemos en la unidad alemana". De esta manera, mostró su acuerdo con su orador precedente Willy Brandt, diputado berlinés del Bundestag, que había expuesto: "que hay un compromiso nacional con ese edificio, el lugar de trabajo del Reichstag de la República de Weimar que fue incendiado por los nacionalsocialistas, que luego fue gravemente dañado por los impactos de la guerra y ante el cual durante los últimos años, en la proximidad inmediata al sector soviético, se celebraron varias de las magníficas manifestaciones por la libertad".

El ministro para Asuntos de toda Alemania mencionó en su contribucion al debate que se habían "presentado muchas objeciones artísticas" contra la reconstrucción. Estos reparos estéticos siempre se volvieron a formular durante muchos años, frecuentemente acompañados por pedidos de demolición. Para valorar debidamente estos reparos, dirigidos ante todo contra los ornamentos históricos y símbolos monárquicos, y para evitar al mismo tiempo el derribo del edificio, el pedido de reconstrucción se relacionó con la propuesta de recuperar el edificio con una "cara bastante contemporánea"; o sea, de eliminar ornamentos y símbolos donde fuese posible. Entre 1956 y 1959 Eugen Gerstenmaier, presidente del Bundestag, se pronunció reiteradas veces a favor de la reconstrucción; pero luego de una visita de la ruina en marzo de 1957 manifestó con absoluta claridad que no era partidario de "cúpulas, torres ni chirimbolos anticuados".

La Alemania ocupada, y particularmente Berlín, fueron los primeros escenarios de la incipiente Guerra Fría. Ante la reforma monetaria en las zonas occidentales, la Unión Soviética reaccionó con un bloqueo de Berlín Occidental que duró del 24 de junio de 1948 hasta el 12 de mayo de 1949. El 9 de septiembre de 1948, unas 350 000 personas se manifestaron contra este bloqueo ante el edificio del Reichstag en la Platz der Republik. Ernst Reuter, alcalde de Berlín, reclamaba ayuda para la ciudad encerrada.

DEM DEUTSCHEN VOLKE

De todas maneras, también se podía pedir la reconstrucción y prescindir del uso parlamentario. Esta era la idea de Willy Brandt, que expresó durante un debate de plenos el 26 de octubre de 1955: "Al fin y al cabo deberíamos procurar que los tira y afloja y el palabreo de todos estos años alrededor del edificio del Reichstag den lugar a un paso modesto, pero práctico. En realidad, no se trata de si la futura asamblea nacional podrá volver a trabajar en el edificio reconstruido del Reichstag o si para ello se necesitarán nuevos edificios, sino que se trata de un poco de sensibilidad histórica y también de aclarar la cuestión básica, de cómo debería iniciarse en la práctica y con sensatez la reconstrucción del edificio del Reichstag para cualquier finalidad nacional". Brandt había movilizado la "sensibilidad histórica" en el marco de un debate sobre la moción del grupo parlamentario del SPD, de poner a disposición 350 000 marcos alemanes para la realización del concurso de ideas urbanísticas "Capital Berlín" y 60 000 marcos alemanes para el concurso "Reconstrucción del edificio del Reichstag". La moción fue adoptada por amplia mayoría.

En marzo de 1957 se pudo convocar al concurso internacional "Capital Berlín". Claro que también se trataba de un gesto político para señalar que pese a su ingreso en la OTAN y sus reforzadas alianzas occidentales, la política de la República Federal seguía aferrada a la idea de la reunificación, por lo cual ya estaba proyectando los delineamientos de la capital de una Alemania reunificada. Entre otros aspectos, los participantes debían resolver el aspecto del nuevo barrio parlamentario en el Arco del Spree y el papel que jugaría allí el edificio del Reichstag. Al finalizar el concurso en febrero de 1958 quedó claro que casi todos los participantes y todos los galardonados querían preservar el edificio del Reichstag, pero que ninguno lo imaginaba como sede del Parlamento; las propuestas de utilización abarcaban desde el Tribunal Federal Constitucional, pasando por una biblioteca, hasta un museo. El concurso "Reconstrucción del edificio del Reichstag" se había postergado para no influenciar las respuestas de los participantes del concurso "Capital Berlín" en cuanto al futuro del edificio del Reichstag.

No obstante, el Bundestag había puesto a disposición recursos financieros para los desescombrados necesarios y las medidas de aseguramiento y conservación de la estructura original del edificio del Reichstag. Esos trabajos ya se habían realizado repetidas veces, desde hacía años; pero a partir del otoño de 1957, antes de que terminara el concurso "Capital Berlín", se reanudaron en mayor escala. Por encargo de la Dirección Federal de Obras, se restauró la parte meridional de la fachada principal. En realidad, fue casi una destrucción parcial porque se eliminó casi toda la ornamentación arquitectónica, dejando por resultado una fachada libre de cualquier estilo que difícilmente podía dar lugar a objeciones de índole "artística". Debe mencionarse que la cúpula ya se había dinamitado en 1954, después de varios años de preparativos y por razones de seguridad.

El concurso largamente proyectado no pudo abrirse hasta el primero de julio de 1960; se trataba de un concurso limitado, con convocatoria de diez arquitectos. Paul Baumgarten lo ganó en enero de 1961. Si bien en los pliegos se había aclarado que el edificio iba a destinarse a actividades parlamentarias una vez reconstruido, las propuestas de diseño solicitadas se limitaban al vestíbulo de la entrada principal y a las salas de representación en el ala occidental. Que Paul Baumgarten finalmente haya logrado remodelar el edificio completo e incluso pudiera rediseñar una sala de plenos que ni siquiera estaba prevista, se debe ante todo a la tenacidad de sus negociaciones con las autoridades competentes.

Desde la fundación de la República Federal de Alemania, la reconstrucción del edificio del Reichstag como símbolo de una Alemania democrática y unida era un objetivo perseguido con perseverancia. Se preveía convocar para ello a un concurso arquitectónico, pero en primer lugar había que financiar, entre 1957 y 1959, el desescombrado, el aseguramiento y la conservación material esencial del edificio.

En enero de 1961, el arquitecto Paul Baumgarten ganó el concurso de remodelación que se había limitado a diez participantes. Los trabajos dirigidos por él, que incluían grandes superficies de vidrio, ya en ese entonces otorgaron al edificio el aire de transparencia que lo distingue en la actualidad. Al mismo tiempo hizo recubrir o remover numerosos elementos históricos que aún se habían conservado, con el fin de obtener las líneas rectas y superficies lisas que caracterizaban la arquitectura de los años 1960.

El resultado de estas reformas, que duraron diez años, fue ampliamente discutido y recibió calificaciones muy disímiles. Se le reconoció a Baumgarten que mediante el empleo de muchos elementos de vidrio haya logrado el aspecto diáfano que también hoy también caracteriza a este edificio; así, la abertura y el vidriado del gran portal oeste es de Baumgarten. Por otra parte, el arquitecto fue muy lejos con la modernización, imponiéndole el despojado mensaje de formas de los sesenta: para obtener líneas rectas y superficies lisas, revistió o eliminó casi todas las piezas arquitectónicas históricas que se habían conservado. La sala de plenos, que gracias al vaciado parcial del edificio duplicaba el tamaño de la anterior, tenía un mobiliario casi espartano. Dieter Bartetzko, historiador de arquitectura, opinaba al respecto: "Hasta el final, siempre parecía que faltaba terminarla".

Antes del acto oficial con el que Annemarie Renger, la presidente del Bundestag, pudo recibir el edificio para el Parlamento el primero de junio de 1973, ya se habían celebrado desde 1971 diversas reuniones de comisiones y de grupos parlamentarios en el edificio reconstruido del Reichstag. Sin embargo, las sesiones plenarias ya no eran posibles, puesto que en 1971 las cuatro potencias ocupantes habían confirmado su autoridad en el llamado Acuerdo Cuatripartito de Berlín, con lo cual mantuvieron a Berlín Occidental legalmente separada de la República Federal de Alemania. Finalmente, la sala de plenos solo funcionó como tal en dos oportunidades: el cuatro de octubre de 1990, cuando se celebró la primera sesión parlamentaria conjunta de Alemania en el edificio del Reichstag, y unas semanas más tarde, el 20 de diciembre de 1990, con la sesión constituyente del Bundestag número 12, elegido el 2 de diciembre por el primer sufragio libre de la Alemania reunificada.

El edificio del Reichstag para el Bundestag Alemán

El 20 de junio de 1991, el Bundestag Alemán aprobó por 338 a 320 votos el traslado de la sede parlamentaria y gubernamental de Bonn a Berlín. Parecía estar claro dónde iba a celebrar sus sesiones plenarias el Parlamento de la República Federal de Alemania en la recuperada capital. El *Frankfurter Allgemeine Zeitung* seguramente reproducía la opinión de la gran mayoría de los diputados cuando el 18 de septiembre de 1991 trató el tema bajo el título "El Reichstag, por supuesto". Finalmente, el 30 de octubre de 1991 la mesa de edad decidió que comenzaran "los proyectos para el edificio del Reichstag" que, según estipulaban, "debían tener como punto de partida el uso de carácter permanente para las sesiones plenarias".

De todas maneras, antes de esta decisión y también después, se presentaron numerosos reparos frente al plan de usar el edificio del Reichstag como sede de las sesiones plenarias del Bundestag Alemán. En general, se centraban en que la representatividad arquitectónica del Reichstag no era la adecuada para simbolizar la democracia parlamentaria de la República Federal de Alemania. Este argumento no solo se expuso en el Parlamento y a la población, sino también durante un coloquio organizado por el Bundestag Alemán el 14 y 15 de febrero de 1992 donde se dieron cita casi 400 arquitectos, urbanistas, historiadores, conservadores de monumentos y diputados para debatir sobre "diseño arquitectónico y uso del edificio del Reichstag".

Algunos argumentaban que la "arquitectura fastuosa" del edificio transmitía a la perfección el Estado autoritario del Imperio Guillermino, para cuyo Parlamento había sido erigido; que ese Parlamento, si bien había participado de procesos legislativos, no logró formar el gobierno ni controlarlo, y que por lo tanto el edificio del Reichstag era el fiel retrato arquitectónico de un poder parlamentario deficitario. Desde una posición contraria se

Por de pronto, solo se había previsto remodelar la entrada principal y el vestíbulo, junto con las salas de representación en el ala occidental. Pero gracias a sus tenaces negociaciones con las autoridades competentes, el arquitecto Paul Baumgarten también impuso el rediseño de la sala de plenos que se ve en esta fotografía.

sostenía que justamente la dispendiosa arquitectura del edificio propuesta por el arquitecto Paul Wallot, quien la había acordado con un gran número de diputados, era una clara reivindicación de poder parlamentario; que con el transcurso de los años, el lamentado déficit de poder se fue reduciendo no *de jure*, pero sí *de facto*; que, además, el órgano representante del pueblo se elegía en el Imperio Alemán mediante un sufragio extraordinariamente democrático para la época; y que por lo tanto, el edificio era la materialización de tradiciones democráticas que el Bundestag Alemán podía retomar de buena fe.

Los reparos frente al uso del edificio del Reichstag no resultaron convincentes, y el 19 de junio de 1992 se dio curso a la licitación titulada "Remodelación del edificio del Reichstag para el Bundestag Alemán". Del concurso participaron un total de 94 arquitectos y estudios de arquitectura. En enero de 1993, el jurado otorgó el primer premio por equivalencia a tres participantes: Santiago Calatrava, Pi de Bruijn y Norman Foster. Sin embargo, las tres propuestas ganadoras excedían ampliamente el marco arquitectónico y financiero que se había fijado. Por esa razón, el 12 de abril la Comisión de Obras y la Comisión de Conceptos –instaladas por la mesa de edad en septiembre de 1991 para tomar las decisiones fundamentales de planificación y organización del traslado del Bundestag Alemán a Berlín– pidió a los tres galardonados que revisaran sus proyectos. Tras la presentación de los diseños revisados, el primero de julio de 1993 la mesa de edad encomendó a Norman Foster que siguiera adelante con sus planes. El arquitecto británico había presentado un concepto convincente que respondía a las exigencias de un Parlamento de trabajo moderno, a la vez que trataba de aunar un alto grado de funcionalidad y eficacia con una prudente conservación de la estructura histórica.

WRAPPED REICHSTAG: un proyecto artístico de Christo y Jeanne-Claude

La remodelación del edificio del Reichstag para el Bundestag Alemán allanó el camino para el proyecto de arte WRAPPED REICHSTAG que el matrimonio de búlgaro-francés venía ideando desde 1971, frecuentemente con prolongadas interrupciones. La pareja de artistas ya había sido recibida cordialmente durante numerosos contactos con políticos alemanes entre 1976 y 1991, ante todo con presidentes del Bundestag Alemán; pero también hubo quienes rechazaban sus ideas. Todos los argumentos presentados en contra del proyecto se centraban en el temor de que un Reichstag envuelto en telas podría afectar la dignidad del edificio, símbolo de la unidad alemana durante la división fáctica.

Una vez terminada la división de Alemania, este argumento ya carecía de fundamento.

Por lo tanto, los miembros del jurado del concurso "Remodelación del edificio del Reichstag para el Bundestag Alemán" recomendaron en el año 1993 que el proyecto se realizase antes de las reformas, ya que no le quitaría valor al edificio sino todo lo contrario, lo revalorizaría. Entre otras cosas, por los siguientes motivos: "La remoción de las telas, que dejará al descubierto el edificio del Reichstag antes de que sea transformado en la sede del Bundestag, será asimismo un acto inaugural en la renovación histórica del edificio parlamentario".

Esta recomendación se tradujo en una iniciativa de numerosos diputados de diferentes grupos parlamentarios que el 3 de febrero de 1994 presentaron en el Bundestag una moción titulada "Reichstag envuelto, un proyecto para Berlín" que fundamentaban como sigue: "El edificio del Reichstag es un símbolo majestuoso de la historia alemana y merece gran respeto. Esta obra de arte lo realzará. Antes de que empiecen las reformas del Reichstag para transformarlo en el Bundestag, el recubrimiento del

Por obra de la pareja de artistas Christo y Jeanne-Claude, del 24 de junio al 7 de julio de 1995 el edificio del Reichstag se mostró completamente envuelto en una tela de polipropileno con película de aluminio soldada. La propuesta de realizar este proyecto artístico ya le había llegado a Christo en 1971, pero pese a sus iniciativas inmediatas, la realización chocaba una y otra vez con la resistencia del Bundestag. Finalmente, el Parlamento dio su visto bueno en 1994.

La acción de arte envuelto sobre el Reichstag demandó una gran inversión de tiempo y dinero. Para llevarla a cabo, se fundó una sociedad de responsabilidad limitada "Verhüllter Reichstag GmbH", y diez empresas se ocuparon de la producción y entrega de los materiales. Los artistas necesitaron nada menos que 109 400 m² de tela de polipropileno, 15 600 metros de soga de polipropileno azul y 200 toneladas de acero para la construcción portante. El costo total del proyecto fue de 13 millones de dólares.

edificio ofrece una gran oportunidad, ya que hará visible la cesura en la transición hacia una nueva historia del pueblo alemán". El 25 de febrero de 1994, la moción fue sometida a debates tan intensos como controvertidos en el pleno del Bundestag Alemán. Una vez intercambiados los argumentos entre oponentes y defensores, el proyecto de arte fue sometido a votación. Con 292 votos a favor y 223 en contra, la propuesta de Christo y Jeanne-Claude quedó aprobada.

El edificio del Reichstag estuvo envuelto del 24 de junio al 6 de julio de 1995. Desapareció íntegramente bajo una funda de 100 000 m² de polipropileno gris plateado. Las dos semanas de fines de junio y principios de julio de 1995 confirmaron las esperanzas de los defensores del envoltorio-arte: aunque sea difícil precisarlo, se estima que hasta unos cinco millones de visitantes fueron a presenciar el inigualable espectáculo. Michael S. Cullen, un publicista estadounidense que reside en Berlín, recordaba veinte años después: "La acción embelleció con magia la imagen de Berlín ante el mundo, una magia que persiste hasta el día de hoy". El mismo Cullen había puesto en marcha la idea de envolver el Reichstag en 1971, que transmitió a Christo y Jeanne-Claude enviándoles una postal del edificio con su sugerencia. Efectivamente, la resonancia internacional fue grandiosa y les daba la razón a los miembros del jurado profesional que habían cerrado su recomendación con la siguiente frase: "El proyecto atraerá la atención y el reconocimiento internacional; será el mensaje de una Alemania nueva y abierta al mundo".

El arquitecto, los diputados y la cúpula

Una vez terminada la acción de arte envuelto, a fines de julio de 1995 comenzaron los trabajos de transformación del edificio. Por de pronto, había que superar una serie de obstáculos menores y mayores, usuales en un proyecto de semejante importancia. No obstante, en el transcurso del año 1994 surgió el problema del diseño del techo. Parecía prácticamente insolucionable, hasta el punto que, en abril de 1994, incluso parecía que el Bundestag Alemán y el arquitecto británico iban a rescindir anticipadamente su cooperación.

La disputa giraba en torno a una cuestión de principios: si el edificio del Reichstag debía tener o no una nueva cúpula. El tema ya había provocado marcadas controversias durante el coloquio de febrero de 1992. Los aversos a la cúpula sostenían que ese elemento reforzaría el gesto adusto del edificio, ya que las cúpulas eran símbolos de poderío de sistemas políticos predemocráticos. Los defensores de la cúpula, por su parte, opinaban que justamente por eso había que construirla, puesto que representaba algo así como la conversión de una pretensión monárquica de dominio a favor del Parlamento; o sea que la cúpula venía a reforzar el poder reivindicado por el Parlamento, que ya se visualizaba con la notable arquitectura.

En los pliegos del concurso no estaba definido el tema de la cúpula. Uno de los tres ganadores, Santiago Calatrava, había presentado un diseño con ese elemento. En los planos de Norman Foster figuraba un techo plano transparente, asentado sobre 25 columnas, que parecía flotar sobre el edificio como una especie de baldaquín o toldo. Entretanto, Foster ya había desechado esa

En el concurso arquitectónico para el Barrio Gubernamental, el jurado no otorgó un primer premio único por la remodelación del Reichstag, sino que galardonó tres proyectos de su preferencia. Una de estas tres propuestas provenía del arquitecto londinense Norman Foster: el edificio del Reichstag bajo un techo transparente de 50 metros de altura, sostenido por 25 esbeltas columnas.

Remodelación del Reichstag como sede del Bundestag Alemán según los planos del arquitecto británico Norman Foster. En una primera instancia, Foster no estaba dispuesto a reemplazar el techo plano de su diseño original por una cúpula, pero finalmente cedió. Este modelo muestra el Reichstag desde el lado occidental con la cúpula vidriada. El lado derecho, que faltaba en el modelo original, se completó con un programa informático.

idea, pero seguía planeando un techo con terraza accesible al público, cuya abertura vidriada en el centro le permitiría al visitante echar un vistazo a la sala de plenos. No se había proyectado ningún otro tipo de techo.

Cuando el primero de julio de 1993 la mesa de edad encomendó a Norman Foster que siguiera desarrollando sus planes para la transformación del edificio del Reichstag, asimismo le encargó que elaborara una "variante de techo con cúpula". Este requerimiento se debía a una decisión del grupo parlamentario CDU/CSU, con una gran mayoría que abogaba por esa variante. El FDP, socio de coalición del CDU/CSU en el Gobierno Federal, tenía más reservas frente a una cúpula, y el grupo parlamentario del SPD se pronunció en contra. En realidad, aquí se repetían los enfrentamientos que ya se habían manifestado un año antes durante el coloquio.

El arquitecto mismo hizo valer reparos estéticos, técnicos y financieros en contra de una cúpula. El conflicto consiguiente, apenas evitable, entre el arquitecto y el Bundestag como mandante representado por la Comisión de Obras, pero también entre los grupos parlamentarios, llegó a su punto culminante en la primavera de 1994. En febrero, Norman Foster presentó un diseño de cúpula luego de un nuevo requerimiento por parte de la Comisión de Obras; pero al mismo tiempo puso en claro que, por principio, rechazaba esa solución, lo mismo que cualquier variante de una cúpula. Las reacciones frente a esa postura eran inequívocas: Oscar Schneider (CSU), ex ministro federal de Obras y promotor incansable de la cúpula, afirmaba con cierta agudeza que debía ser reinstalada porque había sido "un monumento de la democracia". Por otra parte, Irmgard Adam-Schwaetzer (FDP), ministro federal de Obras Públicas, declaraba que si se volvía a colocar una cúpula sobre el edificio del Reichstag, esto equivaldría a una "recaída a la arquitectura de la Era Guillermina". Y Gerd Wartenberg, diputado del SPD, sostuvo que una cúpula sobre el edificio del Reichstag equivaldría a una "señal política de restauración".

Pese a sus reservas, el arquitecto presentó en abril otras variantes de diseño de cúpula, pero también de una estructura cilíndrica que favorecía claramente. En las semanas siguientes se produjeron intensas discusiones a favor y en contra de la cúpula en los grupos parlamentarios y en la Comisión de Obras. Se prolongaron hasta el 16 de junio, cuando el arquitecto presentó otra variante de cúpula y también el cilindro de vidrio, que seguía favoreciendo. Ante la pregunta de si estaría dispuesto a realizar un techo de cúpula pese a sus propios reparos, el arquitecto declaró que aceptaría la decisión del Bundestag si éste optaba por esa solución. A cambio de esta disposición a ceder, el grupo parlamentario de la CDU/CSU se manifestó dispuesto a prescindir de una recuperación del la cúpula de Wallot a favor de una "interpretación moderna de la forma histórica".

Por lo tanto, el 30 de junio la Comisión de Obras decidió mediante mayoría de un voto que se encargaría a Norman Foster "el proyecto de diseño con la variante de cúpula". La decisión fue confirmada el mismo día por la mesa de edad, con 18 votos a favor y 5 en contra. De todas maneras, aún pasaría un tiempo hasta que quedara definida la forma definitiva. En los meses siguientes, el arquitecto presentó 27 diseños de cúpula diferentes, de los que ninguno fue aprobado por la Comisión de Obras. Finalmente, esta dio su visto bueno al diseño presentado el 29 de marzo de 1995, que el ocho de mayo de 1995 se presentó al público.

La cúpula definitiva tiene un diámetro de 40 m en la base y una altura de 23 m. Se puede llegar a ella por la terraza del techo, desde dos accesos enfrentados. Desde aquí, dos rampas de 230 m de longitud, colocadas como espirales contrapuestas, suben hasta una plataforma de 200 m^2 que ofrece al visitante una grandiosa vista del centro de Berlín. En el camino hacia arriba, a lo largo de la funda de vidrio de 3000 m^2, se puede ver la sala de plenos situada directamente debajo de la cúpula, desde ópticas siempre cambiantes.

Doble página anterior: La cúpula de 23 m de altura tiene en su base un diámetro de 40 m y está recubierta con un total de 3000 m^2 de vidrio. Desde dos accesos enfrentados en la terraza del techo, dos rampas, con una longitud de 230 m cada una de ellas, ascienden en forma de espirales contrapuestas hasta una plataforma de visitantes de 200 m^2.

La sala de plenos y el nivel de la sala

Con una superficie de 1230 m^2, la sala de plenos casi duplica las dimensiones de su antecesora en el antiguo Reichstag. Se sitúa en la planta superior y principal, donde los visitantes entran por la puerta occidental una vez que pasaron junto a las seis columnas colosales sobre las que descansa el gran tímpano triangular con la inscripción *Dem deutschen Volke*. La ubicación de la sala en el centro arquitectónico del edificio da cuenta de la importancia del pleno: es el lugar donde deliberan y deciden los diputados, los representantes elegidos por el soberano, sobre asuntos que nos conciernen a todos. En los grandes debates, el Parlamento es el Foro de la Nación.

Norman Foster instaló en la sala de plenos paredes de vidrio siempre que era posible, fiel a su convicción de que "había que acercar al público la tarea de gobernar". En las paredes norte y sur de la sala, que dan a sendos patios de luces del edificio del Reichstag diseñado por Wallot, se sitúan altos ventanales, y en su parte superior hay grandes tragaluces vidriados. Las paredes oeste y este, en cambio, son completamente de vidrio.

Los visitantes que ingresaron por el portal principal y llegan al vestíbulo occidental se encuentran ante una especie de gigantesco escaparate que les permite abarcar con la mirada la sala de plenos. Delante de la pared oriental opuesta se ve el estrado presidencial, que ocupa el o la presidente de sesión, con dos secretarios. Detrás se encuentran los asientos del director del Bundestag Alemán y de las colaboradoras y los colaboradores del servicio técnico, que asisten a la presidencia durante la sesión en asuntos de contenido.

Directamente debajo de la cúpula del edificio del Reichstag se encuentra la sala de plenos. Así, al ascender o descender por una de las dos rampas, los visitantes pueden observar lo que sucede en el interior de la sala, aunque deban hacerlo desde perspectivas siempre cambiantes. De esta manera, el pueblo se coloca simbólicamente por encima del Parlamento y lo mantiene siempre bajo su control.

Delante del estrado presidencial y detrás del escritorio de los taquígrafos del Parlamento se encuentra el atril del orador. El espectador situado en el escaparate occidental verá a la izquierda del estrado presidencial los asientos del gobierno y a la derecha los del Bundesrat. Los sillones de los diputados están dispuestos en un semicírculo aplanado, una especie de media elipse. De un total de más de 700 asientos para diputados, gobierno y Bundesrat, tres de ellos están realzados con respaldos más elevados; son los que ocupan las autoridades máximas de los tres órganos constitucionales que participan de la tarea legislativa: el presidente que dirige la sesión, la canciller federal y el presidente del Bundesrat.

Sobre el estrado presidencial, en la pared oriental, se ve suspendido el águila del Bundestag que millones de televidentes conocen por las transmisiones desde la sala de plenos. El primer águila del Bundestag, diseñada por Ludwig Gies en 1953, se encontraba en la parte frontal de la sala de plenos del Parlamento Federal de Bonn, por encima del estrado presidencial. Cuando se demolió la sala de plenos, el águila de yeso del Parlamento Federal fue seccionada en varias partes que ahora se pueden apreciar en el museo “Casa de la Historia de la República Federal de Alemania”. Norman Foster se había propuesto crear un nuevo águila para la sala de plenos del edificio del Reichstag y presentó una serie de modelos. Sin embargo, la Comisión de Obras de la mesa de edad decidió tras un prolongado debate que se conservara el diseño de Ludwig Gies. Así, el águila que ahora se ve encima del estrado presidencial fue concebida por Foster según el diseño del águila de Bonn. Está hecha de aluminio, y con una altura de 7 m y un ancho de 8 m apenas supera las dimensiones originales. Cuerpo a cuerpo a sus espaldas, solamente separada por la pared de vidrio oriental, cuelga un águila diseñada por Foster que dirige su mirada hacia la entrada oriental, el acceso exclusivo para los diputados.

El color básico de la sala es gris claro. Son de color gris claro las alfombras y las paredes detrás del estrado presidencial que, por su parte, es gris oscuro. Sin embargo, destaca fuertemente el color del tapizado de los asientos, un azul violáceo también llamado *blue Reichstag,* que Foster eligió específicamente para ese fin. En un principio, también había propuesto un gris claro para los asientos. Pero según cuenta el mismo arquitecto, su proyecto de acompañar el gris, el blanco y el plateado primordialmente con colores apagados fue enérgicamente rechazado durante una reunión de la Comisión de Obras. Ante todo el canciller Helmut Kohl, que participó en esa sesión, deseaba colores más vivos y por lo tanto encargó al diseñador danés Per Arnoldi que desarrollara un concepto cromático. Este concepto adjudica a cada planta un color diferente e identificatorio; así, los colores de las puertas indican claramente a qué planta pertenecen.

El 17 de diciembre de 1998 Wolfgang Thierse, presidente del Bundestag Alemán, descubre en la sala de plenos el águila parlamentaria. Norman Foster lo creó según un diseño de Ludwig Gies, cuya águila estuvo suspendida desde 1953 hasta 1987 sobre la sala de plenos del Parlamento Federal en Bonn. Hoy, el original se encuentra en el museo "Casa de la Historia de la República Federal de Alemania" en la ciudad de Bonn.

El trabajo del Parlamento debe caracterizarse por la transparencia, simbolizada aquí por grandes frentes de vidrio que rodean la sala de plenos. Así, los visitantes pueden observar las actividades parlamentarias en todo momento.

La artista Katharina Sieverding ya había creado en 1992 un espacio conmemorativo para los diputados de la República de Weimar perseguidos bajo el régimen nacionalsocialista. El motivo de fondo en la pintura fotográfica de gran formato compuesta por cinco partes, una corona solar flameante, despierta asociaciones con el incendio del Reichstag y con el incendio mundial causado por el nacionalsocialismo, pero también con el renacimiento de la Alemania democrática que resurge acendrada de las cenizas, como el ave Fénix. La obra de arte se encuentra en el edificio del Reichstag en el lobby de los diputados, al igual que los tres libros conmemorativos para los diputados del Reichstag perseguidos, detenidos y asesinados.

Günther Uecker, artista de la ciudad de Düsseldorf, creó el espacio de recogimiento en la planta alta del edificio del Reichstag. En períodos de sesiones, todos los jueves y viernes se realizan previamente, a las 08.40 h de la mañana, breves oficios cristianos ecuménicos. En el centro se encuentra un altar de granito arenado sobre el que reposa una sencilla cruz de madera; delante de él hay 24 sillas de madera. El lugar de recogimiento es accesible para todos y ha sido concebido claramente como sitio de reflexión no denominacional.

Después de la toma de Berlín en 1945 por el Ejército Rojo, muchos soldados soviéticos dejaron breves mensajes en las paredes del Reichstag, escritos con trozos de leña carbonizada. Los caracteres cirílicos se redescubrieron en 1995, cuando el arquitecto Norma Foster ya estaba abocado a la reforma del edificio. Foster quiso conservarlos como signo de autenticidad, pero el contenido poco amigable de muchas inscripciones provocó la oposición de varios diputados. Finalmente, se acordó la conservación de nombres o lugares de origen.

El azul es el color de orientación para todos los espacios del nivel de la sala de plenos, que no son accesibles al público. A la izquierda de la puerta occidental está el restaurante, en la torre hay un bistró y en el lado norte una cafetería, además de una biblioteca presencial. Desde el portal occidental hacia la derecha se encuentran el lobby de los diputados para las conversaciones al margen de las sesiones, en la torre adyacente está el club parlamentario y hacia el sur el espacio de recogimiento. El lobby de los diputados lleva la impronta de una obra de arte de Katharina Sieverding titulada "En memoria a los miembros del Reichstag de la República de Weimar perseguidos, asesinados y proscritos de 1933 a 1945". Se trata de una pintura fotográfica en cinco partes de gran formato, ante el trasfondo de una flameante corona solar. Delante de ella hay tres mesas de madera con tres libros conmemorativos. El libro del medio documenta los destinos de 120 miembros del Reichstag que fueron asesinados por el régimen nacionalsocialista. Los otros dos libros están dedicados a los diputados que fueron perseguidos, detenidos u obligados a emigrar. El espacio de recogimiento, donde los jueves y viernes por la mañana se realizan breves ceremonias ecuménicas antes de las sesiones, fue diseñado por Günther Uecker, artista de la ciudad de Düsseldorf. El espacio de colores muy claros está dominado por siete altas tablas de madera que se apoyan en las paredes. Están realizadas con los materiales que identifican claramente las obras de Uecker: clavos, piedras, cenizas, pinturas y arena se conjugan en motivos abstractos, en objetos que invitan a la meditación.

"Las sesiones del Bundestag Alemán son públicas". Entreplanta de visitantes

En la sala de plenos, que hasta el pie de la cúpula llega a los 24 m de altura, confluyen todas las plantas superiores. Un total de seis tribunas se adentran en la sala, por encima de las últimas filas de asientos de los diputados; son las tribunas destinadas al público y pertenecen a la entreplanta de visitantes. Ofrecen plazas para 470 visitantes de las sesiones plenarias, pero también para periodistas, invitados del Bundestag y diplomáticos. A las tribunas se accede por una galería incorporada a media altura de la sala de plenos, donde también hay salas de información y de conferencias. El verde, con el que también se marcaron las puertas, es el color identificatorio de este nivel.

Las pasarelas de la entreplanta de visitantes no solo ofrecen vistas de la sala de plenos; las que están en el norte y en el sur transcurren por debajo de antiguas bóvedas de cañón realizadas en piedra arenisca; su decoración artística con generosos ornamentos y relieves volvió a la luz cuando se retiraron los revestimientos de cartón yeso que, desde las remodelaciones realizadas por Paul Baumgarten a principios de los setenta, estaban ocultando la estructura original. Hoy, desde las pasarelas se pueden apreciar perfectamente esas realizaciones artísticas.

También se pueden ver inscripciones y grafitos en letras cirílicas, realizados en carbón de leña por soldados comunes y en cera azul por oficiales del Ejército Rojo tras la toma del Reichstag el 27 de abril de 1945. Norman Foster otorgó gran importancia a la conservación de unos 200 de estos grafitos para hacerlos accesibles al público, al igual que los antiguos ornamentos. Así, según aclara el arquitecto, se ha logrado "un museo donde vive la historia alemana".

Doble página anterior: En el interior de la cúpula del Reichstag se encuentra un reflector de luz con forma de embudo (cono). Revestido de 30 líneas de espejos con doce espejos en cada una de ellas, dirige la luz natural difusa hacia la sala de plenos situada diez metros más abajo. Para evitar la incidencia directa de rayos solares, un elemento acompañante de protección solar puede apantallar los espejos orientados hacia el sol cuando sea necesario. Al mismo tiempo, este elemento evacúa el aire gastado de la sala.

Planta presidencial, planta de grupos parlamentarios y pasillo de prensa

La planta presidencial y la planta de grupos parlamentarios, situada por encima de la presidencial, no están abiertas al público. En la planta presidencial, identificada por el color rojo borgoña, se encuentran las oficinas del presidente y de la cúpula administrativa del Bundestag. Aquí se sitúan diversas salas, tales como la sala de protocolos donde el presidente recibe a invitados y el salón de sesiones de la mesa de edad, circundado a media altura por un revestimiento con paneles de intenso azul oscuro, creado por Per Arnoldi. También impactan la mesa redonda de negociaciones, absolutamente adecuada para una comisión que busca soluciones consensuadas, y la instalación de rectángulos de diversos colores diseñada por Georg Karl Pfahler.

Para la planta de los grupos parlamentarios se eligió como característico el color gris, que Norman Foster originalmente había previsto para todo el edificio. Las salas para las reuniones de los grupos parlamentarios y de los presidentes de los grupos parlamentarios muestran ladrillos pintados de blanco en la parte superior de las paredes, mientras que en la parte inferior, Arnoldi marcó pautas con paneles de madera de colores intensos. Todos los espacios en las torres y en los áticos construidos por Wallot, protegidos como monumentos históricos, están iluminados desde arriba por techos de vidrio. En el área interior de este nivel, por la zona entre la sala de plenos y la cúpula, se encuentra el pasillo de prensa.

Desde este pasillo de prensa se percibe inmediatamente el extremo inferior del reflector de luz, situado en el eje central de la cúpula; con un revestimiento exterior de 360 espejos, refleja la luz del día que entra por el recubrimiento de vidrio de la cúpula y la dirige hacia la sala de plenos, reduciendo considerablemente los costos de iluminación. Gracias a su forma de cono, el reflector de luz actúa como una chimenea o como un embudo de efecto inverso, que aprovecha la fuerza ascencional natural para evacuar de la sala de plenos el aire caliente gastado. El interior del cono alberga, además, toda la tecnología necesaria para la ventilación y el control de humo de la sala de plenos. El cono de la cúpula forma parte del concepto energético, innovador y amigable con el medio ambiente que desarrollaron los expertos del estudio de Foster; él mismo declara su apasionado "compromiso con la eficiencia energética y el respeto por el medio ambiente".

Se sobreentiende que la cúpula del Reichstag, objeto de tan prolongados y enconados debates, es mucho más que el componente de un concepto energético; ante todo, es una gran atracción para los visitantes y un imán para el turismo. Si se tiene en cuenta que hasta 3 millones de visitantes por año desean conocer a toda costa esta creación estelar de la arquitectura contemporánea, y que por razones de seguridad solamente puede estar un número determinado de personas en la terraza y en la cúpula al mismo tiempo, ya se puede adivinar la paciencia que deberán tener los visitantes espontáneos. Junto con la Puerta de Brandemburgo, la cúpula del edificio del Reichstag se ha convertido en un símbolo de Berlín. Una guía turística online de Berlín incluso la coloca en el primer lugar entre más de veinte sitios de interés, incluso antes de la Puerta de Brandemburgo. La razón es muy sencilla: "Porque realmente vale la pena conocer esta cúpula espectacular".

Doble página siguiente: La cúpula del edificio del Reichstag no es solo una importante construcción de interés turístico que atrae hasta tres millones de visitantes anuales. Entretanto, se ha convertido en un símbolo más de la capital de la República Federal de Alemania, a la par de la Puerta de Brandemburgo. Y por si fuera poco, es un elemento esencial del concepto energético innovador y amigable con el medio ambiente que funciona en el edificio del Reichstag.

La arquitectura en la democracia parlamentaria de la República Federal de Alemania

Gregor Mayntz

El palacio del Rey Sol en Versalles, la Basílica papal de San Pedro en Roma o las pirámides de los faraones en Gizeh son más que una residencia, un lugar de culto o un sitio funerario, ya que revelan a la vez unas relaciones de poder convertidas en aspiraciones, jerarquía y monumento. La arquitectura siempre refleja el modo en que los actores del momento quieren ser percibidos por la población. ¿Cómo se escenifica la política alemana más allá del orden teórico y constitucional, siete décadas después de la cesura histórica y casi dos décadas después del traslado a Berlín? ¿Dónde ha de ubicarse el Bundestag? ¿Cómo se presentan a sí mismos los representantes del pueblo? ¿Qué delata el marco arquitectónico sobre el día a día parlamentario? Demos un paseo por el barrio parlamentario y gubernamental descubriendo cómo se da visibilidad pública al poder y cómo lo experimentan los actores implicados.

Los decorados que enmarcan la toma de decisiones

Empecemos allí donde cada noche todo el país percibe este poder, en las noticias de la televisión, y observemos las imágenes que acompañan las informaciones. "El Gobierno Federal ha aprobado hoy la propuesta de ley...". Se puede ver una sala con una mesa alargada en la que está sentada la Canciller; ministras y ministros conversan animadamente. "La oposición critica que...". En la pantalla del televisor aparecen personas declarando ante micrófonos; como trasfondo distintos paneles con los

La cúpula del Reichstag a la luz del atardecer. Situada justo encima del salón de plenos y construida en vidrio la cúpula cumple una función simbólica: el pueblo –representado por los visitantes que se pasean por ella– está por encima de los parlamentarios y puede observarlos continuamente.

El edificio del Reichstag, diseñado por Paul Wallot en estilo neorrenacentista y construido entre 1884 y 1894, fue rehabilitado y provisto de una cúpula acristalada según los planos del arquitecto londinense Norman Foster antes del traslado del Bundestag a Berlín.

Doble página siguiente: Vista de la Cancillería Federal desde el edificio Paul Löbe. El edificio fue diseñado por los arquitectos berlineses Axel Schultes y Charlotte Frank cuando Helmut Kohl era Canciller. La construcción del edificio se inició el 4 de febrero de 1997 y duró poco más de cuatro años. El 2 de mayo de 2001 Gerhard Schröder fue el primer Canciller en ocupar la nueva sede gubernamental.

En el Bundesrat los Länder –representados por miembros de los respectivos gobiernos regionales– pueden influir en la legislación y la administración de la Federación, así como en asuntos de la Unión Europea. Aproximadamente la mitad de las leyes aprobadas por el Bundestag requieren la ratificación del Bundesrat, quien puede vetar el resto de leyes. Cada Land –dependiendo de su tamaño– dispone de tres a ocho votos. Desde el año 2000 el Bundesrat tiene su sede en el antiguo edificio de los mandatarios prusianos (Preußisches Herrenhaus) en Berlín.

logotipos de colores del partido político correspondiente. "El Ministro subrayó ...". Un político sube por una amplia escalera y habla delante de una pared azul; los periodistas están sentados frente a él y toman nota de las declaraciones. "El procedimiento en el Bundesrat se prevé complicado. El Presidente del Estado Federado... se mostró crítico con....". Un político está de pie ante la puerta abierta de una limusina.

Hasta aquí la política federal se ha presentado en formato de sala. Esta imagen cambia cuando el periodista añade una valoración resumida sobre proyectos de mayor envergadura o controversias de más peso. Solo en contadas ocasiones aparece en un estudio de televisión, la mayoría de las veces realiza su comentario ante el edificio en el cual tiene lugar la toma de decisión correspondiente: a menudo en la calle Willy Brandt con la Cancillería Federal de trasfondo, o en el puente del mariscal sobre el río Spree con el Bundestag a sus espaldas y, a veces, también en la Leipziger Straße, ante el Bundesrat.

¿Qué impresión se quiere dar con estas imágenes? La Cancillería Federal parece estar dividida en tres partes. A derecha e izquierda edificios administrativos del más puro estilo posmoderno, en medio el imponente cuerpo central, que con sus 36 metros de altura sobrepasaría las edificaciones normales berlinesas en caso de que en esta parte occidental del meandro central del Spree las hubiera. Pero la sede del gobierno, concebida por los arquitectos Axel Schultes y Charlotte Frank a finales de los noventa con mucho vidrio y formas geométricas claras, es un edificio solitario. Al menos si se observa desde el este. En comparación con el aspecto de mansión de la Casa Blanca en Washington o el encanto de casita adosada de Downing Street 10 en Londres, la arquitectura de la Cancillería Federal en Berlín transmite un cierto aire de grandeza. Es comprensible que la elección de este proyecto en la época del traslado del gobierno de orillas del Rin a orillas del Spree provocase acalorados debates y despertara la preocupación de que la nueva capital, Berlín, podría cambiar la política alemana. ¿Un edificio singular con aspiraciones monumentales como presagio de un nuevo Estado centralista? ¿Acaso el eficaz federalismo, es decir, una organización del Estado surgida de los Länder y controlada por los mismos, no habría estado más protegido en el apacible Bonn? Sobre todo teniendo en cuenta que el funcional y sencillo edificio de tres pisos de los años setenta que había albergado hasta entonces la Cancillería Federal en la ex capital reflejaba incluso una cierta humildad. Más tarde ya veremos que el edificio de mayores dimensiones en Berlín está mejor integrado al entorno que su predecesor en Bonn. Pero un vistazo a los alrededores también relativiza rápidamente la primera impresión. Al norte se encuentra la nueva estación central, cuya bóveda, a pesar de no contar con unas medidas fuera de lo normal, sobrepasa en diez metros la altura de la Cancillería. Y en el sur se dibuja el horizonte de la Potsdamer Platz, con sus torres de oficinas tres veces más altas que el edificio de la sede del gobierno, que, en comparación, palidece ante estos superlativos arquitectónicos de carácter berlinés.

También el edificio del Reichstag rebasa en altura al de la Cancillería. Sin embargo, cuando se utiliza al mismo como decorado de fondo para las informaciones de los periodistas no suele compararse con la sede gubernamental. En tal caso, este edificio de estilo neorrenacentista construido entre 1884 y 1894 por Paul Wallot y rehabilitado por Norman Foster antes del traslado del Parlamento de Bonn a Berlín, tiene a su derecha otros edificios de considerable altura que albergan la administración del Parlamento y a su izquierda una serie de edificios de oficinas construidos según las típicas medidas berlinesas de casa adosada. Al atardecer y por la noche, la gran cúpula de cristal ilumina el cielo de Berlín y quien se fije atentamente podrá ver a los turistas subiendo y bajando por su interior. De ese modo da la impresión de que no son los gobernantes o los diputados quienes están

El hemiciclo del Bundesrat consta de 16 bloques –uno por cada Estado Federado– de seis asientos cada uno dispuestos en semicírculo. En la parte frontal se sitúa la Mesa y delante suyo la tribuna de oradores y los estenógrafos. Los representantes del Gobierno Federal y los colaboradores del Bundesrat tienen un lugar reservado delante de la Mesa. Los bancos de la parte trasera y lateral son para los delegados de los Länder y de la Federación. En el piso superior se encuentran las tribunas para la prensa y los visitantes.

arriba del todo, sino más bien quienes deben alzar la vista para mirar al pueblo. Y este a la vez tiene a sus pies al Parlamento y al gobierno. Al mismo tiempo se contrarresta de esta manera la impresión general en todo el mundo de un aislamiento de las sedes parlamentarias y gubernamentales. El mensaje es claro: Todas las personas tienen acceso al Bundestag, el Parlamento está abierto a toda la ciudadanía.

Tercer escenario: El Bundesrat también cuenta con un legado arquitectónico histórico. La representación de los Länder ocupa el edificio construido por Friedrich Schulze-Kolbitz diez años después del Reichstag para uso de los mandatarios prusianos. Procedente de la era historicista de la arquitectura, está inspirado en el renacimiento italiano y ocupa una superficie dos veces y media mayor que la del edificio del Reichstag e incluso supera la del terreno en el que se asienta la Cancillería. Sin embargo, en las imágenes de los informativos se transmite una cierta modestia. A las espaldas del periodista se puede ver un edificio de cuatro pisos y tres cuerpos protegido por una valla, con un amplio portal con seis columnas y una puerta de entrada de dimensiones corrientes.

¿Qué edificios brindan el decorado de fondo para las demás informaciones? Cuando los políticos hacen declaraciones en calidad de portavoz de su correspondiente grupo parlamentario se encuentran generalmente en el interior del edificio del Reichstag, delante de las salas de sesiones de los grupos parlamentarios, donde se instalan grandes paneles móviles con los colores y logotipos de cada grupo parlamentario como trasfondo para que el espectador pueda reconocer fácilmente el grupo parlamentario al que pertenece cada político. Paneles parecidos también se encuentran en las oficinas de los presidentes de los grupos parlamentarios en el edificio Jakob Kaiser, perteneciente al complejo de edificios que albergan el aparato administrativo del Parlamento y que más adelante veremos en detalle. Si, por el contrario, las declaraciones las realizan los políticos en calidad de representantes de su partido aparecen ante las cámaras de televisión delante o dentro de las respectivas sedes de los partidos. Estas se encuentran solo en parte cerca del barrio parlamentario y gubernamental. Alianza 90/Los Verdes, por ejemplo, tiene su sede en un edificio normal y corriente de la calle Am Neuen Tor, en el barrio de Mitte. Una arquitectura urbana parecida, que pasa desapercibida para cualquier transeúnte, es también la que ha escogido el partido La Izquierda para su sede, situada en la plaza de Rosa Luxemburg, cerca de Alexanderplatz. No obstante, este edificio, que también alberga otras oficinas diferentes, fue la sede del antiguo Partido Comunista de Alemania (KPD) y cuenta con una agitada historia, habiendo sido en numerosas ocasiones escenario de grandes enfrentamientos. La Izquierda ha conservado el nombre del edificio, Karl-Liebknecht-Haus.

Más apartadas del barrio parlamentario se encuentran las sedes de los otros tres partidos. La Unión Cristiano-demócrata de Alemania (CDU) tiene la suya en el edificio Konrad Adenauer, en la Klingelhöferstraße, detrás del parque Tiergarten. Su marcada arquitectura de vidrio se adapta a la forma puntiaguda del terreno en el que se alza por lo que suele asociarse a un barco de cristal. Algo parecido ocurre con la sede del Partido Social-demócrata de Alemania (SPD) en el barrio de Kreuzberg; también este edificio, que lleva el nombre de Willy Brandt, guarda un cierto

El edificio Jakob Kaiser es un complejo arquitectónico de ocho edificios de seis pisos cada uno diseñados en 1997 por cuatro equipos de arquitectos diferentes (edificios 1 y 2: Schweger & Partner; edificios 3 y 7: Busmann + Haberer; edificios 4 y 8: Gerkan, Marg und Partner; edificios 5 y 6: de Architekten Cie). Juntos conforman la edificación parlamentaria de mayor envergadura. El edificio debe su nombre al político Jakob Kaiser (Partido del Centro, luego CDU).

Vista exterior de la sede de la Conferencia Federal de Prensa a orillas del río Spree, en la avenida Schiffbauerdamm. Al fondo a la derecha se puede ver la torre de la televisión. El edificio, diseñado por los arquitectos Johanne y Gernot Nalbach en 1998 y acabado de construir dos años más tarde, pertenece a la asociación de los corresponsales de prensa acreditados en la capital alemana.

parecido con un buque. Al igual que el edificio de la CDU el de la SPD se ciñe a la cota habitual en Berlín de 22 metros y mediante el uso generoso del vidrio crea la impresión de transparencia y apertura. Quien busque la sede de la Unión Cristiano-social (CSU) no la hallará en Berlín, ya que el partido hermano de la CDU con única representación en Baviera tiene su domicilio, el edificio Franz Josef Strauß, en Múnich.

En el panel azul que aparece en las imágenes de televisión a las espaldas de importantes políticos se puede leer "Conferencia Federal de Prensa" y no pertenece ni al Bundestag, ni al Gobierno Federal, ni al Bundesrat, sino a los corresponsales de prensa acreditados en la capital alemana, que están agrupados en una asociación y organizan sus propias conferencias de prensa. En este caso los periodistas no son los invitados de los políticos, sino al revés, y por lo tanto son ellos quienes fijan las reglas. La sede de la Conferencia Federal de Prensa se encuentra en las inmediaciones del Parlamento y la Cancillería a orillas del Spree, para mayor comodidad de periodistas, quienes en su mayoría tienen sus oficinas en el mismo edificio, y de políticos. Caracterizan la fachada de este edificio de ocho pisos los grandes ventanales y la gran pared acristalada de la sala en la que se celebran las conferencias de prensa, con vistas al edificio de la Cancillería y los edificios del Bundestag. Por lo demás, una línea en el suelo atraviesa el atrio del edificio, rememorando el trazado original del Muro de Berlín por este mismo lugar.

Interacción entre arquitectura y persona

Tras ocuparnos de los escenarios que enmarcan la toma de decisiones, los debates, las consultas, las críticas y la comunicación y que podemos ver en las pantallas de nuestros televisores, observemos ahora cómo se ubican estos espacios en el paisaje urbano y cómo interactúan los actores con los respectivos escenarios arquitectónicos. En este análisis se percibe rápidamente que en la realidad de la democracia parlamentaria los ámbitos laborales se entremezclan. La política federal alemana cambia a menudo de escenario, un cambio que se expresa en parte en la arquitectura y en parte en la elección del lugar.

Así, la Canciller Federal tiene un despacho en la Cancillería Federal, en calidad de presidenta del partido ocupa otro en la sede de la CDU y como Jefa de gobierno un escaño en el banco del gobierno en el Bundestag, donde también pasa muchas horas. Para tratar cuestiones breves o mantener reuniones cuenta con un despacho propio cerca del salón de plenos, dentro del edificio del Reichstag. Por otro lado, los ministros federales también acuden regularmente a la Cancillería Federal, al igual que destacados diputados de los grupos parlamentarios que forman la coalición de gobierno. A los líderes de la oposición y a menudo también a expertos señalados de los demás grupos parlamentarios se les informa aquí de cuestiones preponderantes. También los jefes de gobierno de los Länder y algunos de sus ministros participan en conferencias en la Cancillería Federal.

El Gobierno Federal, a su vez, asiste asiduamente a los debates de cada ley en el Bundesrat. La interconexión de los órganos estatales queda asimismo patente en el hecho de que tanto los miembros del Gobierno Federal como los del Bundesrat pueden

El Presidente del Bundestag, Norbert Lammert (CDU/CSU), en la Conferencia Federal de Prensa. La asociación está formada por periodistas profesionales, sobre todo corresponsales acreditados en Berlín. Organiza conferencias de prensa e invita a políticos a su sede para entrevistarlos.

estar presentes en los plenos del Bundestag y participar en los debates. En el salón de plenos los unos ocupan los asientos a la izquierda y los otros a la derecha del orador, de cara a los diputados. De ese modo se garantiza que los intereses de los Länder tengan presencia en la política federal. Y por eso existen muchos otros lugares entre el Bundestag, la Cancillería Federal, el Bundesrat y los ministerios federales en los que se prepara y coordina dicha presencia. Entre ellos destacan sobre todo las representaciones de los Länder en Berlín, ubicadas mayormente a medio camino entre el Bundesrat y el Bundestag.

Las representaciones de los Länder son mucho más que los emblemas de las regiones alemanas, meros sitios en los que las personas procedentes de cada Land pueden encontrar un trozo de su patria chica estando en Berlín. Los representantes de los Länder recaban para sus respectivos gobiernos importantes informaciones sobre cada ley que se debate en el Bundestag. El Bundesrat participa en la tramitación de todas las leyes y, por consiguiente, cada Land, a través de su correspondiente representación en Berlín, intenta sumar apoyos a nivel federal para su propia postura al respecto. Además, las representaciones de los Länder sirven de punto de contacto para la mayoría de diputados del Bundestag. En las semanas de sesiones los grupos de diputados de cada grupo parlamentario procedentes de un mismo Land se reúnen en la representación correspondiente para ver hasta qué punto los intereses regionales se ven afectados por la ley en cuestión y cómo pueden hacerlos valer de la mejor manera.

Este aspecto del federalismo en la capital alemana tiene muchas caras diferentes. Siete Länder decidieron construir sus representaciones en la zona situada entre el Monumento al Holocausto, la Potsdamer Platz, el Tiergarten y la Wilhelmstraße y conocida como los "jardines ministeriales". Este nombre tiene su origen en el siglo XIX cuando los jardines privados que ocupaban por entonces este terreno pasaron a llamarse popularmente "jardines ministeriales", ya que estaban rodeados por los principales ministerios de la época, cuyas sedes se edificaron a lo largo de la Wilhelmstraße. Los Länder de Schleswig-Holstein y Baja Sajonia comparten edificio, al igual que Mecklemburgo-Pomerania Occidental y Brandeburgo. Junto a ellos se alzan las representaciones de Renania-Palatinado, Hesse y Sarre a medio camino entre Bundestag y Bundesrat. En los alrededores de distintas embajadas al sur del Tiergarten pueden encontrarse los modernos y singulares edificios que albergan las representaciones de Baden-Wurtemberg, Renania del Norte-Westfalia y Bremen. Turingia reconstruyó el inmueble situado en la esquina entre Mohrenstraße y Mauerstraße que ya había ocupado antes de la Segunda Guerra Mundial y que fue destruido en la contienda. Baviera, por su parte, adquirió un antiguo banco en la Behrenstraße y lo reformó de tal modo que ahora la sala en la que se encontraban las ventanillas de atención al público es un vestíbulo

El Palacio de Bellevue, construido entre 1785 y 1786 por encargo de Augusto Fernando de Prusia, pasó a ser en 1957 la segunda sede, sede berlinesa, de la Presidencia Federal. En 1994 el entonces Presidente Federal Roman Herzog lo inauguró como sede principal.

y las cajas fuertes del sótano son una cervecería. Hamburgo optó por dos edificios de finales del siglo XIX en la Jägerstraße que albergaron en su época pisos de alquiler y un club burgués. También Sajonia-Anhalt escogió en la Luisenstraße un inmueble burgués del siglo XIX, en el que en 1946 se fundó la asociación de artistas "La Gaviota". Y por último, la representación de Sajonia se construyó en los muros del histórico edificio de una compañía de seguros en la parte más antigua de Berlín, en la Brüderstraße, cerca del Palacio de Berlín. El Land de la capital alemana fijó primero su representación en la Wilhelmstraße para pasarla posteriormente a un departamento del Ayuntamiento de Berlín.

En este recorrido debemos mencionar asimismo a otros importantes actores. Ya que sin la participación del Presidente Federal no puede entrar en vigor ninguna ley y como instancia correctiva desempeña un papel fundamental la Corte Constitucional Federal. Ambos actores, sin embargo, no se encuentran en los aldeaños del Parlamento y la sede gubernamental. El Jefe de Estado ocupa el Palacio de Bellevue, en el otro extremo del Tiergarten pero no demasiado lejos por si debe actuar como notario de la política o figura estabilizadora en momentos críticos. Siendo el más alto representante de Alemania en el extranjero y teniendo entre otras funciones la de velar por la cohesión social, estar cerca del centro político de Berlín facilita el poder mantener en todo momento conversaciones confidenciales con actores importantes o estar permanentemente informado de las cuestiones de fondo. Por el contrario, más de 500 kilómetros separan el Bundestag en Berlín de la Corte Constitucional Federal en Karlsruhe. También así queda claro que los guardianes de la Constitución y a la vez jueces en causas que enfrentan los diferentes órganos constitucionales nunca participan en la toma de decisiones, sino que únicamente deben valorar a la luz de la Ley Fundamental las normas adoptadas.

A modo de resumen podríamos decir que los escenarios de la política federal se reparten por los alrededores del Bundestag, estando más próximos al Parlamento cuanto mayor sea la cooperación operativa con el mismo. El hecho de que las sedes de los partidos se encuentren relativamente más distantes no contradice esta afirmación. Si bien es cierto que el personal político en el gobierno y el Parlamento procede en su mayoría de los partidos, cuando los políticos asumen a la vez cargos parlamentarios, gubernamentales y dentro de su respectivo partido, lo hacen de forma diferenciada. La labor en el Bundestag se basa en el programa del partido, pero se adapta al día a día parlamentario mientras se van abordando los proyectos pendientes o especificados en el acuerdo de coalición. Por el contrario, la labor en la sede del partido, algo más al margen de la gestión parlamentaria, tiene un carácter más sustancial, así como una función de visagra entre la actuación del Parlamento y la del gobierno, por un lado, y la inclusión del electorado y la militancia, por el otro. A pesar de que algunas caras sean las mismas en las presidencias de los partidos y de los grupos parlamentarios, los debates en ambos gremios poseen a menudo distintas idiosincrasias.

El edificio Paul Löbe, inaugurado en 2001, está unido por un puente con el edificio Marie-Elisabeth Lüders, en la otra orilla del Spree, constituyendo una unidad arquitectónica con el mismo. Ambos edificios fueron diseñados por el arquitecto Stephan Braunfels. El 28 de abril de 1997 la entoces Presidenta del Bundestag, Rita Süssmuth, puso la primera piedra en la construcción del edificio.

"El Lazo de la Federación": la superación simbólica de la división de Alemania

¿Queda plasmado este lazo en la ordenación arquitectónica? Sobre todo en lo referente a la relación entre el Bundestag y la Cancillería Federal puede observarse claramente que así es. Para los espectadores es fácil darse cuenta de ello si se fijan en el trasfondo de las imágenes televisivas cuando se retransmiten visitas de Estado, reuniones en la Cancillería y mensajes de Año Nuevo de la Canciller: la Cancillería está orientada directamente hacia el Bundestag. Es decir, hacia el lugar en el que la Canciller debe ganarse cada día el apoyo de la mayoría que la sostiene. Y el lugar hacia el que se orientan asimismo los contenidos de la política. El vínculo especial entre la labor parlamentaria y la labor de gobierno se patentiza en un diseño parecido de los edificios: Tanto la Cancillería, en la que se coordinan los detalles de los proyectos de ley por parte del gobierno, como el edificio Paul Löbe, en el que las respectivas comisiones analizan a fondo dichos detalles y posibles alternativas, se caracterizan por una estructura de peine de las alas de ambas construcciones.

Además, el "Lazo de la Federación" se aprecia inmediatamente en todas las vistas aéreas de los edificios del Bundestag y la Cancillería como concepto de urbanismo diseñado por los arquitectos berlineses Axel Schultes y Charlotte Frank. De ese modo, la Cancillería, junto con los edificios Paul Löbe y Marie-Elisabeth Lüders, conforma una unidad óptica que simboliza asimismo tanto la ruptura con el pasado nazi como la superación de la división de Alemania. Mediante la continuidad arquitectónica que sobrepasa el río Spree no solo se supera esta barrera fluvial sino también el antiguo trazado del Muro de Berlín que separaba Este y Oeste. Al mismo tiempo, el "Lazo de la Federación" desbarata todos los planes del régimen nazi, que había iniciado las preparaciones para la construcción de un eje norte-sur con edificaciones monumentales y enormes espacios para desfiles multitudinarios.

Sala de comisiones en el edificio Paul Löbe. En total esta edificación alberga 1.000 oficinas y más de 20 salas de reuniones. En el diseño del edificio se otorgó una gran importancia a la transparencia y los espacios abiertos, como demuestran las ocho plantas con pasillos laterales que confluyen en un espacio central, las tribunas para visitantes, los ascensores acristalados y, no por último, las grandes fachadas de vidrio.

Doble página siguiente: El Lazo de la Federación se extiende de Oeste a Este a lo largo de unos 900 m y consta de una serie de edificios que abarca desde la Cancillería Federal hasta el edificio Marie-Elisabeth Lüders. En el plano simbólico el Lazo unifica la Alemania Oriental y la Occidental y se contrapone a "Germania", la capital mundial planeada por Hitler, y a su eje Norte-Sur. El enfoque arquitectónico para el Lazo de la Federación fue concebido por los arquitectos berlineses Axel Schultes y Charlotte Frank. Los trabajos de construcción empezaron en 1997 y terminaron provisionalmente en 2003.

Otra escisión con los capítulos más oscuros de la historia alemana queda también manifiesta en el mismo edificio del Reichstag, que, por cierto, no fue escenario del régimen nazi ya que fue incendiado en 1933. La construcción del Muro lo dejó justo al lado de la franja de la muerte. Después de que el edificio, gravemente dañado, pudiera volver a utilizarse a principios de los años setenta después de haber sido rehabilitado por Paul Baumgarten en el estilo de la época, su uso quedó limitado a albergar las reuniones de los grupos parlamentarios y de las comisiones, así como una exposición histórica permanente. Poco antes, aviones militares soviéticos sobrevolaron a baja altura el lugar de reunión de la Asamblea Federal cerca de la torre de telecomunicaciones en Berlín occidental, poniendo de relieve el aislamiento geográfico de la parte occidental de la ciudad y al mismo tiempo el problema de la presencia de instituciones de la Alemania Federal en Berlín durante la división del país. Con la caída del Muro el edificio del Reichstag volvió a adquirir protagonismo. En su escalinata principal los representantes estatales celebraron la ceremonia de la Unidad Alemana, a la que siguieron ocho meses de intensos y acalorados debates hasta que el Bundestag, por una ajustada mayoría de 338 votos a favor y 320 en contra, acordó trasladarse a Berlín.

Con el fin de realizar dicho traslado y crear las condiciones para un nuevo comienzo parlamentario y arquitectónico no solo se desarrolló la idea del "Lazo de la Federación" sino que también se reconstruyó completamente el edificio del Reichstag. Su amplia remodelación a finales de los años sesenta ya tenía como objetivo la conservación de muchas de sus salas y despachos, sin embargo estos tenían un carácter más bien representativo, para enmarcar una presencia esporádica y demostrativa en Berlín, no para cumplir las expectativas de un Parlamento activo de distancias cortas y pionero a la vez en el uso de un edificio respetuoso con el clima y energéticamente eficiente. Además, elementos fundamentales de los materiales de aquella época hubieran tenido que ser saneados por contener amianto. Por eso, en la década de los noventa se rehabilitó de nuevo el edificio hasta sus cimientos y se reconstruyó siguiendo más fielmente el diseño arquitéctonico original, sin abandonar la intención de mostrar transparencia incluso a través de gruesos muros. Desde entonces los visitantes que entran al Bundestag por el portal acristalado en la parte occidental del edificio, bajo la inscripción "Al pueblo alemán", tienen ante sus ojos el hemiciclo del Parlamento y pueden observar directamente a los diputados sentados en el pleno.

En un artículo publicado en el Boletín de Arte de 1895 se interpretan las cuatro torres esquineras del edifico del Reichstag como los cuatro reinos del Imperio Alemán fundado en 1871: Prusia, Sajonia, Baviera y Wurtemberg. Las torres están rodeadas por 16 esculturas alegóricas de arenisca que simbolizan, entre otros, el arte de gobernar, la agricultura, la defensa del Estado, la viticultura, la educación, la pedagogía, el arte o la literatura. La imagen muestra la torre nororiental del edificio del Reichstag.

Un nuevo panorama

¿Cómo se integra en el orden arquitectónico el día a día de un diputado recién elegido? Acompañémoslo mientras va familiarizándose con su nuevo entorno laboral. Antes de empezar la ajetreada vida de un político en Berlín, este diputado dispone a veces de un poco más de tiempo para detenerse a observar cuidadosamente todo lo que tiene alrededor. Es cierto que su grupo parlamentario correspondiente ya le ha dado la bienvenida y que con su acreditación tiene acceso a todos los edificios del Parlamento. Pero hasta que no se constituya oficialmente el nuevo Bundestag al cabo de 30 días, el Bundestag anterior prosigue su labor y todos los diputados salientes deben estar a disposición por si deben acordarse de forma urgente decisiones relevantes.

A la llegada del nuevo diputado todavía no se ha dado este caso, por lo que ha quedado para tomar un café en el despacho de su predecesor de la misma circunscripción electoral, un despacho que pronto podría ser el suyo. Seguidamente bajan en ascensor a los sótanos del moderno edificio de oficinas y caminando por un paso subterráneo se adentran en la historia alemana. A un lado de este iluminado pasadizo se encuentra un trozo de túnel con sus muros originales y una pequeña placa en recuerdo del histórico túnel de abastecimiento energético del que todavía se conserva este fragmento y que transcurría entre el edificio del Reichstag, el palacio del presidente del Reichstag y la central térmica. Se rumorea que en la noche del 27 de febrero de 1933 el entonces presidente del Reichstag, Hermann Göring, dejó pasar por esta galería subterránea a las personas que incendiaron el edificio. "Pero esto es solo un rumor", señala el diputado más veterano y continúa con su explicación: Si bien es cierto que en el lugar de los hechos se detuvo al holandés Marinus van der Lubbe y que este confesó ser el autor del incendio, es imposible que él solo hubiera podido provocarlo y por eso el Bundestag, conservando un fragmento del túnel original, recuerda también a van der Lubbe como otra víctima más de la justicia arbitraria del régimen nacionalsocialista. Y es que el holandés fue condenado a muerte en base a una ley que en el momento en que se produjo el incendio todavía no existía.

Espacio para el arte

Apenas ambos parlamentarios llegan a los sótanos del edificio del Reichstag se encuentran con otro lugar conmemorativo: el "Archivo de los Diputados Alemanes". No se trata de un archivo propiamente dicho sino de una obra de arte compuesta por cajas de metal oxidadas y apiladas formando paredes que llegan al techo. Cada caja lleva el nombre de un diputado elegido democráticamente en el período comprendido entre 1919 y 1999, año de la inauguración del edificio del Reichstag recién reformado. El artista francés Christian Boltanski representa así el fundamento democrático sobre el que se asienta el Bundestag. "¿Tú también figuras en esta obra?", pregunta el nuevo diputado a su antecesor. "Sí, por supuesto, mira aquí" y agachándose ilumina con su móvil el letrero de una de las cajas inferiores, para poder leer mejor el nombre que aparece en ella. "Cada diputado posee el mismo valor, independientemente de la duración de su mandato".

"¿Y por qué el Bundestag encargó la obra a un artista francés?", desea saber el nuevo parlamentario. La respuesta le indica que con ello se quiso reflejar la historia del edificio del Reichstag durante la división de la capital alemana en los sectores ruso, estadounidense, británico y francés. "Voy a enseñarte otro", señala el diputado más veterano mientras sube con su sucesor unos cuantos escalones hasta llegar a la planta baja del edificio, pasando por el lado de un guardarropa, atravesando una pequeña sala con asientos y saliendo por la puerta de acceso norte del edificio. "Este es el camino más corto si quieres respirar un poco de aire fresco entre una reunión en el edificio Paul Löbe y tu intervención en el pleno", explica. "Y esta obra de aquí está realizada por una artista norteamericana", aclara señalando otro fundamento simbólico del Parlamento. La estadounidense Jenny Holzer eligió 447 transcripciones de discursos pronunciados entre 1871 y 1999 en el antiguo Reichstag y en el Bundestag que aparecen ininterrumpidamente en una estela luminosa de rótulos dinámicos, reproduciendo en cada una de sus cuatro partes un discurso diferente sobre un mismo tema para reflejar, además de la idea básica de la oratoria parlamentaria, otro aspecto del parlamentarismo: No siempre existe una única perspectiva y una única solución.

Un túnel une los edificios Paul Löbe, Marie-Elisabeth Lüders, Jakob Kaiser y el edificio del Reichstag entre sí. En la fotografía se puede ver un fragmento de la histórica canalización en el túnel que conecta el edificio del Reichstag con el edificio Jakob Kaiser, así como la exposición sobre la inauguración de las obras del edificio del Reichstag. La canalización subterránea transcurría antiguamente entre el edificio del Reichstag, el palacio del presidente del Reichstag y la central térmica.

El "Archivo de los diputados alemanes" no es un archivo de verdad sino una obra del artista francés Christian Boltanski: paredes formadas por cajas de metal oxidadas que se apilan hasta el techo y en el que constan los nombres de todos los diputados elegidos democráticamente entre 1919 y 1999.

La “Instalación para el edificio del Reichstag” de la artista estadounidense Jenny Holzer se encuentra en el vestíbulo de la entrada norte del edificio. En una estela luminosa de rótulos dinámicos se reproducen en sentido ascendente más de 440 discursos de diputados del Reichstag y del Bundestag del periodo comprendido entre 1871 hasta 1992. Estos discursos simbolizan uno de los pilares fundamentales del Parlamento como lugar para la retórica política.

El predecesor mira el reloj. "Todavía tenemos un poco de tiempo antes de que empiece la sesión del grupo parlamentario", constata. "Entonces aún puedo enseñarte uno de mis lugares preferidos". Un par de puertas más allá se encuentra la sala de recogimiento. Impresionado, el recién llegado contempla la sala diseñada por el artista de Düsseldorf Günther Uecker para sentarse en silencio, hacer meditación, celebrar misas y orar. Es un espacio en el que tienen cabida todas las confesiones y los aspectos más diversos de la fe. Las sillas de madera con altos respaldos, la ténue iluminación indirecta, las grandes tablas de madera apoyadas en las paredes, los clavos como elementos decorativos para insinuar una cruz y nubes, junto con otros elementos, consiguen crear un aura especial. "No puedo por más que recomendarte venir aquí siempre que necesites recuperar la calma en medio del ajetreo de la vida parlamentaria", reza el consejo que el diputado de más edad da al más joven.

Suena el móvil. "Sí, ya lo confirmaré. De todos modos puedes hablar directamente con él, está aquí a mi lado", contesta el diputado saliente y pasa el teléfono a su sucesor. "Por supuesto, con mucho gusto. ¿Ahora mismo?", pregunta con cara de sorpresa. "El presidente de nuestro grupo regional quiere tomar un café conmigo ahora", explica. "Supongo que será en la cafetería", responde el otro, mientras abre la puerta. "Es una buena señal que quiera conocerte. Quién sabe qué puestos tienen que reasignarse dentro del grupo parlamentario." Ambos políticos suben rápidamente por la escalera a la primera planta, pasan por el lado de una gran cristalera a través de la cual pueden ver el hemiciclo del Bundestag. Unos metros más allá se detienen un momento ante una puerta de madera gris. "Cuando se realizan votaciones nominales este armario está abierto. Contiene las tarjetas de voto", explica el diputado más veterano. Prosiguen su camino y el antecesor señala con el dedo una pequeña tarima con un taburete oscuro y dos bolas delante con cables enchufados a una caja. "Beuys", aclara y dobla la esquina. "Y aquí, al lado de la cafetería, en la biblioteca, está colgado un cuadro original de Bernhard Heisig. Contemplándolo puedes pasear por la historia alemana mientras esperas a algún colega." Pero en este momento el joven parlamentario no tiene tiempo para detenerse a apreciar esta obra de arte. La conversación con el presidente del grupo parlamentario es todo un éxito y una vez finalizada los dos diputados mayores se quedan a hablar en privado sobre la próxima reunión de la presidencia federal del partido.

Historia omnipresente

Mientras tanto, el joven prosigue en solitario su recorrido, rodea el hemiciclo y pasa por el lado de los grafitos que soldados soviéticos plasmaron en los muros del Reichstag en la toma de Berlín en 1945. Los trabajos de rehabilitación del edificio los pusieron al descubierto y se decidió conservarlos como testimonio histórico excepcional. El diputado sube al ascensor y reflexiona sobre el sentido que pueden tener los espejos que recubren las paredes del mismo y en las que puede verse reflejado una y otra vez hasta que la imagen se va difuminando. El ascensor pasa de largo de la planta presidencial y se detiene en la de los grupos parlamentarios. Empleados de su grupo parlamentario están sentados ante unas mesas con papeles y le entregan documentos y material informativo. Grupos de políticos se reparten por el espacioso vestíbulo que da a las salas de sesiones, alrededor de los grandes ventanales por los que se puede ver el hemiciclo o, mirando hacia arriba, a los visitantes que suben y bajan por las rampas del interior de la cúpula de vidrio.

Un amistoso golpecito en la espalda. El joven diputado se da la vuelta y saluda a una de las candidatas de su misma circunscripción con la que tuvo que enfrentarse en la campaña electoral. Él ya la felicitó por la victoria en la noche electoral. Ahora es ella quien lo felicita por haber conseguido ajustadamente un escaño en el Bundestag a través de la lista de reserva. La circunscripción electoral estará por lo tanto representada por dos políticos en Berlín, a pesar de que solo uno de ellos obtuvo el mandato directo de la región. La diputada le pide que la acompañe por uno de los pasillos laterales, abre una puerta y ambos salen al exterior. "Aquí abajo crece algo de nuestro terruño", le dice señalando con el dedo hacia una esquina de un parterre con la inscripción "A la población" . Le explica entonces que se trata de una obra del artista Hans Haacke, originario de Colonia y residente en Nueva York, muy controvertida en su momento porque muchos la vieron como una provocación contra la inscripción que adorna la fachada principal del Bundestag "Al pueblo alemán", mientras que otros la vieron como la consecuencia lógica de un Parlamento cuyas decisiones no solo afectan a las personas con pasaporte alemán. La diputada le cuenta que muchos colegas ya trajeron tierra de sus respectivas circunscripciones y que al hacer ella lo mismo se aseguró de que en la bolsa de plástico que contenía la tierra de su región también se mezclaran semillas de amapola. "Entonces voy a procurar que el año que viene, en otra de las esquinas crezcan girasoles, presentes en muchos campos del sur de nuestra circunscripción", responde el nuevo diputado. "Por cierto, todo el mundo puede ver como va cambiando la composición de las flores, ya que en la página web 'derbevoelkerung.de' se van actualizando las fotos del parterre", le explica su colega.

Al otro lado de los cristales centellean luces de focos y flashes fotográficos delante de una de las salas de los grupos parlamentarios. "Si llega la jefa significa que yo también tengo que entrar", afirma la diputada. "Quién sabe si al final de las conversaciones exploratorias para formar coalición no acabará siendo también la mía", contesta su colega. Ambos regresan al vestíbulo y el joven diputado se dirige a la sala de su grupo parlamentario, pasando por el lado de los representantes de la prensa. El que está a punto de ser elegido presidente del grupo parlamentario explica a las cámaras de televisón, delante de un panel con las iniciales de su partido, los proyectos de su grupo parlamentario y responde a las preguntas de los numerosos periodistas.

Bajo el régimen nacionalsocialista el edificio del Reichstag apenas se utilizó. Sin embargo, en la Unión Soviética estuvo asociado al inicio de la dictadura nazi. Después de que la Armada Roja tomara el edificio el 2 de mayo de 1945, muchos soldados escribieron mensajes o sus nombres en los muros. Los trabajos de rehabilitación del edificio pusieron al descubierto estos grafitos, que fueron conservados en parte.

Siguiendo el diseño del artista Hans Haacke se instaló la inscripción "A la población" en una superficie de siete metros de anchura y 21 metros de longitud delimitada por tableros de madera que puede leerse desde todas las plantas del edificio. Una cámara web filma la evolución de este biotopo silvestre (www.derbevoelkerung.de).

Una vez dentro de la sala, el joven diputado se encuentra con muchas caras conocidas que le sonríen, algunos amigos le dan un abrazo. Desde una de las filas su antecesor le hace un gesto con la mano: "Te he guardado sitio aquí". Así empieza la vida parlamentaria del joven diputado.

Una vida que ese mismo día no finaliza al terminar la reunión de su bancada. "¿Te vienes al CPA?" le pregunta un colega, que ya se ha enterado del ámbito político del que podría ocuparse el nuevo diputado en esta legislatura y que quiere comentar con él algunos proyectos. Las abreviaturas es algo a lo que uno debe acostumbrarse. En la reunión que acaba de terminar el recién llegado ya se ha familiarizado con una: GGP, en alusión al gerente del grupo parlamentario, quien ha presentado los próximos puntos de la agenda una vez se haya constituido el nuevo Bundestag. Y CPA es la abreviatura utilizada para referirse al Círculo Parlamentario Alemán, que se encuentra justo enfrente de la entrada oriental del edificio del Reichstag. Todo aquel que quiera trasladarse de este edificio a las salas del CPA reservadas para los diputados y sus invitados puede hacerlo siguiendo las señales marcadas en el suelo e iluminadas al atardecer que emulan el trazado del antiguo túnel de abastecimiento. Al hacerlo cruzará otra de las líneas divisorias que atraviesa la plaza: Por aquí discurría el Muro de Berlín, separando Este de Oeste y el edificio del Reichstag del antiguo palacio del presidente del Reichstag, en el que hoy tiene su sede el CPA.

Edificio Jakob Kaiser: una nueva unidad detrás de una antigua fachada

Subiendo por una escalinata de mármol los diputados llegan a la planta noble del antiguo palacio, en el que tienen oportunidad de hablar confidencialmente en las distintas salas y cafeterías. Para reuniones de mayor magnitud disponen de la "sala imperial", inaugurada en 1904 por el emperador Guillermo II por invitación del entonces presidente del Reichstag. Mirando por una de las ventanas el joven diputado se asombra de las vistas. Delante de sus ojos no aparece el río Spree sino el interior del edificio Jakob Kaiser con unos botes de remo dentro. Sus compañeros de partido le explican que el antiguo palacio del presidente del Reichstag está integrado en un complejo de ocho edificaciones a ambos lados de la Dorotheenstraße. Estos edificios, pertenecientes al Bundestag, albergan los despachos de muchos diputados, así como decenas de salas de reuniones, un restaurante, un estudio de televisión y una biblioteca de presencia.

La escalinata de mármol del palacio del presidente del Reichstag conduce a la planta noble del edificio en la que se encuentran diversas salas y cafeterías usadas por los diputados para reuniones confidenciales. Los actos de más envergadura se celebran en la "sala imperial". La CDU/CSU y el SPD llevaron a cabo en este palacio sus rondas de conversaciones tras las elecciones de 2005 y 2013.

El Círculo Parlamentario Alemán tiene su sede en el palacio del presidente del Reichstag, diseñado por Paul Wallot y construido entre 1899 y 1904. A partir de 1961 el Muro de Berlín transcurría directamente entre el palacio y el edificio del Reichstag. En 1994 el edificio fue declarado monumento nacional y restaurado entre 1997 y 1999.

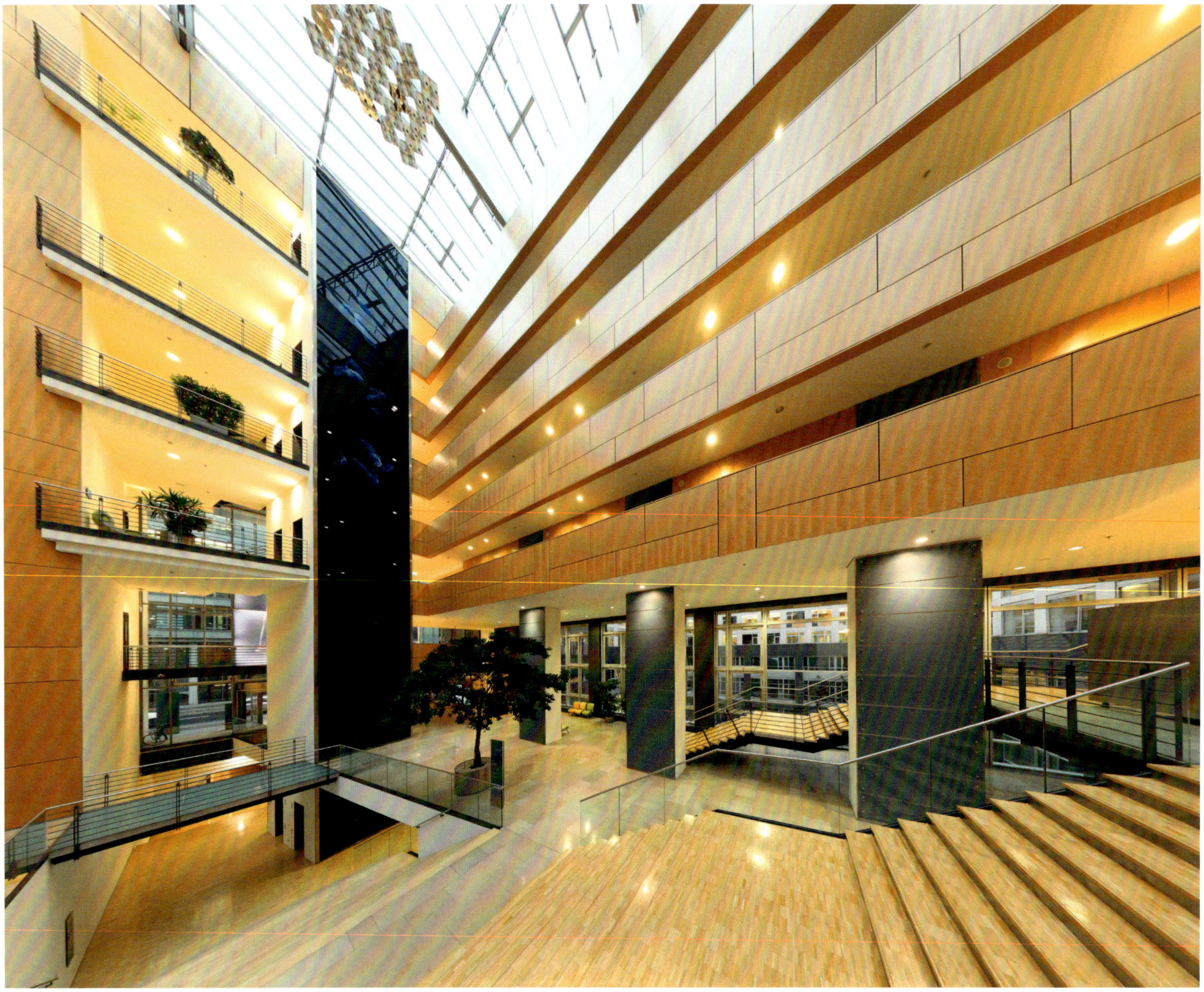

Los ocho edificios del complejo arquitéctonico Jakob Kaiser albergan un total de 1.745 oficinas, así como dos salas de reuniones que ocupan dos pisos cada una y disponen de tribunas para visitantes. Una serie de pasarelas y pasadizos comunican los edificios entre sí, además de los puentes para pasar del edificio 2 al 6 y del 4 al 8.

Para el edificio Jakob Kaiser se conservaron las fachadas de las antiguas edificaciones o al menos se respetó su delimitación original. También se recostruyeron algunas de las entradas históricas. Pero el interior del complejo arquitectónico fue diseñado de nuevo creando un espacio unitario, a pesar de que en su concepción trabajaron diferentes equipos de arquitectos (Busmann+Haberer, De Cie, von Gerkan, Marg und Partner, Schweger und Partner). Así lo explica uno de los folletos que guía al nuevo diputado en su pequeño paseo por el edificio 1, al lado del palacio del presidente del Reichstag. El complejo arquitectónico Jakob Kaiser debe su nombre al político de la CDU que fue diputado en el Reichstag por el Partido de Centro en la República de Weimar. Durante el régimen nacionalsocialista formó parte de la oposición cristiana. Más tarde fue uno de los fundadores de la Federación Alemana de Sindicatos y de la CDU en la zona de ocupación soviética, donde se opuso a la unificación forzada de todos los partidos políticos. Como miembro del Consejo Parlamentario y Ministro de Asuntos de Toda Alemania desempeñó un destacado papel en la época fundacional de la República Federal de Alemania.

En la parte del edificio más próxima al Reichstag tienen sus oficinas las vicepresidentas y los vicepresidentes del Budestag, que han de estar siempre disponibles para reemplazar al presidente del Parlamento en las sesiones plenarias. En el gran vestíbulo interior del edificio se encuentran "Los óctuples flotantes" de la artista Christiane Möbus, los botes de remo que vio el diputado desde la ventana del Círculo Parlamentario Alemán. Las embarcaciones están colgadas del techo y van subiendo y bajando cada una a un ritmo diferente, por lo que siempre forman nuevas constelaciones entre sí, como los barcos cuyos recorridos se entrecruzan en los numerosos ríos y lagos de Berlín. Pero también emulando a la vez las distintas constelaciones que forman partidos políticos, grupos parlamentarios y diputados. Mientras va familiarizándose con el edificio, el nuevo parlamentario descubre que el interior del mismo constituye una entidad propia con una maraña de escaleras, pasillos y ascensores en la que seguramente va a perderse alguna que otra vez durante sus primeras semanas en el Bundestag. Sobre todo en el edificio 2 queda claro que los despachos de los diputados no están agrupados por edificio según su grupo parlamentario, sino por piso. De este modo solo un par de escalones separan las oficinas de los presidentes de los grupos parlamentarios de la CDU, la CSU y el SPD. En épocas de grandes coaliciones esta distribución facilita la comunicación rápida, a la vez que los despachos de un mismo grupo parlamentario se encuentran repartidos por todos los edificios pero a un mismo nivel.

El carácter de complejo arquitectónico se refuerza con una configuración diferente de los patios interiores y exteriores. A veces cobran apariencia de bosquecillo de abedules, en otras ocasiones parecen un altiplano rocoso e incluso en uno de los patios se recrea un paisaje con agua. Los despachos de los diputados y sus colaboradores miden 18 metros cuadrados. El edificio alberga asimismo salas de reunión para las mesas de los grupos parlamentarios, conferencias de prensa, reuniones de los secretarios de los grupos parlamentarios, comisiones de encuesta y otras comisiones. 200 metros separan el extremo del edificio situado frente a la entrada del Reichstag y la salida situada en la Wilhelmstraße, delante del estudio berlinés del primer canal de la televisión alemana (ARD). Una vez allí, el joven diputado tiene dos opciones para proseguir su paseo por el edificio Jakob Kaiser: saliendo a la calle, cruzando la Dorotheenstraße a mano derecha y entrando por otro de los accesos al edificio o, sin salir del mismo, seguir las indicaciones y cruzar la calle por uno de los dos puentes cubiertos que permiten pasar de un edificio a otro sin tener que salir a la intemperie, además de los pasadizos subterráneos.

Una sala de reuniones en la parte antigua del edificio 7 del complejo Jakob Kaiser. Aunque la mayor parte de los ocho edificios que integran el complejo es de nueva construcción, en el edificio 7 se integró la "casa Sommer", construida entre 1853 y 1857 en la Dorotheenstraße 99. Diseñado en un principio por el arquitecto Friedrich Adler como palacio urbano, el edifico fue adquirido en 1901 por el Banco Hipotecario Alemán, que encargó a Paul Schröder la ampliación y renovación del mismo en 1910/1911. Más tarde, el Instituto de Edificios Culturales lo utilizó para sus oficinas. Al ser integrado en el complejo arquitectónico Jakob Kaiser se le devolvió su estructura original.

Vista del Reichstag desde una de las salas de reunión del edificio Jakob Kaiser. Las dos salas de este tipo que alberga el edificio son utilizadas, entre otras, por las comisiones de investigación.

Doble página siguiente: Para su instalación "Se sostiene y cae" el escultor británico Antony Gormley inundó completamente uno de los patios interiores del edificio Jakob Kaiser, al que solo puede accederse por una pasarela. En los muros del patio se colocaron cinco esculturas de tamaño natural –todas elaboradas a partir de un mismo molde que el artista realizó de su propio cuerpo–, cuya imagen se refleja en el agua. Cuando los visitantes se encuentran en la pasarela el reflejo de su imagen se une al de las esculturas convirtiéndose en parte de la obra de arte.

En el patio interior del edificio 7 del complejo Jakob Kaiser se encuentra la escultura de ladrillos de varios pisos de altura del artista danés Per Kirkeby.

Los arquitectos paisajistas de Hamburgo WES & Partner crearon en el patio interior del edificio 4 del complejo Jakob Kaiser la instalación "Agua emanada del Spree". En pequeñas islas construidas en un estanque se plantaron pinos que recuerdan los paisajes que rodean Berlín junto con placas de granito y monolitos que evocan el ambiente de los jardines japoneses. Una escultura monumental de hormigón en forma de escalera que termina de forma abrupta en la nada también forma parte de la instalación.

Los grandes ventanales de los despachos del edificio 2 dan a un patio interior cuadrado que alberga un bosquecillo de abedules delimitado por losas de piedra cubiertas de agua.

En su obra "Franja de luz con línea de cambio de fecha", instalada en el patio exterior del edificio Paul Löbe, el artista Jörg Herold aborda la percepción de la historia. Cada placa circular de hormigón lleva inscrita una fecha histórica, a menudo de efemérides poco conocidas. Un espejo redondo situado en la parte superior del patio desvía los rayos de sol a las placas de hormigón. Debido al cambio de posición del sol a lo largo del año, cada día queda iluminada una fecha distinta.

Vista de los cubos de plexiglás iluminados al atardecer, obra del artista Till Exit instalada en el patio interior del edificio Paul Löbe. Mediante los elementos estructurales en el interior de los cubos y su superficie semitransparente de diferentes texturas las esculturas presentan una óptica distinta durante el día y por la noche.

El conjunto arquitectónico del edificio Jakob Kaiser (centro, agrupado alrededor de los ocho patios interiores) fue construido entre 1997 y 2002 en una superficie de la histórica Dorotheenstadt, al sureste del edificio del Reichstag, que hasta la reunificación de Alemania quedó en la frontera entre Berlín Este y Berlín Oeste. En la nueva construcción se integraron tres edificios declarados monumento nacional: el palacio del presidente del Reichstag, el edificio de la asociación de ingenieros alemanes y la casa Sommer en la Dorotheenstraße.

El diputado saliente le llama al móvil. "No, todavía no me he ido, he reservado una habitación en un hotel para tres días y quiero aprovechar este tiempo para buscar un apartamento", le cuenta el joven parlamentario. Su antecesor desea saber si ya se ha planteado quiénes serán sus colaboradores, ya que los empleados de su oficina querrían saber qué pasará con ellos. Le propone abordar ahora mismo esta cuestión personalmente y le cita en una de las salas del edificio. "Así podré mostrarte también algo muy especial", añade. El joven diputado apunta el número de la sala: 6.556. La primera cifra indica el piso, la segunda el edificio. Es decir, tiene que ir primero al edificio número cinco. Ya ha cruzado por el primero, el segundo, el tercero y el cuarto, al pasar a los edificios situados al otro lado de la calle se ha encontrado primero con el octavo y ahora está en el séptimo. Es decir, tiene que dirigirse de nuevo hacia el Reichstag hasta llegar al edificio número cinco y, una vez allí, subir hasta el sexto piso. La sala se encuentra al final de uno de los pasillos.

Cuando entra en ella el joven diputado no puede reprimir un grito de admiración. Dos de las paredes están completamente acristaladas permitiendo unas fantásticas vistas del Tiergarten y el edificio del Reichstag iluminado y dejando que la luz de la luna penetre en toda la estancia. "Por aquí hay rincones especiales, ¿no es cierto?", le saluda su antecesor. Una periodista le contó que el ex presidente del grupo parlamentario del Partido Liberal Democrático (FDP), Guido Westerwelle, en su época de líder de la oposición solía reunirse cada semana aquí con la prensa, por lo que esta sala pasó a ser conocida como "Café Guido". Muy pronto los dos diputados se encuentran inmersos en una intensa conversación sobre los retos que los resultados electorales han supuesto para la mesa del Bundestag a la hora de organizar los despachos de los diputados. Los vencedores necesitan más superficie que la oposición, por lo que hay que redistribuir el espacio. Además, el joven diputado se entera de que seguramente no va a ocupar el despacho de su antecesor, ya que se le asignará una oficina en función de las comisiones a las que pertenezca. Los diputados con áreas de trabajo específicas ocupan despachos junto con sus colegas de los otros grupos parlamentarios, no solo en el edificio Jakob Kaiser sino también en otros edificios, como por ejemplo los situados en la avenida Unter den Linden o también en el edificio Paul Löbe. Al final de su conversación ambos parlamentarios acuerdan que el nuevo diputado se quedará con la jefa de oficina de su antecesor, ya que sus conocimientos y experiencia sobre el trabajo en el Bundestag y en la circunscripción electoral poseen un gran valor. Por lo que se refiere a los demás empleados esperará hasta conocer el área de especialización que se le asigne en esta legislatura, ya que quizá necesitará a expertos en la materia entre sus colaboradores.

Edificio Paul Löbe: "el motor de la República"

A la mañana siguiente llama a la mujer que le será imprescindible para su labor parlamentaria en Berlín y le pregunta si puede invitarla a comer en algún sitio agradable. La mujer propone el restaurante en el edificio Paul Löbe, debajo de la sala Europa. Este es el edificio hacia el que está orientada la Cancillería Federal y cuya construcción parecida, marcada por el prominente tejado, se engrana en el "Lazo de la Federación". El joven diputado llega a la cita después de haber visitado un apartamento en el oeste de la ciudad. De ahí tomó el tren urbano hasta la estación central, desde la cual la nueva línea 55 del metro lo llevó a la estación del "Bundestag". Ante la escalinata de entrada se levanta la imponente edificación de siete pisos con una fachada frontal de vidrio. Desde fuera puede verse el gran vestíbulo interior en el centro enmarcado por paredes de hormigón a derecha e izquierda que aguantan las escaleras de acceso a cada piso. Todos los niveles están abiertos y se integran, por así decirlo, al gran vestíbulo.

El 8 de agosto de 2009 se inauguró la línea U55 del metro, que conecta la Puerta de Brandeburgo y la estación ferroviaria central (Hauptbahnhof), incluyendo también la estación Bundestag, que fue inaugurada el mismo día. Actualmente esta línea, conocida también como el metro del Canciller, tiene un recorrido de 1,8 km pero está previsto que enlace con la línea U5 y llegue así hasta Alexanderplatz.

El joven parlamentario todavía dispone de algo de tiempo, por lo que decide no entrar aún por la puerta reservada a los diputados sino dar un paseo rodeando el edificio. Un guía turístico está explicando a un grupo de visitantes qué son los "ocho cilindros". Se denomina así a las torres de cristal, situadas a cada lado de las dos alas laterales del edificio estructuradas en forma de peine. Estas torres, ocho en total, albergan las salas de sesiones de las 23 comisiones del Parlamento. Son los "ochos cilindros" considerados como el motor de la República, ya que las consultas específicas sobre cada tema concreto que se trata en el Bundestag se llevan a cabo aquí y no en las sesiones plenarias públicas. El edificio Paul Löbe da cabida a unas mil oficinas y debe su nombre al antiguo redactor jefe del periódico del SPD "Volkswacht" que fue elegido en 1919 a la Asamblea Nacional de Weimar y presidió el Reichstag entre 1920 y 1932. Más tarde fue encarcelado por los nazis y tras la Segunda Guerra Mundial colaboró en la reorganización del SPD, fue miembro del Consejo Parlamentario y diputado del primer Bundestag, cuya legislatura inauguró en calidad de presidente de edad.

Artistas, colores y formas

"¿Por qué ahora el Bundestag tiene dos cúpulas?", pregunta un niño al guía. Este aclara que el Reichstag sigue teniendo una cúpula como siempre. Sin embargo, al fondo del edificio Marie-Elisabeth Lüders parece haber otra más. Pero desde aquí no pueden verse las dos. "No es cierto, yo las veo", protesta el niño y señala con el dedo hacia la izquierda, en dirección al Spree, a una construcción plana y alargada de color azul que parece un barco anclado al lado del edificio Paul Löbe. En el tejado de la misma se pueden ver ciertamente dos cúpulas. "Tienes toda la razón", reconoce el guía. "Es la guardería del Bundestag, en la que los empleados pueden dejar a sus hijos durante las horas de trabajo", continúa explicando. El arquitecto austríaco Gustav Peichl diseñó este establecimiento especial del Parlamento con un guiño de humor, utilizando la cúpula como elemento de vínculo arquitectónico con el Reichstag pero construyendo dos pequeñas en vez de una grande.

El diputado sonríe. Prosigue su camino y al doblar la esquina vuelve a sonreir. Lo que ayer le pareció de lejos un anuncio de limpiadores de ventanas resulta ser otra obra de arte integrada en las construcciones del Bundestag. Un poco más tarde se entera de que en esta ocasión se trata de la escultura "Hombre en una escalera", del artista de Leipzig Neo Rauch. Y también esta obra luminiscente da pie a diferentes interpretaciones. Se puede ver en ella a las personas que subidas a una escalera miraban a través del Muro que discurría cerca de aquí. O se puede asociar con los políticos que precisamente en este edificio se han propuesto alcanzar elevadas metas. Observando la escultura el diputado se da cuenta de que las dos figuras de unos diez metros de altura no están de lado, sino una delante de la otra y separadas por una pared de cristal. Pero la obra depara otra sorpresa: Una de las figuras representa en realidad el reflejo de una tercera apoyada en la pared de enfrente. "Ingenioso", piensa el diputado, preguntándose a la vez por qué las esculturas son de color verde. Esto le trae al recuerdo la "verde playa del Spree" que daba título a una novela de los años cincuenta y decide que algún día preguntará al escultor si con su obra quería aludir a las diferentes historias personales de la Alemania de antes y después de la Segunda Guerra Mundial relatadas en el libro. Meditar sobre la vida en el lugar en el que se conforman sus condicionamientos.

A pocos metros del Reichstag el edificio Paul Löbe, con su arquitectura posmoderna, marca sus propias pautas. El arquitecto Stephan Braunfels concibió esta construcción de ocho pisos con sus cinco pronunciadas secciones laterales configuradas en peine y los ocho característicos cilindros acristalados como un "motor de la República".

En 1999 se inauguró al norte del edificio Paul Löbe y a orillas del Spree una guardería para los hijos de los empleados del Bundestag. Su forma recuerda a la de un buque anclado al lado del Lazo de la Federación. Las dos semiesferas en el tejado acogen sendas habitaciones de reposo en las que los niños pueden dormir la siesta.

Inmerso en este pensamiento el joven diputado se da cuenta de otra conexión: A lo largo del suelo del vestíbulo de unos 200 metros de longitud del edificio Paul Löbe el artista estadounidense Joseph Kosuth incrustó en letras de alumnio una cita de Thomas Mann y otra de Ricarda Huch, en las que ambos autores reflexionan sobre qué es la vida. Entre tanto el joven parlamentario ha subido unos cuantos pisos en ascensor y ha recorrido el edificio de un extremo a otro pasando por un pasillo en el que se encuentran salas de sesiones de distintas comisiones y varios despachos. "Aquí no es fácil encontrar el camino recto", piensa. Y, ciertamente, en la mayoría de pisos solo puede irse de este a oeste haciendo curvas para rodear las salas de las comisiones. Mirando atrás, las grandes salas circulares dispuestas verticalmente con los estrechos pasillos que las rodean le recuerdan a los aisladores de una enorme central transformadora. Obviamente, el arquitecto Stephan Braunfels ya supuso que los diputados y el personal del Bundestag estarían sometidos una y otra vez a una gran tensión. El joven político no puede evitar pensar en las clases de física de la escuela en las que se explicaba la función de las estaciones transformadoras: unir diferentes niveles de tensión. Por aquel entonces no podía imaginar que esto también era aplicable a la arquitectura y la política.

Llegó la hora del almuerzo con su futura jefa de oficina. En el restaurante de los diputados el artista cubano Jorge Pardo encontró la manera de contrarrestar vívamente el tono gris del hormigón colgando en el techo lámparas de vidrio multicolores. "Tan variadas como la vida misma", piensa el diputado apartando la vista de las luces y mirando al Spree, que al otro lado de las ventanas parece fluir a ras de suelo. Y las mesas son tan redondas como las salas de reunión de las comisiones. Su futura colaboradora le explica que hay muchas más obras de arte con las que los artistas aportaron notas de color al edificio Paul Löbe. Los enormes rombos rojos, negros, azules y verdes colocados asimétricamente en las paredes de hormigón de la fachada que mira hacia la Cancillería Federal fueron bautizados por su creador, el artista estadounidense Ellsworth Kelly, como "Diamond Shapes" (Formas de diamante). Y en el vestíbulo el artista francés François Morellet colgó en el techo cintas transversales de neón de color rojo, amarillo, verde y azul jugando así con las líneas arquitectónicas de la construcción.

La jefa de oficina es una auténtica amante del arte y los primeros minutos de la conversación se centran exclusivamente en otras obras que suelen escapar a la atención de los visitantes de paso y de las que el diputado tampoco se ha percatado en su paseo por las afueras del edificio. Se trata de objetos expuestos en los patios exteriores rodeados de setos que tematizan, a veces de forma abstracta y otras de forma concreta, la historia alemana. Como las esculturas de teflón "Alemán 1" y "Alemán 2" de la pareja de artistas Twin Gabriel, apenas perceptibles a primera vista pero que observadas con más atención desvelan el perfil de Goethe y de un perro pastor alemán. O los elementos rojos y amarillos utilizados normalmente para revestir paredes de hormigón y que parecen haber sido olvidados durante la construcción del edificio. La artista Franka Hörnschemeyer creó con ellos un "Laberinto espacial" combinando fragmentos de los planos de las edificaciones de la antigua frontera de la RDA y del actual edificio Paul Löbe, un laberinto en el que es fácil perder la visión general. Tampoco salta a la vista la decoración del siguiente patio realizada por Jörg Herold. Una serie de losas

En la fachada oriental del edificio Paul Löbe se encuentran dos esculturas de luz de neón verde, de diez metros de altura cada una, obra del artista de Leipzig Neo Rauch. El brazo estirado de ambos hombres, subidos a una escalera y colocados dando la espalda a los transeúntes, hace alusión a la cultura alemana de la comunidad democrática.

circulares contienen e ilustran fechas históricas, algunas muy conocidas, como la construcción del Muro de Berlín el 13 de agosto de 1961, otras menos presentes, como por ejemplo la decisión de ingresar en un monasterio que tomó Martín Lutero el 2 de julio de 1505 a causa de la caída de un rayo durante una fuerte tormenta, y otras interpretadas libremente por el artista, como la llegada de los hugonotes el 8 de noviembre de 1685 a Brandeburgo acogidos por el Gran Elector Federico Guillermo I, a la que Herold añade el comentario: "Gran Elector inventa la tarjeta verde".

Tras saber que el joven diputado se interesa especialmente por el arte, la jefa de despacho le entrega una clave de datos con todas estas informaciones y le explica también que el Bundestag posee una considerable colección de arte de la que los diputados pueden pedir prestadas algunas piezas para decorar sus oficinas, algo de lo que el nuevo parlamentario enseguida toma nota.

Pero todavía falta por aclarar dónde estará situado su futuro despacho. Según la jefa de oficina, podría ser en los edificios de la avenida Unter den Linden o cerca de las salas de sesiones de las comisiones aquí en el edificio Paul Löbe o en el despacho que dejará libre su antecesor en el edificio Jakob Kaiser. Y le propone ir a ver diferentes despachos. Para ello ya ha hablado con otros jefes de oficina amigos suyos quienes se han mostrado dispuestos a enseñarle al nuevo diputado cómo son las oficinas en los diferentes edificios. Pero antes visitan una de las salas en las que se reúnen las comisiones. Tal como su aspecto exterior indica, las salas son circulares y los asientos están distribuidos también en forma de círculo. La jefa de oficina le describe dónde se sientan los miembros de cada grupo parlamentario, el presidente de la comisión, los miembros del personal administrativo, los peritos y los representantes gubernamentales. En las reuniones y comparecencias públicas las personas interesadas pueden seguir la sesión desde las filas situadas en la tribuna superior.

Vista del restaurante en el edificio Paul Löbe. Las lámparas de cristal multicolores que cubren el techo forman parte de la obra de arte "Sin título [restaurante]" de Jorge Pardo, así como el mobiliario creado expresamente para este comedor.

En la escalera de la parte occidental del edificio Paul Löbe están instalados los "Berlin Panels" del artista norteamericano Ellsworth Kelly. Los cuatro grandes paneles de aluminio en forma de rombo de color azul, negro, rojo y verde ponen una nota de color, a la vez que suponen por su colocación asimétrica un contraste a la austera fachada gris.

En el patio septentrional del edificio Paul Löbe, entre las secciones laterales 2 y 3, Franka Hörnschemeyer creó un intrincado y sinuoso laberinto espacial a base de elementos amarillos y rojos como los que se utilizan para elaborar paredes de hormigón. El enrejado reproduce los planos de los tramos, las construcciones o las perreras de la guardia de las fronteras de la RDA de la parte oriental del Muro de Berlín, entrelazándolos con fragmentos de los planos del edificio Paul Löbe.

Vista del interior del edificio Paul Löbe desde el edificio Marie-Elisabeth Lüders, al otro lado del Spree. En la imagen se pueden apreciar las cintas de neón que componen la obra "Haute et basse tension" del artista francés François Morellet. La instalación se inicia con una franja de neón rojo totalmente tensada a la que siguen otras bandas entrecruzadas de color amarillo, verde y azul.

Un puente peatonal de dos pisos asegura la comunicación interior a una altura considerable entre los edificios Paul Löbe y Marie-Elisabeth Lüders, simbolizando a la vez la unión entre Este y Oeste. El piso inferior es de acceso público y ofrece a los visitantes una maravillosa vista del paseo a orillas del río. El arquitecto Stephan Braunfels lo llamó el "salto sobre el Spree".

Página anterior: Con el edificio Marie-Elisabeth Lüders termina el Lazo de la Federación, que tiene su inicio en la Cancillería Federal. El tercer edificio parlamentario de nueva construcción a orillas del Spree fue inaugurado en diciembre de 2003 con la celebración de la entrega de llaves y está construido en el antiguo trazado del Muro de Berlín (muro de protección del hinterland).

Edificio Marie-Elisabeth Lüders: la biblioteca del Bundestag

Un poco más tarde ambos están atravesando el Spree. "Por aquí pasamos del edificio Paul Löbe al edificio Marie-Elisabeth Lüders disfrutando a la vez de una vista fabulosa", explica la jefa de oficina en la pasarela que une los dos edificios por encima del río. Un puente peatonal de uso público también permite cruzar de una orilla del Spree a otra unos metros más abajo. Desde aquí puede apreciarse perfectamente que el estilo arquitectónico de marcados rasgos geométricos iniciado en la Cancillería Federal se va repitiendo en cada construcción del Bundestag. La gran apertura circular encarada al Spree y que destapa un gran salón de sesiones destinado a las audiencias públicas es también la tarjeta de visita del edificio Marie-Elisabeth Lüders. Tanto en esta sala como en la sala Europa del edificio Paul Löbe, justo enfrente, al otro lado del río, han comparecido ante la atenta mirada de la prensa numerosas personalidades públicas como testigos de comisiones de investigación.

Un poco más allá, el joven diputado llega a la sala que define la función central del edificio Marie-Elisabeth Lüders: la biblioteca del Bundestag, una de las mayores del mundo. Un rótulo de más de 80 metros de longitud, el "Anillo azul" del artista italiano Maurizio Nannucci, bordea el techo de la sala. En letras de neón azules se plasman dos frases de Hannah Arendt sobre la delicada relación entre libertad e igualdad que marca las actuaciones de los parlamentarios y de la que tratan muchos de los libros aquí disponibles. Precisamente una liberal-demócrata da nombre al edificio. Marie-Elisabeth Lüders fue la primera mujer que se doctoró en economía en Alemania y fue miembro de la Asamblea Nacional de Weimar y diputada del Reichstag hasta 1930, en cuya función abogó por la igualdad de la mujer y por unas mejores prestaciones para desempleados. En 1953 y 1957 inauguró los respectivos períodos de sesiones del Bundestag como presidenta de edad.

El joven diputado recibe un mensaje en su móvil en el que se confirma una cita esta misma tarde para visitar dos apartamentos. "A partir de ahora voy a pasar mucho tiempo sentado y a tener muchas comidas de trabajo", le dice a su futura jefa de oficina. "¿Hay por aquí cerca algún gimnasio dónde uno pueda hacer un poco de ejercicio en los momentos libres?" La mujer le indica algunas direcciones mientras se dirigen al subterráneo del edificio hasta llegar a un pequeño pabellón deportivo. "También se puede hacer ejercicio aquí y, si lo desea, con otros colegas y empleados del Bundestag", señala. Y le explica que en el Parlamento existe una asociación deportiva con su propio club de fútbol en el que juegan diputados y empleados de distintos

grupos parlamentarios en un mismo equipo compitiendo con otros equipos parecidos. "Y están buscando nuevos jugadores", le informa. "¿Quiere que pregunte cuándo es el próximo entrenamiento?" El diputado asiente encantado.

"El desarrollo de la legislación"

Unos pasos más allá se encuentra la "memoria" del Bundestag: Cientos de miles de documentos con millones de páginas dejan constancia del desarrollo de la legislación y de las actuaciones de los diputados. La visita no puede darse por finalizada sin ver las obras de ampliación que prolongan el Lazo de la Federación hasta la Luisenstraße, lugar en el que desemboca en una impresionante torre de 40 metros de altura. Aquí se colocará también la escultura "Cosmos 70" de Bernhard Heiliger, después de haber estado colgada durante casi un cuarto de siglo, hasta bien entrados los años noventa, en el vestíbulo del antiguo edificio del Reichstag representando la relación entre arte, arquitectura y política. Junto a las obras de construcción al joven diputado también le llama la atención el intenso transporte de suministros en dirección al edificio Marie-Elisabeth Lüders. La jefa de despacho desconoce los detalles concretos, pero, al parecer, suministrar los materiales necesarios para los varios miles de empleados del Bundestag por los accesos habituales de los edificios bloquearía las entradas en las horas de más afluencia. Para evitarlo se ha construido un sistema de túneles por debajo del Spree, a través del cual se puede acceder a todos los edificios del Parlamento sin obstaculizar el funcionamiento cotidiano del mismo. En el edificio Marie-Elisabeth Lüders se halla la entrada principal a esta conexión subterránea. Pero por debajo del suelo ocurren muchas más cosas de las que parece. Bajo el edificio del Reichstag se ha instalado un sistema de almacenamiento que en verano guarda el agua caliente sobrante para ser utilizada en los meses más fríos y en invierno los excedentes de agua fría para la época del año más calurosa. Incluso la energía residual del aire usado del hemiciclo es aprovechada como fuente de calor.

De regreso al puente peatonal que atraviesa el Spree ambos se detienen junto al edifico Marie-Elisabeth Lüders para observar de cerca una gran escultura que se diferencia notablemente de las demás estatuas ecuestres de Berlín. La obra de Marino Marini "Miracolo – L'idea di un'immagine" (Milagro, la idea de una imagen) no inmortaliza a ningún gobernante a caballo. Las formas de la escultura dejan claro que nadie podría mantenerse demasiado tiempo encima de un caballo encabritado, pero tampoco desvelan qué asusta tanto al animal. ¿Quizá alguna amenaza imposible de superar?

Izqda.: Con la ampliación del edificio Marie-Elisabeth Lüders el Lazo de la Federación llegará hasta la Luisenstraße, donde terminará en una torre de 40 m de altura. El abastecimiento de las obras se realiza principalmente a través de un sistema de túneles que transcurren por debajo del Spree.

El edificio Marie-Elisabeth Lüders constituye la memoria parlamentaria de la República Federal de Alemania, ya que alberga la documentación de prensa, la biblioteca, la documentación parlamentaria, y el archivo parlamentario con sus cientos de miles de documentos y millones de páginas. Por primera vez todos estos servicios se encuentran bajo un mismo techo.

HEN / GLEICHHEIT IST DEN

A través de la fachada acristalada de la rotonda de la biblioteca se puede ver desde la calle la instalación "Anillo azul" del artista italiano Maurizio Nannucci. El rótulo de letras de neón azul de 80 m de longitud recorre circularmente la sala de lectura de la biblioteca por debajo del techo enlazando dos frases inspiradas en un texto de Hannah Arendt: "La libertad es pensable como posibilidad de obrar entre iguales/la igualdad es pensable como posibilidad de obrar para la libertad".

Preservar y defender los derechos fundamentales

A los pies de la estatua una gran escalinata de estilo mediterráneo invita a sentarse y reposar. Al otro lado del río, delante del edificio Paul Löbe, un diseño parecido convierte este tramo del Spree en un lugar apacible y sosegado. Cuesta imaginar que antes de la reunificación de Alemania muchas personas dejaron aquí su vida intentando huir del Este al Oeste. En una de las salas del edificio Marie-Elisabeth Lüders que puede verse desde el exterior al final de la escalinata, fragmentos del Muro de Berlín, recopilados por el artista Ben Wagin e integrados al edificio por el arquitecto Stephan Braunfels, reconstruyen una parte del trazado fronterizo que dividía Berlín, también en este preciso lugar. En cada una de las piezas está pintado un año y el número de personas que murieron ese año al intentar cruzar el Muro. Un fragmento por cada año, lo que convierte esta instalación de arte en un angustioso testigo histórico. En cuanto finalicen las obras de ampliación del edificio Marie-Elisabeth Lüders esta sala volverá a abrirse al público y podrá accederse a ella desde la Luisenstraße. El joven diputado toma nota de ello y decide estar al corriente de las exposiciones que puedan visitarse en la misma.

Una nueva perspectiva arquitectónica se abre para el joven parlamentario tres semanas más tarde. Se constituye el nuevo Bundestag y él es uno de los dos secretarios encargados de leer alternativamente en voz alta los nombres de todos los diputados que conforman el Parlamento alemán. Está sentado detrás de la tribuna para oradores, al lado del presidente de edad, quien ha inaugurado la sesión plenaria y cederá a continuación el puesto al recién elegido presidente del Bundestag. Delante suyo están sentados, dándole la espalda, los taquígrafos. A su izquierda se encuentra el Delegado Parlamentario para las Fuerzas Armadas, el único miembro del Bundestag cuya función no está sujeta a los períodos de las legislaturas para acentuar su independencia. En el banco del Bundesrat todavía quedan muchos asientos por ocupar y al otro lado, el banco del gobierno está vacío, ya que todavía no han concluido las negociaciones para formar coalición. En cuanto se llegue a un acuerdo, el Bundestag podrá elegir una nueva o un nuevo Canciller y después de que el Presidente Federal haya nombrado a las ministras y los ministros, el nuevo gobierno deberá jurar su cargo en el Parlamento alemán.

Fragmentos del Muro de Berlín que desde 1961 hasta 1989 dividía la ciudad están hoy expuestos como memorial en una sala de acceso público del edificio Marie-Elisabeth Lüders. El arquitecto Stephan Braunfels colocó los fragmentos, a los que el artista Ben Wagin había inscrito los nombres y las fechas de las víctimas mortales conocidas hasta el momento, siguiendo el trazado original del Muro en este lugar y dividiendo así la sala circular de exposición.

El salón de plenos constituye el centro del Bundestag Alemán. Los escaños se reparten siguiendo un orden establecido: desde la perspectiva del Presidente del Bundestag los diputados del grupo parlamentario de la CDU/CSU se sientan en principio a la derecha del hemiciclo, el centro lo ocupa el grupo parlamentario de Alianza 90/Los Verdes y la izquierda los grupos parlamentarios del SPD y La Izquierda.

Artikel 3
(1) Alle Menschen sind vor dem Gesetz gleich. (2) Män-
ner und Frauen sind gleichberechtigt. (3) Niemand darf
wegen seines Geschlechtes, seiner Abstammung, seiner
Rasse, seiner Sprache, seiner Heimat und Herkunft, seines
Glaubens, seiner religiösen oder politischen Anschauun-
gen benachteiligt oder bevorzugt werden.

El joven diputado observa el hemiciclo. El salón de plenos está al completo. El reparto de escaños ha variado con respecto a la anterior legislatura. Uno de los grupos parlamentarios tiene más representación y los otros menos, tal como decidió el electorado. Muchas caras conocidas, que solo había visto en televisión, están sentadas en las primeras filas y lo miran expectantes. Los visitantes presencian la constitución del nuevo Bundestag desde las espaciosas tribunas superiores que se adentran en la sala. En el lado izquierdo de las mismas el joven diputado reconoce al Presidente Federal, junto con algunos ex presidentes del Bundestag y otros antiguos diputados ilustres. En la parte derecha de las tribunas de visitantes están sentados su mujer y sus hijos, quienes le acompañan en su primer día en el pleno.

Ha quedado con ellos unas horas más tarde cerca de la estación de Friedrichstraße, a orillas del Spree. Les ha prometido a sus hijos un paseo en barco. El nuevo representante del pueblo casi llega tarde a la cita con su familia, ya que tras salir del edificio del Reichstag y caminando al lado del río se detiene un momento delante de una pared de cristal situada al lado de uno de los patios exteriores del edificio Jakob Kaiser. Grabados en vidrio pueden leerse aquí los derechos fundamentales tal y como se recogen literalmente en la Ley Fundamental de 1949. De esta forma tan sencilla, tan sólida y tan tajante dejan claro al servicio de quién está puesta la arquitectura a su alrededor y la labor que se realiza en el interior de la misma. El joven parlamentario todavía desconoce cuál será su función concreta y dónde estará situado su despacho. Pero después de estudiar detenidamente las palabras escritas en esta pared de cristal sabe que hay mucho por preservar, mucho por defender y todavía queda mucho por hacer.

El artista israelí Dani Karavan instaló delante de uno de los patios exteriores del edificio Jakob Kaiser la obra “Ley Fundamental 49” que reproduce en planchas de vidrio el texto original de los 19 artículos de la Ley Fundamental de la República Federal de Alemania dedicados a los derechos fundamentales. La segunda imagen muestra la plancha de vidrio con el Artículo 3.

Los autores

Manfred Görtemaker

Prof. Dr. Manfred Görtemaker, nacido en 1951, carrera de historia, ciencias políticas y periodismo en Münster y Berlín. 1975 a 1980 asistente científico y 1983 a 1989 asistente universitario en la Freie Universität Berlin. 1980 a 1981 John F. Kennedy Memorial Fellow en la Harvard University. 1982 a 1983 Visiting Assistant Professor of Overseas Studies de la Stanford University. 1989 a 1990 Krupp Foundation Senior Associate en el Institute for East-West Security Studies de Nueva York. Desde 1992 catedrático de historia contemporánea en la Universidad de Potsdam. 1994 a 1995 vicerrector y 2001 a 2004 presidente del consejo de gobierno de la Universidad de Potsdam. Desde 2014 nuevamente miembro del consejo de gobierno de la Universidad de Potsdam. Docente orientador de la Comisión Fulbright.

1995 catedrático invitado en la Duke University, Durham, Carolina del Norte. 1999 catedrático invitado en el Dartmouth College, Hanover, Nuevo Hampshire. 2002 a 2003 Visiting Fellow en el St Antony's College de la University of Oxford. 2005 y 2008 así como 2010 a 2012 catedrático invitado en el Dipartimento di Politica, Istituzioni, Storia de la Università di Bologna. 2013 a 2015 catedrático invitado en el Dipartimento di Scienze Politiche e Sociali de la Università di Bologna.

1992 a 1994 miembro del consejo consultivo científico para la remodelación de la sede histórica de la Conferencia de Potsdam en el Schloss Cecilienhof. 1996 a 2004 miembro del consejo consultivo científico del Centro de Investigación Histórica Contemporánea (ZZF) de Potsdam. 2005 a 2011 miembro del consejo consultivo científico del Centro de Derechos Humanos de la Universidad de Potsdam. 2006 a 2010 miembro del consejo consultivo científico "Memorium Nürnberger Prozesse". 2009 a 2015 miembro del consejo consultivo científico de la "Point Alpha Stiftung". Desde 1998 presidente del consejo consultivo científico del Centro de Historia Militar y Ciencias Sociales de la Bundeswehr (ZMSBw) y del consejo consultivo para asuntos museológicos de la Bundeswehr. Desde 2012 miembro del patronato de la Fundación Archivo Ernst Reuter en el Archivo del Land de Berlín. Desde 2015 miembro del consejo consultivo científico para la ampliación del "Memorium Nürnberger Prozesse".

Desde 2012 (conjuntamente con el Prof. Dr. Christoph Safferling) miembro directivo de la comisión científica independiente del Ministerio Federal de Justicia para el estudio del pasado nacionalsocialista.

Everhard Holtmann

Prof. Dr. Everhard Holtmann, nacido en 1946, hasta 1992 cátedra de análisis de sistemas y política comparada de la Martin-Luther-Universität Halle-Wittenberg, miembro del Editorial Board de "German Politics", portavoz del grupo de investigación DFG 580 "Procesos sociales tras el cambio de sistema político" de las Universidades de Jena y Halle de 2007 a 2012, desde 2012 director de investigación en el Centro de Investigación Social de Halle (ZSH) en la Martin-Luther-Universität Halle-Wittenberg.

Publicaciones (selección): Everhard Holtmann/Anne Köhler, Wiedervereinigung vor dem Mauerfall. Einstellungen der Bevölkerung der DDR im Spiegel geheimer westlicher Meinungsumfragen, Fráncfort y Nueva York 2015; con Oscar W. Gabriel et al., Deutschland 25. Gesellschaftliche Trends und politische Einstellungen, Bonn 2015; Everhard Holtmann, Der Parteienstaat in Deutschland. Erklärungen, Entwicklungen, Erscheinungsbilder, Bonn 2012; Heinrich Best/Everhard Holtmann (Eds.), Aufbruch der entsicherten Gesellschaft. Deutschland nach der Wiedervereinigung, Fráncfort y Nueva York 2012; Everhard Holtmann/Marion Reiser (Eds.), Farewell to the Party Model? Independent Local Lists in East and West European Countries, Wiesbaden 2008; Everhard Holtmann/Kerstin Völkl/Kai-Uwe Schnapp/Oscar W. Gabriel (Eds.), Wähler und Landtagswahlen in der Bundesrepublik Deutschland, Baden-Baden 2008; Everhard Holtmann/Hans Braun/Uta Gerhardt (Eds.), Die lange Stunde Null. Gelenkter sozialer Wandel in Westdeutschland nach 1945, Baden-Baden 2007.

Wolfgang Ismayr

Wolfgang Ismayr, nacido en 1942 en Múnich, Dr. phil., Dr. rer. pol. habil., desde 1995 catedrático de ciencia política en la Facultad de Filosofía de la Universidad Técnica de Dresde (emérito en 2008, desde entonces director del centro de investigaciones sobre el parlamentarismo). Carrera de ciencia política, historia contemporánea, filosofía y germanística; doctorado en 1972 por la Ludwig-Maximilians-Universität de Múnich, habilitación en 1994 en la Universidad de Bamberg; 1972 a 1993: colaborador científico/Director Académico de la Universidad de Bamberg; 1993 a 1995 catedrático interino de la Universidad de Passau. Premio Científico del Bundestag Alemán por sus trabajos sobre el parlamentarismo (1993).

Publicaciones (selección): Das politische Theater in Westdeutschland, segunda edición, Königstein 1985; Parlamentarische Kommunikation und Abgeordnetenfreiheit, Fráncfort del Meno 1982; Der Deutsche Bundestag. Funktionen, Willensbildung, Reformansätze, Opladen 1992; Ausschüsse, segunda edición actualizada, Berlín 2004 (nueva edición en preparación); Bundestagspräsident und Präsidium, tercera edición actualizada, Berlín 2004; (Ed.) Die politischen Systeme Westeuropas, cuarta edición actualizada y revisada, Wiesbaden 2009; (Ed.) Die politischen Systeme Osteuropas, tercera edición actualizada y ampliada, Wiesbaden 2010; (Ed.) Gesetzgebung in Westeuropa. EU-Staaten und Europäische Union, Wiesbaden 2008; Der Deutsche Bundestag, tercera edición totalmente revisada y actualizada, Wiesbaden 2012 (primera y segunda edición 2000 y 2001 como volumen UTB bajo el título: Der Deutsche Bundestag im politischen System der Bundesrepublik Deutschland).

Hans Wilderotter

Prof. Hans Wilderotter, nacido en 1949. 1969 a 1973 carrera de etnología, historia y filosofía en la Freie Universität Berlin, 1974 a 1979 asistente científico en el Instituto de Etnología de la Freie Universität Berlin, 1979 a 1981 encargado de curso en la Hochschule der Künste Berlin y en la Freie Universität Berlin, 1982 a 1995 comisario artístico por cuenta propia en Berlín, Bonn, Dessau, Dortmund, Dresde, Fráncfort del Meno, Múnich, Potsdam, París y Weimar. 1995 a 2015 catedrático de museología y comunicación museística en la HTW Berlin, 2010 a 2013 catedrático invitado en Abu Dabi.

2000 a 2010 miembro del consejo consultivo científico del Centro de Documentación de la Cultura Cotidiana de la RDA en Eisenhüttenstadt, 2000 a 2001 presidente del consejo consultivo científico "Preußen 2001" en Potsdam, 2003 miembro del consejo consultivo científico de la exposición "Albert Einstein" en Ulm, 2003 a 2005 presidente del consejo consultivo científico para el proyecto de una exposición regional sobre Anhalt en Dessau, desde 2009 presidente del consejo consultivo científico de la Casa de la Historia de Brandeburgo y Prusia en Potsdam.

Gregor Mayntz

El Dr. Gregor Mayntz, nacido en 1960, es redactor en la redacción parlamentaria del diario Rheinische Post. Originario del Bajo Rin (Oedt), redactó su primera pieza para el Rheinische Post con 15 años. Tras su paso por la redacción local de Kempen y la redacción central de Düsseldorf, en 1997 se trasladó a Bonn, donde trabajó en la oficina capitalina de la Rheinische Post hasta 1999, año en que se instaló en Berlín al hilo del traslado del Parlamento y el gobierno a la capital de la Alemania unida.

Terminada su etapa escolar en el Thomaeum de Kempen, hizo el servicio militar en el ejército de tierra y en el Ministerio de Defensa y a continuación cursó estudios de ciencias políticas, historia contemporánea y derecho administrativo en Bonn, donde se doctoró con una tesis sobre la información parlamentaria.

Desde 2011 Mayntz es presidente, a título honorario, de la Conferencia de Prensa Federal (Bundespressekonferenz, BPK), entidad que agrupa a más de 900 corresponsales acreditados en la capital. A cambio ha renunciado temporalmente a su pasatiempo favorito, la fotografía.

Portada: arriba Deutscher Bundestag (DBT)/Axel Hartmann; abajo DBT/Werner Schüring; p. 2 DBT/Thomas Trutschel/photothek.net.

Capítulo 1: pp. 6/7, pp. 10–12, pp. 14–18, pp. 20–21, pp. 25–28, p. 31, p. 35 arriba, p. 41, pp. 45–46 picture alliance/akg-images; p. 9 picture alliance/Heritage Images, Fine Art Images; p. 13 bpk/Hermann Buresch; p. 19 akg-images; pp. 22–23, pp. 29–30, p. 32, p. 33 abajo, p. 34, p. 38, p. 40, p. 42 abajo bpk; p. 33 arriba picture alliance/Bundesarchiv; p. 35 abajo bpk/Dietmar Katz; p. 36 picture alliance/dpa-Zentralbild/Stefan Sauer; p. 37 picture alliance/dpa-Zentralbild/Berliner Verlag/Archiv; p. 39 arriba bpk/H. Louis Held; p. 39 abajo dpa – Bild-archiv; p. 42 arriba bpk/Kunstbibliothek, SMB, Photothek Willy Römer/Willy Römer; p. 43 bpk/Carl Weinrother; p. 44 picture alliance/akg/Alfred Hennig.

Capítulo 2: pp. 48/49 Deutscher Bundestag (DBT)/Ute Grabowsky/photothek.net; p. 50 Bundesregierung/Puck-Archiv; p. 51, p. 53, p. 56 dcha., p. 63, p. 86, p. 89 abajo izqda. picture alliance/akg-images; p. 52 bpk. Pese a las pesquisas realizadas no ha sido posible averiguar quién es el sucesor legal. Por tanto, las pretensiones legítimas del mismo pueden satisfacerse posteriormente; p. 54, p. 92 arriba dpa – Bildarchiv, p. 56 izqda. picture alliance/dpa-Zentralbild/Deutsche Fotothek; p. 57 Bundesarchiv, Allgemeiner Deutscher Nachrichtendienst – Zentralbild, fotógrafo Igel, Signatur Bild 183-S88849; p. 58 Bundesarchiv, Allgemeiner Deutscher Nachrichtendienst – Zentralbild, Agentur Illus, Signatur Bild 183-2005-1017-513; p. 59 arriba dpa – Report/dpa DENA; p. 59 abajo, p. 85 bpk; p. 60 DBT/Sylvia Bohn; p. 61 DBT/JUNOPHOTO/Julia Nowak-Katz; p. 62 picture alliance/AP images; p. 64 arriba dpa – Bildarchiv/UPI; p. 64 abajo, p. 65 Bundesregierung; p. 67 Bundesregierung/Lothar Schaack; p. 69 picture alliance/AP Images/KREUSCH; p. 70 picture alliance/AP Images; p. 71 Bundesregierung/Egon Steiner; p. 73, p. 88 picture alliance/Kurt Rohwedder; p. 74 Bundesregierung/Gerhard Heisler; p. 77 picture alliance/AP Photo/Markus Schreiber; p. 82 Bundesregierung/Marvin Ibo Güngör; pp. 83–84 DBT/Achim Melde; p. 89 arriba, p. 91, p. 92 abajo izqda., pp. 96–97, p. 110 izqda. Bundesregierung/Engelbert Reineke; p. 89 abajo dcha. Bundesregierung/Jens Gathmann; p. 90 dpa – Bildarchiv/Rapp; p. 92 abajo dcha. Bundesregierung/Ludwig Wegmann; p. 93 abajo izqda. picture alliance/dpa/Reinhard Kemmether; p. 93 abajo dcha., p. 94 picture alliance/dpa-Zentralbild; p. 95, pp. 102–103 Bundesregierung/Klaus Lehnartz; pp. 98/99 ullstein bild – ADN-Bildarchiv; p. 100 picture alliance/dpa – Bildarchiv/Roland Holschneider; p. 101 picture alliance/dpa-Zentralbild/Paul Glaser; p. 104 picture alliance/AP Images/Roberto Pfeil; p. 105 Bundesregierung/Arne Schambeck; pp. 106–109 DBT/Presse-Service Steponaitis; p. 110 dcha. ullstein bild – Christian Bach; p. 112 dpa/-Lusa Inacio Rosa; p. 115 picture alliance/Ulrich Baumgarten.

Capítulo 3: pp. 116/117 Deutscher Bundestag (DBT)/Jörg F. Müller, Kunstwerk: © VG Bild-Kunst, Bonn 2016; p. 119 DBT/Thomas Trutschel/photothek.net, Kunstwerk: © VG Bild-Kunst, Bonn 2016; p. 122 DBT/JUNOPHOTO/Julia Nowak; p. 123 Der Bundeswahlleiter, Wiesbaden 2015; p. 126 dpa/Jens Büttner; p. 127 Werner Schüring; p. 128 dpa/Maurizio Gambarini; p. 129, p. 143 abajo dcha., p. 157, p. 184 DBT/Achim Melde; p. 133 arriba izqda., arriba centro, abajo izqda., abajo centro DBT/Stella von Saldern; p. 133 arriba dcha. DBT/Inga Haar; p. 133 abajo dcha. DIE LINKE im Bundestag; p. 136 arriba DBT/Marc-Steffen Unger; p. 136 abajo DBT/Simone M. Neumann; pp. 190–191 DBT/Simone M. Neumann © VG Bild-Kunst, Bonn 2016; p. 137 arriba, p. 148 DBT/Thomas Imo/photothek.net; p. 137 abajo, p. 194 DBT/Ute Grabowsky/photothek.net; p. 139 DBT/Hermann J. Müller, Kunstwerk: © VG Bild-Kunst, Bonn 2016; pp. 140–141, p. 156, p. 179 DBT/Werner Schüring; p. 142 arriba izqda. Bundesregierung/AP; p. 142 arriba centro Bundesregierung; p. 142 arriba dcha. Bundesregierung/Renate Patzek; p. 142 abajo izqda. Bundesregierung/Richard Schulze-Vorberg; p. 142 abajo centro, p. 143 arriba dcha., p. 143 abajo izqda. Bundesregierung/Ulrich Wienke; p. 142 abajo dcha., p. 143 arriba izqda. Bundesregierung/Engelbert Reineke; p. 143 arriba centro Bundesregierung/Georg Bauer; p. 143 abajo centro Bundesregierung/Bernd Kühler; p. 145 fuente: Peter Schindler, Datenhandbuch zur Geschichte des Deutschen Bundestages 1949–1999, Baden-Baden 1999, p. 862 ss.; Michael F. Feldkamp, Datenhandbuch zur Geschichte des Deutschen Bundestages 1990 bis 2010, Baden-Baden 2011, p. 410 ss. (actualmente en www.bundestag.de); p. 146, p. 153, pp. 170/171, p. 176 DBT/Thomas Trutschel/photothek.net; p. 147 fuente: www.bundestag.de (actualización: 5/2014); p. 150 fuente: Feldkamp 2011: p. 945 y Datenhandbuch en www.bundestag.de cap. 8.7.; p. 158 DBT/Lichtblick/ Achim Melde; p. 164 fuente: Schindler 1999: 2394 ss.; Feldkamp 2011: 1154 ss. (legislación de la Federación/GESTA, tomos definitivos 8.ª a 15.ª legislatura; Deutscher Bundestag, División Documentación del Parlamento); p. 165 fuente: Schindler 1999: 2394 ss.; Feldkamp 2011: 1154 ss. (legislación de la Federación/GESTA, tomos definitivos 8.ª a 15.ª legislatura; Deutscher Bundestag, División Documentación del Parlamento), Datenhandbuch en bundestag.de (actualización: 10.9.2014); p. 168 DBT/Sylvia Bohn; p. 174 fuente: Schindler 1999: 2638 ss., 4378 s.; Feldkamp 2011: 1237 ss. (Deutscher Bundestag, División Documentación del Parlamento); p. 177 DBT/Marco Urban; p. 178 fuente: Schindler 1999: 1189 ss.; Feldkamp 2011: 573 ss.; pp. 185–187 fuente: Schindler 1999: 2188 ss., 4375; Feldkamp 2011: 1036 ss. (actualmente en www.bundestag.de); adiciones propias; p. 192 DBT; p. 195 fuente: Schindler 1999: 3159 ss.; Feldkamp 2011: 1444 ss.; adiciones propias; p. 197 DBT/Anke Jacob; pp. 198–201 fuente: Schindler 1999: 2252 ss.; Feldkamp 2011: 1069 ss. y Datenhandbuch en www.bundestag.de.

Capítulo 4: pp. 204/205 bpk/adoc-photos; p. 206, p. 219 bpk; p. 207 bpk/Dietmar Katz; p. 209 bpk/Staatsbibliothek zu Berlin/F. Albert Schwartz; p. 210 bpk/Hermann Buresch; p. 212, p. 216, p. 218, pp. 220–224, pp. 234–235 picture alliance/akg-images; p. 215 dpa – Report/dpa-Zentralbild/Stefan Sauer; pp. 228–229 ullstein bild – ullstein bild; p. 230 bpk/Luftbild Berlin GmbH; p. 231 picture alliance/Sueddeutsche Zeitung Photo; p. 232 picture alliance/dpa, Gregor Fischer; p. 233 picture alliance/RIA Nowosti; p. 236, pp. 238–239 Deutscher Bundestag (DBT)/Parlamentsarchiv; p. 237 picture alliance/akg-images/Gert Schuetz; pp. 241–242 Christo and Jeanne-Claude: Wrapped Reichstag, Berlin 1971–95, Germany, Photo: Wolfgang Volz/laif; p. 244 dpa/picture alliance/ZB/Hubert Link; p. 245 picture alliance/ZB – Fotoreport/Computerfoto; pp. 246/247 DBT/Thomas Trutschel/photothek.net; p. 249 DBT/Achim Melde, Kunstwerk: © VG Bild-Kunst, Bonn 2016; p. 250 DBT/Thomas Trutschel/photothek.net; Kunstwerk: © VG Bild-Kunst, Bonn 2016; p. 251 Bundesregierung/Bernd Kühler, Kunstwerk: © VG Bild-Kunst, Bonn 2016; p. 252 DBT/Werner Huthmacher, © VG-Bild-Kunst, Bonn 2016; p. 253 izqda. DBT/studio kohlmeier; p. 253 dcha. DBT/Julia Kummerow; pp. 254/255 DBT/Jan Pauls; p. 256 DBT/Axel Hartmann; p. 257 DBT/Stephan Klonk; pp. 258/259 DBT/Axel Hartmann.

Capítulo 5: pp. 260/261, p. 268, pp. 274–275 arriba, p. 290 abajo, p. 291, p. 294 abajo Deutscher Bundestag (DBT)/Linus Lintner Fotografie; p. 262 DBT/Thomas Trutschel/photothek.net; p. 263, p. 275 abajo DBT/Axel Hartmann; pp. 264/265 DBT/Jörg F. Müller, Kunstwerk: © Zabalaga-Leku/VG Bild-Kunst, Bonn 2016; pp. 266–267 Bundesrat; p. 269, p. 290 arriba, p. 304 dcha. DBT/Jörg F. Müller, Kunstwerk: © VG Bild-Kunst, Bonn 2016; p. 270 DBT/Sylvia Bohn; p. 271 DBT/Lichtblick/Achim Melde; p. 273 Bundesregierung/Steffen Kugler; p. 276, p. 88, p. 293, p. 303, p. 314 DBT/Simone M. Neumann; pp. 277–279 DBT/BSF Swissphoto; pp. 281–282, p. 294 arriba izqda. DBT/Jörg F. Müller; p. 283 DBT/Katrin Neuhauser, Kunstwerk: © VG-Bild-Kunst, Bonn 2016; p. 284 DBT/Johannes Backes, Kunstwerk: © VG-Bild-Kunst, Bonn 2016; p. 286 DBT/Anke Jacob; p. 287 DBT/Stephan Klonk, Kunstwerk: © VG-Bild-Kunst, Bonn; p. 289 DBT/Siegfried Büker; p. 292 DBT/Hans Grunert; p. 294 arriba dcha. DBT/JUNOPHOTO/Julia Nowak; p. 295 abajo dcha., p. 295 abajo izqda.

Créditos fotográficos